博物馆馆藏文物保护研究

汲斌斌◎著

线装书局

图书在版编目（ＣＩＰ）数据

博物馆馆藏文物保护研究 / 汲斌斌著. -- 北京：
线装书局, 2023.7
　　ISBN 978-7-5120-5479-0

　　Ⅰ．①博… Ⅱ．①汲… Ⅲ．①博物馆－文物保护－研
究 Ⅳ．①G264

中国国家版本馆CIP数据核字(2023)第091731号

博物馆馆藏文物保护研究
BOWUGUAN GUANCANG WENWU BAOHU YANJIU

作　　者：汲斌斌
责任编辑：白　晨
出版发行：线 装 書 局
　　　　　地　　址：北京市丰台区方庄日月天地大厦 B 座 17 层（100078）
　　　　　电　　话：010-58077126（发行部）010-58076938（总编室）
　　　　　网　　址：www.zgxzsj.com
经　　销：新华书店
印　　制：三河市腾飞印务有限公司
开　　本：787mm×1092mm　　　　　1/16
印　　张：16
字　　数：385 千字
印　　次：2024 年 7 月第 1 版第 1 次印刷

线装书局官方微信

定　　价：68.00 元

前　言

　　文物是历史的传承，蕴含着历史印记。文物的价值较高，加之数量稀少，需要对其进行有效的保护。因此，国家将文物存放于博物馆，在博物馆的保护之下供人们参观，使人们了解我国的历史发展情况。博物馆中拥有诸多历史文物，这些历史文物属于稀世珍品，不可再生。为了使这些文物得到长久保护，需要做好相应的保护管理工作，这样才能避免文物遭受损害。

　　馆藏文物是博物馆的基础，也是博物馆可持续发展的根本保证。做好文物的保护、研究和管理工作一直以来都是博物馆工作的重大课题。不论是陶瓷文物、纸质文物、青铜器文物还是玉器文物，各类文物从不同的侧面、不同的角度反映了特定历史时期人类的社会活动、社会关系、意识形态，以及利用自然、改造自然和当时生态环境的状况，是人类宝贵的历史文化遗产。因此，加强对文物的保护、管理及科学研究，对于人类认识自己的发展历史，揭示社会发展的客观规律，认识并促进当代和未来社会的发展，具有极为重要的意义。

　　首先，博物馆文物保护有助于文化传承。在对博物馆文物进行保护的过程中，其文化管理在文物保护中发挥着重要作用。博物馆的文物具有历史悠久的特点，并且文物的价值无法估量，不能用金钱来衡量它的价值。中华民族传统的文化博大精深，而具有历史特点的文物可以对文化信息、中华传统文化进行传承和承载。历史是没有办法重演的。在对历史进行了解的过程中，需要先对历史遗留下来的文物进行了解。通过对这些遗留文物的研究及鉴赏，能发现历史文化的痕迹，能在文物承载文化中感受到中国传统文化的博大精深，使人们重视文物传承中国传统文化的重要性。同时，也使人们认识到弘扬中国传统文化的重要性，从而重视博物馆的文物保护工作。

　　其次，博物馆文物保护具有教育作用。文物包含的信息资源是对中华上下五千多年传统文化的承载和传承。同时，文物属于不可再生的文化资源。文物包含的文化信息是不能通过自身进行传播的，这需要运用活动的方式来对文物包含的文化信息资源进行传承。文化教育活动是比较常见的宣传活动形式之一。在对文物信息开展文化教育活动的过程中，可以加深人们对中华传统文化的认识。在文物包含的信息中，主要包括艺术价值、历史背景等。通过对文物包含信息的研究、分析，人们心中可产生一定的民族自豪感，在一定程度上提高、弘扬人们的中华民族爱国主义精神。在对这些文物承载的文化进行研究、分析的过程中，可陶冶人们的情操，进一步促进社会文明精神的持续发展。

鉴于此，笔者撰写了本书。本书第一章介绍了博物馆与博物馆藏品开发，第二章研究了博物馆藏品保护工作新进展，第三章探索了藏品保管工作基本程序，第四章分析了博物馆藏品保护与复制，第五章研究了博物馆藏品向展品转化研究，第六章是博物馆藏品数字化管理，第七章介绍了馆藏数据库的运行维护与后续更新，最后对智慧博物馆建设中的藏品管理研究进行了一番探讨。

笔者在撰写本书的过程中，借鉴了许多专家和学者的研究成果，在此表示衷心感谢。本书研究的课题涉及的内容十分宽泛，尽管笔者在写作过程中力求完美，但仍难免存在疏漏，恳请各位专家批评指正。

目　录

第一章　博物馆与博物馆藏品开发

博物馆藏品属于博物馆的重要资源，也是组织开展各种展览活动的基本资源。科学开展博物馆藏品开发和利用工作，在对藏品进行有效管理和保护的前提下，不断创新、优化藏品开发利用的新方法，充分发挥出博物馆藏品的价值与教育功能，这是现阶段我们必须要深入思考的问题。

第一节　博物馆概述

一、博物馆的基本特征

所谓特征是指一个事物区别于其他事物的特别显著的标志，博物馆是以文物或标本为基础，组成形象化的科学的陈列体系，对群众进行直观宣传教育的公共文化机构，其特征可表述为：广博性、开放性、实物性和直观性。

第一，广博性。随着社会的发展，博物馆呈现多元化的局面，博物馆的收藏内涵不断丰富，涉及文物、艺术、科技、自然等多个方面，从文物到日常用品，从物质文化到非物质文化，从标本到活物等资料都是博物馆收藏和研究的对象，博物馆类型不断增多，专门性博物馆大量涌现，并且出现了许多新形态的博物馆。可见广博性是博物馆区别于其他文化机构的显著特征，而且随着社会的前进与博物馆的发展，这个特征日益显著。

第二，开放性。博物馆的开放性不仅体现在对公众开放，更体现在对社会的广泛关注以及与观众的交流互动。陈列在设计之前要进行观众调研，明确目标观众群，确立陈列定位；设计过程中，要接受观众代表的优化建议，考虑观众的特点，选择适宜的知识背景和语言表达方式；展陈阶段，欢迎观众进入陈列场所，允许观众基于自身的知识解读陈列内容，鼓励观众将参观成果转化为有利于个人发展的资源和动力，并收集整理观众反馈意见，对陈列效果做出科学评价。

第三，实物性。虽然博物馆也收藏非物质文化遗产，但实物仍然是博物馆一切活动的基础和出发点，"实物"既包含"自然物"，也包含各种"人工制品"，收藏和利用实物是博物馆的最基本特征。"实物"在陈列过程中可以被各种各样的技术性实现的物质转换形式替代，但是"物像"本身就是"物质"的一种形式气而且非物质文化遗产的收藏与展示也要借助物质的介质与手段。因此，随着科技的进步、信息化的发展，博物馆物质属性的特征并不会发生动摇，数字博物馆、虚拟博物馆与智慧博物馆等博物馆的出现也不能改变博物馆的物质特征，博物馆的物仍然是区别于一切其他文化形式的根本界限，未来的博物馆非但不可能离开物质，相反有必要更好地发掘物质的意义和价值。

第四，直观性。博物馆中的实物并不能直接发挥作用：必须在科学而完整的陈列体系中，才能与观众进行交流，通过内容表现与视觉表达手段，向观众的各种感官输送知识、艺术、历史、情感等多元化信息。以文物、标本为主，辅以模型、图表等实物性辅助展品的陈列，比其他文字资料和图片资料更直观生动和有吸引力，更有助于加强观众的记忆。所以直观性是博物馆的又一特征。随着现代科技在展陈中的应用，观众不仅能多角度观察藏品，而且可以通过亲自操作实验，获得身临其境的情感体验，使博物馆的直观性特征更为明显。

二、博物馆的基本功能

（一）科学研究的功能

博物馆最初的研究主要是对藏品本身的基础研究以及应用性研究，大量藏品只有进行深入的研究，所具有的历史价值、艺术价值与科学价值才能被揭示，明确主题、挑选藏品、设计展览与撰写解说词等过程都需要进行科学研究，可以说研究工作贯穿博物馆工作的全过程。随着时代的前进与社会的发展，博物馆作为全民共享的文化机构，其研究对象已不再局限于藏品本身，而是扩展到博物馆实践以及博物馆公众研究等方面。

博物馆研究的目的是为了社会利用、展览和教育普及服务，只有达到较高的研究水准，才能保证博物馆各项工作的水平与服务的质量，许多著名的博物馆不只藏品丰富，同时也是重要的学术研究重镇，如：美国史密森博物学院、大英博物馆、芝加哥艺术博物馆等。博物馆为了加强研究，还专门设有研究部门并主办学术刊物，如：中国国家博物馆设有学术研究中心，故宫博物院设有故宫研究院，河南博物院设有研究部等。

（二）收藏与保管功能

博物馆现象起源于收藏珍品，中国古代收藏书画、彝器、古玉、玺印的现象起源很早，在商周时期即已出现。古希腊、罗马等文明古国贵族对奇珍异宝的收藏是现代博物馆产生的基础。藏品是人类文明的重要见证，是博物馆工作的核心与基础，收藏、保管也是博物馆首要功能与最基本的功能。

随着社会的发展，目前博物馆收藏、保管的对象已不限于珍贵文物与艺术品，而是涉及人类与人类生存环境的各种见证物，既包括物质遗产，又包括非物质文化遗产。只有博物馆能最广泛、最全面地保藏着人类活动和自然发展的真实物证，并把它永久地传给后人，这是博物馆特有的功能。

博物馆获得收藏的途径主要有文物征集、获得馈赠和遗赠、从私人收藏家或拍卖会上购买藏品、田野考古发掘和调查等。

（三）教育相关功能

教育作为博物馆的基本功能之一，是收藏与研究功能的延伸与扩展。博物馆对外开放后，观众走进博物馆，通过观看展览受到教育与启发。博物馆教育的对象为整个社会的全部成员，从儿童到老人，从一般群众到残疾人，从国内观众到外国旅游者，从个人到团体，博物馆都对他们开放。因此，博物馆不只是学校的第二课堂，也是家庭教育与社会教育的第N个课堂，人们可以自由地出入各个陈列室，通过参观展览、参与博物馆的各项活动，吸取科学文化知识。

博物馆的教育方式生动形象，通过大量运用文物标本、模型等实物资料，作用于观众的感官。这无论从人的生理机制或者认知过程来说，都会使观众感到亲切，易于接受和理解。此外，博物馆还通过讲解服务、公众讲座、出版物以及举办丰富多彩的文化活动等方式来加深观众对博物馆陈列的理解。

国家文物局近年在对博物馆的评审工作中，也已经将教育以及相关的比重提升，博物馆观众研究越来越得到重视，从以藏品为中心到以观众为中心，是博物馆发展的趋势和潮流。

（四）休闲娱乐功能

我们一定不能忽视博物馆作为公众娱乐场所的价值，观众有很多在博物馆这种健康而充满生气的环境中享受闲暇时光的机会，这样能减少酒吧和赛马场等其他场所带来的不良影响。无论是对儿童还是成年人，教育与乐趣都是紧密联系在一起的。随着博物馆的发展，国内的博物馆学者也越来越认识到博物馆娱乐功能的重要性，在文化生活高档化趋势下，一个值得重视的现象就是文化娱乐的需求。在工业社会紧张喧嚣的生活中闲暇时间是很宝贵的。高尚的文化娱乐活动是休息和积蓄精神再生产能力的积极方式。博物馆是提供高尚文化娱乐，培养生活情趣，满足美感要求的场所，博物馆应该强化这方面的职能。

随着博物馆的免费开放，博物馆已成为公众休闲娱乐的必选，博物馆与文化创意、旅游等产业相结合，参观博物馆也已成为旅游的重要日程，许多博物馆成为旅游热点。这是博物馆面临的机遇与挑战，一方面博物馆的陈列设计要融入休闲娱乐的文化元素，使专业知识通俗化，向观众提供趣味性强的展览；另一方面要增加扩大这方面的项目设施，积极开办具有吸引力的各种欣赏娱乐活动。

而且，博物馆教育功能的实现，在很大程度上取决于观众自觉自愿的自发行为（自觉地走进博物馆）。出于娱乐性动机和目的参观博物馆的观众在数量上远远多于以接受教育为动机和目的的观众，因此现代博物馆既要重视教育，也应关注观众的娱乐性需求，吸引观众，寓教于乐，使观众在接受教育的同时又能获得愉悦、新奇、惬意等娱乐性的享受。值得注意的是，博物馆娱乐功能的发挥必须以博物馆的藏品为基础，以教育为最终目的，博物馆并不是纯粹的娱乐机构。

三、博物馆的类型标准

博物馆在演进与发展过程中，随着数量增长，面貌也日益凸显差异化。因而，依据一定标准为博物馆分类并探讨不同类型博物馆的特征则显得十分必要。博物馆类型的探讨也构成了博物馆理论研究与业务活动开展的基础。

随着博物馆事业的蓬勃发展，博物馆面貌日益多元，呈现出不同的特质。博物馆分类的意义也由此显现。所谓博物馆类型，即指由一定数量的博物馆依据某种共同的标准相互联系所形成的类别。

从宏观层面来看，博物馆分类有利于掌握各类博物馆特点，便于国家博物馆行政管理部门进行分类统筹与管理，也有助于更科学地制定发展规划，指导博物馆事业建设。

从实践层面来看，同类型博物馆在业务活动、工作方式等方面具有较高的一致性，博物馆的分类有利于有针对性地指导不同类型博物馆的工作，从而有效提升某类博物馆的业务水平，创造更大的社会价值。

从理论层面来看，对博物馆进行分类，便于更深刻地认识各类博物馆不同的发展规律，对博物馆学研究具有重要意义。

然而，划分博物馆类型的标准与角度随着博物馆实践发展逐渐增加。不同国家与地区的博物馆事业发展也呈现出差异性。因此，世界各国的博物馆也很难形成公认的统一的分类标准。

（一）遗址博物馆

1.遗址博物馆的概念界定

早在 20 世纪 50 年代，中国文博领域就已出现"遗址博物馆"的称谓 1958 年陕西省西安半坡博物馆的建立标志着中国现代意义的遗址类博物馆的诞生，这是我国第一个以考古遗址为基体建立的博物馆。70 年代兵马俑的发现和发掘，对中国遗址保护和遗址博物馆发展具有促进作用，而后建立的秦始皇兵马俑博物馆（现秦始皇帝陵博物院）成为全国乃至全世界的重要旅游地。遗址博物馆是以保护移动或不可移动的自然或文化的遗产为目的，建立在原址上，也就是在遗产被创造和发现的地点上的博物馆。我们可以认为遗址博物馆是指依托考古遗址，以发掘、保护、研究、展示为主要功能的专题博物馆。由于考古遗址的空间是"发生历史的地点"，因此遗址博物馆具有其他博物馆所不具备的天然情境。

遗址博物馆是博物馆空间内容与形式在时间上相统一的一种形式，两者的时间都是指向过去的同一点。这是遗址博物馆时空的最根本特点。这种在历史时间上自然统一的时空突破了传统博物馆的局限。

遗址于遗址博物馆的意义：

第一，遗址本身对博物馆的重要性。从成因和价值方面看，遗址具有其固有属性——在人类历史发展过程中形成并遗留下来的具有特定价值且不可移动的人类活动遗存。正因为学术界对遗址的界定并不统一，因此关于遗址博物馆的定义，也有不同的观点，但其核心都是围绕遗址存在，即遗址博物馆必须在遗址的基础上建立，围绕遗址来开展一系列工作。

第二，遗址博物馆的藏品具有不可替代性。与一般博物馆藏品来源不同，遗址博物馆的藏品，大多数为本遗址发掘出土，且数量相对有限。从藏品收藏范围和种类看，遗址博物馆不如综合博物馆范围广、种类多，而是相对比较集中，主要就是遗址、遗迹和遗址出土文物或标本。在很大程度上讲，遗址是这类博物馆最重要的收藏品。另外，由于遗址具有不可移动性，遗址出土文物或标本亦不能脱离遗址这一母体而单独存在，这种特殊藏品的保存就只能是就地保存；又由于遗址的唯一性和不可再生性，失去它，所谓遗址博物馆就不能存在，所以遗址本身的保护就显得尤为重要。

第三，遗址环境对博物馆的重要性。遗址博物馆物的构成物，除了遗址本身、遗址出土物外，还应包括遗址的所在环境。遗址所在的环境对我们解析遗址是很重要的，有的甚至本身就是遗址的组成部分。博物馆的一切工作都是围绕博物馆的遗存开展的。对遗址周围环境的保护是目前遗址博物馆建设中认识的进步和保护的重点。特别是目前中国城市化与遗址保护矛盾突出的情况下，对遗址环境影响、对城市空间的营造是需要格外重视的。因此，遗址环境的保护和展示是需要明确提出的遗址博物馆的重要任务之一。

2. 遗址博物馆建设理念与模式

遗址博物馆的建设必须在科学保护考古遗址的前提下，协调考古科研、遗址保护、社会展示，以及经济社会发展、居民生活改善等诸多方面的关系。因此，建设应具有整体规划性与循序渐进性。

（1）遗址博物馆的建设理念。遗址博物馆建设，首先应当保护遗址本体及其周围环境。伴随考古遗址保护项目的推进，越来越多的遗址博物馆设计者更加关注考古遗址本体与环境的维护，而对博物馆建筑形式的表现保持克制。这种思路以保护考古遗址的真实性和完整性为前提，以对历史信息和背景环境的最小干扰为原则，重新理解遗址博物馆在选址建设、功能组织和表现形式等方面应该遵守的理念和规则。如西汉·南越王博物馆，突出以古墓为主题，保持遗迹的历史纯洁性和历史可读性，在遗迹与新构筑之间，外观识别要有明显的区分，不以今损古，不以假乱真，尊重环境，结合陡坡和山冈地形，上下沟通，将展馆与墓室空间有机地连成一个整体，气即围绕南越王墓本体及其周围环境，在保护遗址原始风貌的前提下，进行博物馆建筑与功能设计，将展馆与墓室作为一个统筹考虑。

坚持可移动文物与遗址本体在原生地进行就地保护的原则不是将文化遗产搬移到博物馆建筑里，而是将其保留在原生地和原生环境中。遗址和一般的可移动文物不一样，它是和人的生活相结合，和相应的地理、自然环境风貌的结合体。遗址出土的文物应该作为遗址一部分就地建设博物馆，进行原址保护。遗址出土的文物一旦脱离了文物原生地，就形成不了独具特色的地域文化，保护也就失去了意义。把遗址与博物馆分离开来是一种倒退，是国际博协决策中的一个重大错误，这些年的实践也已经证明了，把遗址和博物馆分离开，不仅不利于遗址的保护，也不利于遗址博物馆的建立与发展。

（2）遗址博物馆的选址和建设模式。根据遗址博物馆选址位置和建设方式的不同，可以分为四种基本模式：直接建在考古遗址上面的遗址博物馆；建在考古遗址保护范围内的遗址博物馆；建在考古遗址建设控制范围内的遗址博物馆；建在考古遗址附近的遗址博物馆。

第一种选址和建设模式，即直接建在考古遗址上面的遗址博物馆，往往以建筑物覆盖考古遗址空间，以遗址现场为主要展品，同时达到考古遗址保护的目的。秦始皇帝陵博物院是以秦始皇兵马俑博物馆为基础，以秦始皇陵遗址公园为依托的一座大型遗址博物院，主要参观点包括秦兵马俑一、二、三号坑、铜车马陈列厅及相关临时陈列。同时，秦始皇帝陵博物院也是以秦始皇陵及其背景环境为主体，基于考古遗址本体及其环境的保护与展示，融合了教育、科研、游览、休闲等多项功能的公共文化空间。

第二种选址和建设模式，即建在考古遗址保护范围内的遗址博物馆，往往以建筑物覆盖部分重要的考古遗址，与保护范围内的其他考古地点形成整体性的考古遗址保护展示空间。安阳殷墟博物馆是在保护范围内建设考古遗址博物馆的成功范例。出于对考古遗址保护和考古遗址参观流线的综合考虑，殷墟博物馆选址在殷墟宫殿遗址与洹河河道之间，宫殿宗庙保护区东侧的考古遗址保护范围内。殷墟博物馆集中展示在殷墟发掘出土的文物精品，有效整合了国家和地方保管的文物资源，使大批出土文物回归原生地，得到妥善的保护与展示，解决了考古成果社会化、普及化的问题，这种互利双赢的做法被称为"安阳模式"。

第三种选址和建设模式，即建在考古遗址建设控制范围内的遗址博物馆，往往将博物馆作为整个考古遗址的展示中心，展示考古发掘成果，并可以就近参观保护范围内的考古遗址。如杭州南宋官窑博物馆位于杭州玉皇山以南乌龟山西麓，地处西湖风景区南缘，著名的郊坛下南宋官窑遗址就坐落在馆区之中，是中国第一座依托古窑址建立的陶瓷专题博物馆。

第四种选址和建设模式，即建在考古遗址附近的遗址博物馆，是将博物馆建在已经探明的考古遗址保护区以外，并与考古遗址密切相关区域，距离考古遗址不远，以展示考古遗址出土文物和相关信息为主。伴随考古遗址公园的建设，一批遗址博物馆相继落成，例如安阳殷墟遗址博物馆、金沙遗址博物馆、隋唐洛阳城定鼎门遗址博物馆等。这些遗址博物馆既对重要考古遗址或出土文物进行保护展示，又通过博物馆选址与建设强化考古遗址的主题。作为考古遗址上的增建内容，遗址博物馆在选址、功能、建造、展示和景观等方面，必须遵守反映真实性和可读性的原则，其中最直接的就是室外建筑形式，清晰的古今并置往往有利于准确传递文化信息。

3. 遗址博物馆的职能

遗址博物馆的最重要职能就是对遗迹、遗物的保存职能，这也是历史类相关博物馆中的基础职能。遗址博物馆建立之后，要继续加强对本遗址出土的文物及遗址本身进行保存、修复、展示等工作。遗迹、遗物的保存设计也是遗址博物馆设计的重点。如秦始皇帝陵博物院下设文物保护修复部，是负责该院文物的科技保护与修复的业务职能部门，具体工作包括负责院藏文物科技保护与修复的科学研究和实施工作和博物院考古发掘出土文物的现场保护与修复工作等。对遗址的保护是其他一切工作的前提，博物馆因遗址而存在。遗址博物馆本身的价值是建立在遗址基础上的，这就要求对遗址保护时保持其原状，保持遗址的原真性。

遗址博物馆具备的博物馆一般职能主要是对遗址的展示、传播等工作。博物馆的教育活动，包括围绕文物藏品和陈列展览开展的讲解、导览等教育活动。而最能体现遗址博物馆特色的就是立足于博物馆情境，基于博物馆作为收藏人类和人类环境的物质见证的文化机构所体现出的文化氛围，开展的活动。

（二）高校博物馆

1. 高校博物馆的概念界定

高校博物馆作为博物馆行业的重要组成部分，是培育大学校园人文精神的特殊教育载体，在传承中华优秀传统文化、塑造大学精神方面扮演着至关重要的角色。高校博物馆是为了教育、研究、欣赏的目的，由高等学校利用所收藏的文物、标本、资料等文化财产设立并向公众开放，致力于服务高等教育发展和社会文化发展的社会公益性组织。

高校博物馆的最大特点就是其隶属于高校，与主要隶属文化、文物部门的博物院、馆，美术馆，纪念馆，文物保护单位，及部分自然保护单位、森林公园、动物园、植物园等既有广泛的共性，也存在着个性。作为博物馆系统中的一员，高校博物馆具备一般博物馆的全部功能，收藏大量珍贵文物藏品、具有比一般博物馆更强的研究能力、面向观众开放，在社会教育活动方面独树一帜。

当前，高校博物馆出现一个显著特点——由校友为代表的社会力量广泛参与到高校博物馆的建设过程中。未来我国高校博物馆除了保持现在的这种由高校自行投资运营的模式之外，还可能出现其他类型的运行模式，其投资主体可以有地方政府、慈善家、企业家和本校毕业学生"反哺"母校等多种，而投资主体的多样性在一定程度上也决定着运行模式的多样，以及运行理念的多样。这一切都将成为促进我国高校博物馆蓬勃发展的平台与力量。

随着高校博物馆的发展，高校博物馆也逐步走出校园，开始与文物行业进行广泛联系，加强各方面的交流与合作。"中国博物馆学会高等学校博物馆专业委员会"是中国博物馆学会下属的二级专业学会，是高校博物馆按自愿原则组成的学术性组织，其目的在于团结广大高校博物馆工作者，开展学术交流活动，促进我国高校博物馆事业的繁荣与发展，为社会主义精神文明和物质文明建设服务。该组织自成立后，一直致力于促进高校博物馆之间的联系与合作，组织学术交流，每两年定期举办一次学术研讨会，为有关中国高校博物馆发展的研究工作提供了重要的平台。

2. 高校博物馆的资源优势

高校博物馆植根于大学的深厚土壤，是大学深厚学术和文化积淀的重要标志。高校博物馆的社会功能，与一般博物馆完全相同，都是对文物展品的收集保存、研究、陈列展示，对公众进行宣传教育，传播精神文明。同时，高校博物馆除了具备一般博物馆的功能之外，作为学校的教育基地，更多的是侧重为高校的教学、科研和人才培养服务。它不仅具有公共博物馆的共性，即收藏、研究和教育，也具有自身的特殊性，即作为隶属于高校的个性，能更加有效地发挥其教育功能的优势。高校博物馆大多出自教学和科研的需要，对课堂教育有辅助功能，是文化素质教育基地。这是高校博物馆区别于其他博物馆的最有代表性的资源优势。

（1）服务教学。作为学校教学基地，履行作为教学基层单位的职责，这是学校对所属博物馆的首要要求。高校博物馆是为大学服务的，博物馆应该庆幸其唯一性，而不是总是为此不停地做出解释。博物馆可以娱乐中学生，但博物馆还有更重要的任务，那就是为高等教育服务。

高校博物馆在辅助教学工作中，力争做到形式多样、内容丰富。我国高校博物馆从建立之初就肩负辅助教学的使命，以开拓学生的视野为己任，积极主动与校园文化协调起来，转变工作观念，从对"物"的保管转移到为"人"的服务上来。利用博物馆完整系统的资源更进一步打造强势学科和深化专业教育，弥补空洞和抽象的课堂教学之不足，扩大学生的知识面并培养其兴趣和加深其理解，使学生在欣赏展品的过程中达到对其内涵层次的理解。博物馆也应成为师生创造实践的理想之地，可不时收藏和展出一些代表师生集体智慧与劳动结晶的作品，增强他们的自豪感并激励他们的创作热情。博物馆也是大学良好的科普教育场所，可将最新科技成果通过平台展示给广大学生，这也是生动的励志教育课。如中山大学人类学博物馆的馆藏资源可以为人类学、历史学、民族学、考古学、地质学和古生物学十几个学科的教学研究服务，让学生通过走进博物馆亲身体验的方式，将书本上难以理解的术语变得亲切可感。

（2）服务科研。高校作为实施高等教育的场所，进行科研攻坚是其重要任务之一。高校博物馆的蓬勃发展为大学学术的建设和进步提供了必不可少的研究资源，18世纪初期到19世纪末期自然科学领域发生的一系列革命性飞跃与当时高校博物馆的专业收藏和研究密不可分。我国高校博物馆馆藏资源丰富且专业性强，是高校开展科研工作的重要资料来源。高校博物馆拥有的丰富馆藏为高校科研提供研究平台，对于促进高校科研进步发挥重要作用。中国美术学院中国国际设计博物馆最重要的财富是拥有数量超过7000件的包豪斯藏品，中国美院的包豪斯研究院立足于这些藏品，聚集全世界的包豪斯研究学者，编辑《包豪斯研究》年刊，成为具有国际影响的现代设计艺术研究中心之一。

（3）服务社会。高校博物馆除了以为学术研究和更广泛的领域提供文化服务为主要职责外，更肩负起与公共博物馆相同的社会教育职责。高校博物馆的服务已经超越了大学围墙，渗透到周边乃至更广阔的社会中。高校博物馆不再局限于象牙塔中，它正逐步成为社区、城市、国家的文化承载者和传播者。

欧美高校博物馆除了以为学术研究和更广泛的领域提供文化服务为主要职责外，更肩负起与公共博物馆相似的社会教育职责，将传统教育大学学生的范围扩展到社会教育的广度，而教育的形式也从研究和讲授等正式教育，拓展为展示和娱乐等非正式形式的教育如牛津大学的7所博物馆，每年接待观众53万人，其中绝大多数是大学校园外的普通公众，这些博物馆已经成为大学所在的牛津郡及附近城市的主要文化教育机构。剑桥大学的博物馆几乎全年不休地举行各种讲座、演奏会、展览和陈列，除为不同的学院提供教学协作计划外，菲兹维廉姆艺术博物馆一年中还举办各种主题的当代艺术展，提供免费午餐的画廊讲座，周六下午的演奏会，一些晚间演奏会和讲座等，吸引了许多校园外的艺术爱好者。

近年来，随着我国高等教育事业的发展，高校博物馆也取得了令人欣喜的发展成绩，不仅数量增加，博物馆专业化建设也迈上了新台阶。许多高校博物馆成为科普教育基地，很多高校博物馆对社会公众免费开放，高校博物馆的社会服务能力和社会影响力显著提升，高校博物馆集聚效应逐步凸显，文化服务能力不断增强。上海交通大学钱学森图书馆入选上海市爱国主义教育基地"三公里文化服务圈"，中国地质大学（武汉）逸夫博物馆、中南民族大学民族学博物馆等参与武汉"洪山博物馆街"建设，为周边学校、社区、企事业单位等提供优质文化终身教育。

（三）非国有博物馆

1. 非国有博物馆的概念界定

从诞生到现在，非国有博物馆没有统一的身份界定。管理部门先后冠之以"私立""私人""民办""非政府办""民间""民营"等名称。2015年1月发布的《博物馆条例》则从法律的角度称之为"非国有博物馆"。非国有博物馆是指以教育、研究和欣赏为目的，收藏、保护并向公众展示人类活动和自然环境的见证物，由社会力量利用或主要利用非国有文物、标本、资料等资产设立，经登记管理机关依法登记的非营利组织。

可见，非国有博物馆是与国有博物馆并列的博物馆形式，其主要特点是利用或主要利用非国有文物、标本、资料等资产设立。这类博物馆从投资主体看，不是由国家直接出资；从隶属关系上看，不属于文物系统。

非国有博物馆作为博物馆体系的重要成员，是对国有博物馆的补充，甚至填补了一些国有博物馆未进行深入研究的领域的空白。非国有博物馆是民间收藏的高级阶段，是城市文化底蕴的体现，无论是对于博物馆事业的发展，还是对于国家文化软实力、民族文化形象的提高都具有重要意义。

2. 非国有博物馆的特点与体系

（1）非国有博物馆的特点。非国有博物馆具有高度的市场敏锐性。国有博物馆的藏品多来自考古、捐赠等渠道，而非国有博物馆则对民间文物市域和民间收藏走向十分了解，建立了与民间联系沟通的有效渠道与广泛途径，能掌握民间群众的文化收藏趋向。这种意义不仅是对国有博物馆的有益补充，更重要的是在对散落在民间的文博物品的搜集、整理、保护、研究等各个方面，始终显示着更加具有灵活性、执着性和带动性的示范力量。可以说，非国有博物馆作为一个特殊的机构，担当了中华诸多个性文化承载者的特殊角色。

非国有博物馆藏品丰富，种类繁多，是国有博物馆的有力补充。通过艺术品的市场化、大众化，使民间收藏文物艺术品有效填充文博部门收藏的空隙，可以防止文物艺术品外流，是保护我国历史文化遗产，弘扬民族优秀文化的有效途径。非国有博物馆在藏品特色、社会关系以及藏品管理的灵活性等方面，也都有自己独到的优势，以自己执着的文化视角，时刻关照着那些尚未被官方机构和学科人员注意到的新领域，不断扩展我们对于文化的认识范围，为社会和专业人士不断提供新的文化研究素材。

非国有博物馆类型体系中，专题类博物馆比重最大。与国有博物馆以综合类、历史类博物馆为主体不同，非国有博物馆由于自身定位和发展的原因，专题类博物馆占有很大的比重。非国有博物馆多源于个人兴趣，因此藏品主题性更强，收藏的领域"窄而深"。一些非国有博物馆在收藏上也形成了自己的内容特色，从中医药、木石金雕、织锦刺绣、皮影、印染等民间非物质文化遗产，到钟表眼镜、锁具剪刀、农机农具、老相机、茶叶茶具、徽章证件、邮品货币等具有时代印记的日常生活用品，都可以成为非国有博物馆的收藏主题，填补了我国博物馆门类上的许多空白。非国有博物馆的类型涵盖了各地丰富的物产和多彩的民俗文化，以民众性、专题性对拓展我国博物馆门类、促进博物馆大众化、提供多样性文化服务等方面发挥着越来越大的作用。

（2）非国有博物馆的体系。当前，非国有博物馆的体系构成相对比较单一。从举办主体来看，由个人力量投资兴办的非国有博物馆占总数的四分之三以上，而依托企业、机构和社会团体等力量兴办的非国有博物馆仅占少数。中国私人投资兴建博物馆主要出于如下情况：

第一，文物收藏家建立私人博物馆。中国历来有收藏文物的传统，出于公益考虑，收藏家往往想把自己多年的收藏与更多人共享，并从收藏家"升级"为私人博物馆馆主。如四海壶具博物馆是由著名壶具收藏家、紫砂陶艺家许四海先生创立。由个人力量投资兴办的非国有博物馆占总数的四分之三以上。这类博物馆大多存在与国有博物馆同质化的现象，缺乏互补意识，影响自身发展和布局。

第二，企业办馆，希望树立形象等。企业博物馆是指为了自身历史的保存与传达设立的展览场所，用此提升员工对企业的归属意识并以身为其中一员而感到骄傲。多年来，成功的企业博物馆，如云南白药博物馆、中国茶叶博物馆、中国煤炭博物馆，不但传播企业文化，也为企业创收和博物馆良性循环提供了资金支持。经过多年的努力，中国的企业博物馆，其内涵与外延的结合都达到了历史新高度。

第三，有雄厚资产的文化爱好者，围绕自己从事的行业和兴趣爱好来建博物馆，收集藏品，把开办私人博物馆看作是一种个人理想的实现。香港富华国际集团董事长陈丽华花费数亿巨资，在北京建立中国紫檀博物馆。

值得注意的是，非国有博物馆是博物馆事业的重要组成部分，但时下也有部分热心人士存在一些认识上的误区，如把私人陈列室误当成非国有博物馆。国际博物馆协会章程明确规定，博物馆具有永久性、开放性、公益性，因此那些隐藏在私密场所偶尔对外开放的陈列室，或是以营利、增值等为目的的收藏展览或陈列，都不能与真正的非国有博物馆画等号。

（四）生态博物馆

在西方现代主义运动背景下，作为新博物馆学运动的代表生态博物馆与社区博物馆在各自关注的领域中几乎同时诞生，体现出传统博物馆突破窠臼的实验性。

1. 生态博物馆的概念界定

从学科角度看，生态博物馆最早也正是生态学与博物馆学两门学科交叉而形成的。生态博物馆这一概念诞生于1971年，这一概念表达出人、文化与自然环境三者紧密结合的新思维。生态博物馆是由公共权力机构和当地人民共同设想，共同修建，共同经营管理的一种工具。生态博物馆是一面镜子，在这面镜子里，当地的人民为发现自己的形象观察自己，寻找对该博物馆所处的土地及该土地上以前居民的解释。生态博物馆是一面当地人用来向参观者展示以便能更好地被人了解，使其行业、风俗习惯和特性能够被人尊重的镜子。

生态博物馆，是一个致力于社区发展的博物馆化机构。它融合了对该社区所拥有的文化和自然遗产的保存、展现和诠释功能，并反映某特定区域内一种活态的和运转之中的（人文和自然）环境，同时从事与之相关的研究。

生态博物馆不是一个建筑，一间房子，而是代表了整个社区。生态博物馆所保护、所传播的，既包括自然的遗产，又包括文化的遗产，是自然和文化两种遗产的复合。所以，我们讲生态博物馆，应该把自然和文化遗产作为一个整体，传播给我们的子孙后代，而不应该把这些文化精品从这种自然的原有的环境中搬走，以免损坏了整个遗产的完整性。

2. 国内生态博物馆的发展

1986年，《中国博物馆》杂志陆续发表中国学者关于生态科学、环境科学与博物馆的文章，同时，一些学者也编译了国际生态博物馆相关论文及资料。中国博物馆学界开始关注并引入生态博物馆的理念和方法。

20世纪90年代，作为中国生态博物馆第一次尝试的贵州六枝梭戛生态博物馆筹备建设。1997年中国博物馆学会与挪威开发合作署签订《关于中国贵州省梭嘎生态博物馆的协议》，1998年10月正式建成开馆。贵州六枝梭嘎生态博物馆位于贵州省西北的梭嘎乡陇戛寨内。此处生活着苗族支系"箐苗"，因生活环境的封闭，极大程度地保留下了该民族的传统文化习俗。博物馆的建成使村民对自己民族文化的价值有了新的认识，从而为民族文化的有效保护提供了内在动力。梭嘎生态博物馆的成功尝试带动了首批生态博物馆的发展，并为中国生态博物馆形成自己的理论和观点奠定了实践基础。

1998年至2005年间，中挪合作共建成4座生态博物馆。此外，2001年内蒙古建成中国北方地区首座生态博物馆——敖伦苏木草原文化生态博物馆；2004年广西建成南丹白裤瑶生态博物馆，此后又建成3座民族村寨博物馆；2006年云南省西双版纳建成布朗族生态博物馆。广西提出生态博物馆建设的"1+10"工程，即1个广西民族博物馆+10个分布在广西各地的生态博物馆，由广西壮族自治区政府牵头将新建的广西民族博物馆与各地的生态博物馆结合起来统筹规划、共同建设。

2012年，安吉生态博物馆正式开馆。安吉生态博物馆在汲取贵州、广西、云南、内蒙古等生态博物馆建设经验基础上，立足安吉地域文化特色，采用一中心馆、十二个专题生态博物馆、多个村落文化展示馆的"安吉生态博物馆群"的框架结构，充分展示安吉物质文化遗产与非物质文化遗产。安吉生态博物馆的实践创造了生态博物馆建设的"中国经验"，其影响与示范作用颇为深远。

（五）社区博物馆

1. 社区博物馆的概念界定

"社区"是社会学概念。现代意义的社区概念及其理论研究发端于工业化、城市化发育较早的西方社会。1881年德国社会学家滕尼斯将该词用于社会学，并在其专著《共同体与社会》中从社会学角度频繁使用"社区"概念。滕尼斯将社区解释为一种由同质人口组成的具有价值观念一致、关系密切、出入相友、守望相助的富有人情味的社会群体这一概念的出现，在一定程度上折射出19世纪后期西方社会在工业化、城市化、现代化迅速发展进程中，社会关系日益复杂，人际关系日趋冷漠的社会现实及其发展趋势。

传统博物馆正努力改变原有定位，尝试主动地介入社会问题，承担社会责任。博物馆自觉地与社区接触，社区博物馆的尝试由此产生。社区博物馆是博物馆功能与社区发展内在需求的对接，是博物馆文化基因在社区土壤里生长出的产物。它立足于社区，服务社区，关注社区议题和日常生活，代表社区居民的共同利益，在社区居民主导下开展工作。

生态博物馆体现出对人文生态与自然生态的整体性保护。与之相比，社区博物馆则较少关注自然环境与自然遗产等内容，而主要关注社会性问题。

从当前社区博物馆实践来看，狭义的社区博物馆就是把一个社区或一个街区作为博物馆；广义的社区博物馆可以是一个有关社区的博物馆，也可以是利用社区资源进行发展的博物馆，它可以在社区里，也可以在社区外。

社区博物馆的作用体现在四个方面：首先，对社区历史与集体记忆进行收藏与保护，增强社区居民对社区文化传承与文化建设的重视；其次，促进社区居民对社区的认同感与归属感；再次，传递无形的社区理想、信念、规范等，促进社区价值的养成；最后，增强社区居民参与、互动，促进协商民主的社区自治文化发展。

2. 国内社区博物馆的实践探索

近年，我国也出现了若干以"社区"命名的博物馆，或以类似形式运营的博物馆，并在博物馆与社区遗产保护与传承、社区文化建设方面进行了有益探索。

福州三坊七巷社区博物馆是中国第一座由国家文物局授牌的社区博物馆。三坊七巷位于福建省福州市城区，占地面积约45公顷，拥有千年历史，较好地保留了唐宋以来鱼骨架坊巷格局及大量古建筑，形成以"地域+传统+记忆+居民"为特征，"一个核心展馆、各种类型的博物馆、展示馆"为构架的社区博物馆雏形。与西方社区博物馆建设与管理理念不同，三坊七巷社区博物馆由福州市政府主导，采取自上而下的模式，从场馆设置到整体发展，均由政府统筹，统一规划建设。

此外，北京的建国门社区博物馆、花市社区博物馆和南京石头城社区历史文化博物馆等则体现出较为自觉的社区博物馆追求。天津市和平区崇仁里的社区居委会博物馆和河西区秀峰里社区建立的"终身学习中心"是对博物馆促进社区发展进行了有益尝试。

四、博物馆的社会责任与使命

（一）博物馆的社会责任

伴随着博物馆以"为社会及其发展服务"为宗旨，国际博物馆界将"有助于人的发展与愉悦"作为博物馆的任务。博物馆服务社会的理念无论是体现在以专业化为基础的博物馆功能方面，还是体现在以社会化为基础的博物馆职能方面，都逐步拉近了博物馆与广大民众的距离，从而改善了博物馆的公共形象。目前，博物馆自身虽然存在一些亟待解决的问题，但是更为关键的是博物馆如何更多地参与到社会发展的进程之中，对于全球的博物馆来说，这都是现实的和永恒的挑战。

1. 社会服务

博物馆是当代民众与历史、与文化对话的空间，是提高公民素质和培养文明市民的第二课堂，是提高城市品位和塑造文化城市的标志设施。博物馆在社会服务的道路上不断探索，越来越深入地融入社会生活之中，以更加积极的姿态关注社会、服务社会博物馆不应该仅仅是收集记忆的地方。文物藏品固然是博物馆事业发展的基石，然而保存、研究博物馆文物藏品的主要目的，终究还是为了文明的传播与传承，即在妥善保护好、研究好文物藏品的前提下，根据现实发展需要，合理释放博物馆藏品所包含的文化内涵，使更多的人感受到人类文明成果的丰富、灿烂和辉煌，使广大民众得以借鉴、吸纳、继承前人的生存智慧和发展经验。

真正现代意义的博物馆，在我国仅有百余年的历史，但是，博物馆在各个历史时期都毅然选择了先进、积极的文化方向。博物馆在保藏中华文明物证、弘扬中华传统文化、启迪各族民众智慧、培育地域文化认同、构建世代爱国情怀等方面，发挥了巨大作用。在此背景下，博物馆如何改变原有的封闭式管理与运营模式，如何更好地为社会及其发展服务，成为博物馆面临的新课题。

博物馆是推动社会变革与发展的文化力量。在我国，博物馆的教育功能、社会效益及公益性质，都是为了满足社会大众的需求。博物馆作为公益性社会文化服务机构，其使命就是不断满足广大民众日益增长的精神文化需要，促进人的全面发展这也是公共文化机构的本质特征，是实现公民文化权利和文化福利的重要内容。博物馆拥有大量珍贵的文化资源，是别的文化机构难以提供的特殊的知识源泉，在博物馆中人们的文化需求得到满足，精神得到愉悦。同时，博物馆所积累的丰富的经验性资源，使其在区域性、全球化的发展里发挥独特的社会作用。随着科技革命的迅猛发展和全球化浪潮所导致的生产方式和社会结构的变革，博物馆工作的性质和特征不断发生新的变化，博物馆工作的组织结构及运作机制也出现了新的特点，需要新的创意与之对应。现代意义的博物馆不再仅仅是保护物质及非物质文化遗产的场所，还应该是一个底蕴深厚的社会文化机构，担负着传承文明的社会责任，而社会责任是博物馆的生命价值所在。今天，博物馆文化对社会责任的关注是文明进步的标志，彰显出人们的人文追求和精神品位。正是在这一背景下，要求对博物馆的功能与职能有新的定位。

随着博物馆努力纳入国民教育体系的尝试，博物馆事业与民生的联系日益紧密，而通过实施博物馆向全社会免费开放，博物馆正在成为文化遗产事业中与公众接触最频繁、联系最紧密、影响最广泛的平台。时代需要博物馆的社会责任，从保护文化遗产延伸到服务社会并促进社会和谐发展如今，国际博物馆界已经明显地感觉到，博物馆的公共形象越来越影响到博物馆吸引观众的数量以及社会支持的力度，对于博物馆的生存和发展越来越具有实际意义。尤其是近年来快速发展的资讯业已经成为一个放大器，任何人对博物馆的建议和评价，都可以随着媒体、网络的传播被无限放大，进而在很短的时间内影响更多民众对博物馆的印象。因此，顺应社会发展趋势，构建博物馆的公共形象，作为一个亟待展开的新课题，已经引起博物馆界的关注。一方面，在博物馆工作中不能仅仅"以物为中心"，而应该同时"以人为中心"，以"为社会及其发展服务"为中心；另一方面，博物馆通过建立亲切的公共形象，引导市民将博物馆视为良师益友，将博物馆作为终身教育的课堂、文化休闲的场所，使博物馆从市民生活的旁观者变成参与者同时，博物馆应担负起主动关注社会诉求、预测社会热点的责任，通过专题展览、咨询服务、互动等各种手段对社会舆论予以正确引导。

以往，我国的博物馆基本上是以收费参观的形式服务社会，博物馆免费开放之后，最显著的变化就是观众数量剧增。这体现出广大民众对博物馆免费开放举措的认可和响应，也是博物馆社会地位和影响力提升的重要标志，免费开放为博物馆事业的发展营造了良好的社会氛围，注入了新的活力。博物馆界应以此为契机，提高社会服务水平，加大宣传引导力度，逐渐使参观博物馆成为社会公众的一种生活方式、一种文化习俗、一种休闲习惯，使博物馆成为培养公民文化素养的沃土。

对于博物馆而言，"为社会及其发展服务"就是努力使博物馆与观众之间相和谐，就是努力使博物馆文化与民众文化需求相协调，就是努力使博物馆事业与社会进步相统一，就是努力使博物馆的社会效益最大化。服务民众是博物馆的天职，如果不主动融入社会、拉近与公众的距离、增强博物馆文化的亲和力，博物馆就难以成为社会公众精神文化生活中不可或缺的组成部分，博物馆自身也不可能获得生存和发展的广阔空间。

"以人为本"的理念模糊了身份、地位、收入、文化水平等方面的差别，消除了分享博物馆价值方面的障碍，使博物馆成为所有民众文化生活的一部分，增强观众参观的知识性和参与性。为了更好地贯彻"以人为本"的理念，博物馆在发展过程中越来越注重针对性、多样性、新颖性、参与性和自主性，以此来增加观众的满意度，满足不同观众的求知欲望和好奇心理，以贴近生活来体现生活的现实意义，以丰富多彩的活动满足观众的多方面需求。要由"以物为中心"，转向同时要"以人为中心"，关键是树立人性化的服务理念，举办与广大民众日常生活密切相关的陈列展览，使丰富多彩的博物馆文化进入社区生活、联系学校教学，吸引更多的公众走进博物馆，参与博物馆的相关活动。

从博物馆的发展趋势来看，"以人为本""为社会及其发展服务"已经成为博物馆实现硬件与软件合理配置的主要依据。面向社会、面向观众的办馆理念和以观众为中心的服务宗旨，不是抽象的概念，而应该实实在在地落实在博物馆工作的各个方面。不论是收藏、研究、陈列、教育、讲解或其他岗位，都是为公众服务的具体环节。因此，博物馆要加强对不同岗位员工进行服务意识教育和服务质量培训，使每一个环节都能为观众提供优质服务，使每一位走进博物馆的观众都能感受到风景如画的室外环境、整洁明亮的室内展厅、精美绝伦的文物展品、图文并茂的陈列展览、通俗易懂的文字说明、深入浅出的现场讲解、操作简单的导览设备、生动有趣的互动方式、标识清楚的参观线路、方便舒适的服务设施、独具特色的纪念礼品、热情主动的工作人员。

2. 社会合作

在博物馆与其他组织机构相互合作方面，例如科研部门、教育设施、文化机构、社会组织、企业单位、新闻媒体、民间团体、社会公众等，都拥有可以为博物馆所用的资源。为了使这些资源能够成为博物馆发展的积极力量，博物馆应与这些组织机构建立合作共享机制，使合作双方能够取长补短、各取所需，实现双赢博物馆与科研部门，诸如社会科学、自然科学等研究部门之间建立长期稳定的战略合作伙伴关系，可以实现博物馆研究水平的提升；博物馆与教育设施，诸如高等院校、中小学校等之间建立长期稳定的战略合作伙伴关系，可以实现博物馆后续人才的培养；博物馆与文化机构，诸如图书馆、青少年宫等之间建立长期稳定的战略合作伙伴关系，可以实现博物馆文化的社会传播；博物馆与社会组织，诸如妇联、青联、残联等之间建立长期稳定的战略合作伙伴关系，可以提升博物馆文化活动的社会影响；博物馆与企业单位，诸如国有企业、民办企业等之间建立长期稳定的战略合作伙伴关系，可以实现博物馆强有力的社会支撑；博物馆与新闻媒体，诸如新闻出版、广播电视等传播机构之间建立长期稳定的战略合作伙伴关系，可以实现博物馆文化的广泛宣传；博物馆与民间团体之间建立长期稳定的战略合作伙伴关系，可以在博物馆建设及运营方面不断得到支持；博物馆与社会公众之间建立长期稳定的战略合作伙伴关系，可以增加博物馆的社会吸引力。

建立博物馆馆际之间的合作共享机制，是指博物馆与其他博物馆相互合作，实现彼此资源共享的机制任何一座博物馆都保存着独有的文化资源，例如独有的文物藏品、独有的研究力量、独有的展示场所、独有的宣传方式等但是，对任何博物馆而言，所拥有的文化资源又相对有限，其事业发展都会受到自身资源的限制博物馆之间只有加强合作，才能取长补短，才能打破自身资源的局限，促进博物馆文化的共同繁荣，推动博物馆事业更好更快地发展因此，每一座博物馆均应建立与其他博物馆之间的合作共享机制，以自己的独有资源与其他博物馆的优势资源相互支撑，为观众提供更加优质的博物馆文化，从而实现馆际之间的资源共享。今天，建立博物馆与其他博物馆之间的合作共享机制，可以从多方面探索，例如建立藏品资源的合作共享机制，即通过博物馆之间的藏品交流，实现博物馆之间藏品资源的合作共享；建立人力资源的合作共享机制，即通过博物馆之间的人才交流，实现博物馆之间人力资源的合作共享；建立管理经验的合作共享机制，即通过博物馆之间的管理经验交流，实现博物馆之间管理模式的合作共享但是，目前博物馆之间的交流合作机制尚不健全，博物馆之间的资源共享机制尚未真正建立，博物馆之间的藏品资源配置还不能发挥最佳效用。

博物馆馆际之间建立合作共享机制正是出于博物馆文物资源短缺的实际。虽然国家级、省级博物馆以及一些城市博物馆文物藏品资源丰富，但是从观众的需求和展览的需要出发，任何博物馆的文物藏品资源都显得十分有限。只有实现博物馆之间的合作与共享，才可能全面揭示人类的漫长发展足迹，全面展现人类文明的多样性特征。

在促进博物馆之间合作方面，各级政府和文物部门应给予关注和支持，通过制定博物馆发展总体规划，建立博物馆资源共享体系，鼓励不同类型的博物馆在藏品、资料、技术、设施和人才方面实现合作，使不同类型的博物馆在相互学习与交流中共同得到发展，从而提高博物馆的整体发展水平。通过制定相关政策法规，推动博物馆的馆藏目录向其他博物馆开放，为使各个博物馆的藏品资源实现共享创造条件。

例如推动拥有较多文物藏品但无法长期陈列展出的大型博物馆与其他博物馆合作，使适宜陈列展出的文物藏品在不同的博物馆之间流动，以实现博物馆之间藏品资源的共享，充分发挥博物馆文物藏品的社会效益，提高陈列展览的更新频率，吸引观众经常走进博物馆。推动博物馆之间合作举办具有思想性和震撼力的陈列展览，设立国家支持的专项经费，支持各地博物馆，特别是中小型博物馆的陈列展览更新和服务水平提升，发挥博物馆的群体优势和整体效益。推动考古研究单位在考古发掘工作结束之后，依法及时将发掘出土文物移交博物馆，既使珍贵文物得到妥善保存，又使博物馆文物藏品得到补充此外，各级政府和文物部门还应出台相关政策，推动博物馆之间的人才交流，实现大型博物馆对邻近地区中小博物馆的支持指导。有条件的地区还可以推动大型博物馆对中小博物馆的托管，以实现博物馆之间管理经验及人才资源的共享。

博物馆馆际之间的合作将有限的资源集中在一起，增加了举办陈列展览的可行性。多家博物馆的联合，既分享文物藏品，保障展览质量，有利于为观众推出完美的展览，又分担运营风险，为每个博物馆提供展示自己的空间，为观众提供多层次的服务。博物馆馆际之间的合作，往往是在不打破相关博物馆的藏品所有权与管理制度的前提下，通过简化手续，实现文物藏品和人才资源更自由、更通畅的流动。博物馆之间互相借势、取长补短是较为常见，也是具有可操作性的合作形式。例如在本馆的文物藏品保护中引进合作博物馆的设备和技术，在本馆销售或宣传合作博物馆的纪念品或出版物，在本馆的宣传广告上刊登合作博物馆的展览信息，在本馆的网站上设立合作博物馆网站的链接等，这些都是双赢的合作模式博物馆之间交流与合作的方式多种多样，仅就陈列展览方面的交流与合作就可以包括联展、巡展、互展、借展等方式。联展，即两家或多家博物馆就某一内容共同举办展览；巡展，即一家或多家博物馆举办的展览在不同的博物馆巡回展出；互展，即两家或多家博物馆相互交换同一类型或不同类型的展览；借展，即引进其他博物馆的展览，进行短期或长期的展出。

3. 社会支持

"社会支持"这一概念属于心理学理论体系范畴，指个体所接收到的各种积极的社会作用，它们能增强个体的归属感、安全感和自尊。今天，社会各部门之间的联系日益紧密，综合性问题不断出现，涉及的领域更加复杂，需要各方面协同解决，而不能仅凭一己之力。良好的社会支持有利于个体的健康，而恶性的社会关系则会损害个体的健康。随着"社会支持"这一概念逐渐为其他学科所借鉴，它已经由一个学科的专业概念向通用概念转变。将"社会支持"概念引入博物馆研究和工作中，既是从关注个体的身心健康，转变为关注一座博物馆的健康和良性发展，也是从生存的角度考虑哪些社会关系和资源有利于博物馆的发展，以及如何更有效地获取这种支持。由于长期以来博物馆的社会职能定位是文物收藏、研究与展示，各项业务活动主要围绕这些内容展开，在其他社会活动方面则显得力不从心，博物馆不能独立地成功实现其目标，是博物馆需要广泛社会支持的根本原因。同时，博物馆在寻求和获取社会支持方面的意识比较薄弱，往往将视野主要局限于争取政府的资金投入和政策支持。这种状况说明博物馆潜在的社会支持尚未得到充分认识和有效拓展为了博物馆更加健康全面地发展，有必要积极构建博物馆的社会支持体系。

在当今社会中，任何机构都不可能处于自我封闭的生存状态，必然与社会各界有着各种各样的关系。博物馆作为向公众开放的社会性公益机构，在满足社会公众教育、审美、感情以及认同等方面需求的同时，自身的健康发展也离不开社会其他成员的关注与支持。今天是一个开放与交流的时代，是一个资源共享、互利共赢的时代，加强交流与合作的观念逐渐深入人心。博物馆是一个资源高度依赖于外部环境的组织，博物馆的生存与发展离不开外部力量的支持与协作，既需要来自政府的支持，也需要来自社会各界的支持。任何一座博物馆都不应将自身封闭起来，也不可能独善其身，关门办馆没有出路，只有加强交流与合作，才能实现博物馆的可持续发展。同时，信息化时代的到来，为实现交流与合作的深度和广度发展，提供了前所未有的条件，无论是博物馆与其他社会成员的合作，还是博物馆之间的合作，都有利于优势互补，有利于在整体上提高效率，有利于实现"为社会及其发展服务"的目标，对博物馆的可持续发展有着极为现实的意义因此，博物馆自身不能解决的问题应积极争取来自外界的支持，不但要分析哪些社会资源有利于博物馆的可持续发展，还要总结如何成功获取这些资源以建立稳定的联系。

博物馆的社会支持，按不同角度可以划分为不同的结构，按范围划分，包括国家支持、地方支持、社区支持等；按性质划分，包括经济支持、实物支持、智力支持、情感支持等；按主体划分，包括政府支持、社会团体机构支持、个体支持等。各级政府对博物馆的支持是最根本、最稳定的支持，体现在财政拨款和政策扶植两个方面，公立博物馆对国家财政的依赖性大，拨款的力度直接关系着一座博物馆生存与发展的质量，政策扶植在于各级政府在文化政策中对博物馆的定位及其重要性的认识，以及相关文化政策、财政政策等方面对博物馆的具体优惠和倾斜，例如博物馆在文物艺术品竞拍中有优先取得权、博物馆商店免税等。社会团体和机构对博物馆的支持，不仅仅是一种单向的关怀或帮助，在多数情况下，更体现在通过合作方式来实现博物馆社会功能的发挥，或是无偿地向博物馆提供其自身所不具备的资源和手段。当前，各类社会团体和机构的支持是博物馆需要关注的重点。个体支持是指社会中的个体对博物馆的支持，这不仅体现在最基本的博物馆参观活动中，而且涉及更为深广的方面，例如作为博物馆志愿者、文物标本捐赠者等，来实现对博物馆的具体支持个体支持虽然作为单体力量较小，但是，作为整体具有庞大的潜在基数和巨大的社会能量。

今天，博物馆正在发展成为与社会生活息息相关的现代文化设施，是吸纳知识、体验文明的地方，是陶冶情操、升华气质的地方，是了解社会、思考人生的地方，是舒适优雅、充满乐趣的地方博物馆应努力摒弃行业神秘感，增加社会亲和力，应将社会公众作为重要的合作者，更多地考虑人们的多样化需求，考虑人们在博物馆中的行为方式与心理需求，扩大博物馆服务社会的范围，提升博物馆服务社会的质量，开展丰富多彩的博物馆活动。同时，应努力增进社会公众对博物馆的认知，构建博物馆与社会公众联系的纽带，使人们每一次走进博物馆，都成为一次真正的文化体验，引导社会公众文明、有序和理性地参观博物馆，逐步树立"感受博物馆"、"尊重博物馆"的理念。

博物馆有着丰富的实物资源，有着雄厚的学术力量，因此，社会公众对博物馆的需求必然多种多样。市民对博物馆的期望与需求已经远远超出博物馆藏品与展览所能满足的范围。博物馆教育与传播的职能并非仅仅依靠自身的文物藏品能实现，并非仅仅在博物馆的展厅内能实现，也并非仅仅依靠陈列展览活动能实现。从博物馆的生存与发展角度看，只有经常开展具有社会影响的文化活动，才能够凸显博物馆的价值与实力，从而更多地争取社会公众的支持。

近年来，博物馆越来越重视与学校、社区的互动，鼓励当地民众参与陈列展览的策划及文化交流活动，在博物馆馆舍内外开展各类颇具特色的活动。例如有的博物馆组织艺术节庆，既展出本馆的特色文物藏品，又允许公众提供展品，提高社会公众的参与性，使人们在博物馆既获得知识，又可以实现个人收藏展示；有的博物馆组织动手活动，配合主题展览开展科技实验或手工艺品制作，为观众提供参观之外获得技能的机会；有的博物馆组织冬令营、夏令营，在寒暑假期间为学生提供有趣的实践和实习机会；有的博物馆组织主题旅行，结合博物馆的展览陈列内容，组织观众到考古遗址现场或文物景点参观，使观众获得更为直接的体验；有的博物馆组织电影鉴赏活动，结合陈列展览内容，播放相关的主题电影或录像资料，可使观众有偿在馆内使用或向馆外出租；有的博物馆组织艺术创作活动，创办或与艺术家合办工艺制作工作室，指导观众自己进行艺术创作。

　　博物馆是人们娱乐休闲的理想去处，是自主学习的优雅课堂，应该让观众以愉快的心情更新文化知识，享用品质空间，接受优质服务，体会快乐人生。目前国际博物馆界正在探索一些新的方法，让公众感到来博物馆是一种享受，使观众参与到陈列展览和各项活动中来。不论是自然科学还是人文科学，在博物馆的氛围里，人们都可以得到在其他场所难以获得的享受。社会公众希望博物馆能满足他们获取知识与娱乐休闲的需求；能够舒缓现代社会越来越快的生活节奏，能够减轻现代社会越来越大的工作压力，在增长知识的同时，使人们感受到参观博物馆充满乐趣。因此，越来越多的博物馆努力打破传统的封闭模式，加强与社会的联系，提高社会化程度，注重广泛参与，逐步向社会开放，走出博物馆的大门，走进社区民众中间，实现博物馆和社会的互动与交流。一方面，可以从社会需求方面调整博物馆自身的工作，以适应社会的发展；另一方面，可以从社会当中吸收有利于博物馆发展的资源。

（二）博物馆的使命

　　博物馆是保护、展示文化遗产和人类环境物证的文化教育机构，是一个国家、一个民族宣传其文明成就和发展水平的重要窗口。实际上，博物馆不仅是保存、研究、展示文物藏品的文化场所，更是人们感受历史、引发思考的文化空间。博物馆文化应该以更加丰富多彩的方式，进入社会公众的生活之中，成为人们日常文化生活的重要组成部分，如此，才能使博物馆文化的传播更加有效，使博物馆文化的影响更加深入。

　　人们生活在自然生态环境之中，也生活在文化生态环境之中。两种生态环境的优劣直接关系到人们生活质量的高低。实际上，自然生态不过是文化生态的物理显现而已，二者互为表里文化生态，就是人们精神呼吸的空气，通过耳濡目染影响人的精神世界，影响人的行为。

随着社会的发展和信息技术的不断进步，一方面，信息越来越丰富，人们在学习、工作与生活上越来越依赖信息；另一方面，信息超载也带来困扰。面对海量的信息资源，人们却又难以有效地获取自己所需的信息。信息的泛滥已经超过了人们注意力可以承受的负载，导致了普遍的注意力匮乏，这种现象使注意力成为一种稀缺资源。

农业社会的竞争力主要取决于劳动力，工业社会的竞争力主要取决于生产工具和科学技术，而信息社会的竞争力主要取决于注意力。成功的传播要求从受众的角度出发，弄清楚是什么影响了受众个体的选择和行为；传播者需要考虑的是什么样的内容、表达方式和环境有助于吸引受众，保持受众注意力。所以博物馆的成功不在于它所提供的资讯的多少，而在于它是以何种方式提供的。公众的注意力是有限的，而信息是无限的。如果博物馆想在众多的资讯竞争中获得成功，就必须善于获得注意力，而要吸引公众的注意力，就必须注意观众和了解观众。

博物馆如何与青少年建立长期友好的关系，如何根据青少年的年龄特点、理解能力和兴趣特点，推出适合他们的展览，是博物馆面临的一大挑战。目前博物馆需要与电脑游戏、便捷的通信技术争夺青少年群体。

吸引青少年走进博物馆，一直是各国博物馆关注的问题。在当前市场经济条件下，全社会竞争意识高涨，大多数青少年从小学时期开始，就进入应试教育的轨道。对这样一些人群，博物馆要给予特别的关心，并成为他们的精神家园。因此，博物馆必须改变自己，积极探索青少年与博物馆展览紧密联系的契合点。

近年来，信息技术的迅速发展给各国的视觉艺术和民族文化的发展带来了机遇和挑战，然而发达国家正倚仗其技术优势和经济强势，尤其是在视觉传播上不断更新，将其文化和价值观推向世界的每个角落。当今信息时代最重要的特征就是文化越来越依赖于视觉，潮水般的视觉符号构成了我们的生活空间。从广告宣传到影视节目，从报刊书籍到商品包装，从服饰造型到互联网界面，无论在家庭、单位还是商场、影院，视觉艺术日益成为人类占主导地位的主要传播方式，视觉活动已普遍渗透于当代人的文化生活之中。

目前各种类型的博物馆通过提供形式与内涵极其丰富多样的陈列展览，用直观浅显的方式，向人们介绍社会科学和自然科学的相关知识，有助于人们将原有的文化视野加以拓展，博物馆的陈列展览应追求精品意识，将精品意识体现于陈列展览的各个环节和具体细节，形成具有影响力的文化品牌。一个主题鲜明、富有思想性和现实针对性的优秀展览，不仅要求在文物展品、陈列方式上精心设计与筹划，而且还应从观众参观数量、社会影响程度以及综合效益发挥等方面进行评价。通过对社会民众参观需求进行调查，并对观众心理进行分析，可以了解人们心目中博物馆的应有形象。

在构成陈列展览的诸多因素中，最核心的要素是文物藏品，文物藏品永远是博物馆文化传播的核心内容，其作用与魅力是无法替代的。在博物馆的文物藏品中，蕴含着丰富的文化信息，将这些文化信息传播给更多的社会公众是博物馆的重要社会责任。

一部激动人心的电影，一首柔婉动人的歌曲，一幅回肠荡气的油画，包括一首诗，甚至一句话都可能对人们的生活产生重大影响。以图书为主体的博物馆出版物是博物馆教育与公众服务职能的拓展和延伸，也是博物馆树立形象、吸引目标观众群的重要途径。

目前，我国的博物馆图书包括展览图册、馆藏文物图录以及文物研究专著等，这些学术气息浓厚的图书为专家学者的研究提供了重要帮助。博物馆图书要实现博物馆资源社会效益最大化，除坚持正确的学术规范之外，还要适应不同年龄阶段、不同学识水平、不同文化层次的观众阅读需求。随着观众的文化需求以及购买力的不断增长，博物馆图书应该在品种较少、售价较高的现状中寻求突破，建立以不同版本、不同内容、不同价位、不同载体为支撑的体系，更大程度地满足广大民众日益增长的文化生活需要。

经过媒体传播功能，一些博物馆文物展品被社会公众广为了解，成为文化生活中的偶像，不仅为美国观众，而且被前来的国外观众所认可今天，博物馆与学校教育在德育、智育、美育等方面具有广阔的合作空间。事实上，任何一座博物馆的发展，都需要吸引年轻人的注意力。应倡导博物馆纳入国民教育体系，使博物馆文化进校园、进课堂、进教材。博物馆以本地的文化与自然资源作为教育内容，可以激发学生们对本地社区的兴趣，鼓励学生们投身于本地社区的建设，为它能拥有一个美好的未来而努力。

文化生态关系到社会和谐与文明进步，在文化空气稀薄的社会中，人们难以获得健康的文化营养，这一状况应当引起高度重视。岁月沧桑使文化遗产不可再生而弥足珍贵，博物馆正是保留这些珍贵遗存的文化场所，唯有选择那些能够代表时代精神价值的文化遗产，从人性的角度去解析，用平等的视角去阐述，以艺术的手段去展现，才能真正走进社会民众的内心，让人们在欣赏与享受中自我升华，在春风化雨、润物无声中陶冶情操。博物馆中的文物藏品能够跨越时代变迁，默默地将它蕴藏的知识、沉淀的历史保存下来。因此在文物展品中有真正的知识、有精神的支撑，参观陈列展览就是品读社会、阅读人生。

每一件文物展品都有自身的特色，都有属于本身的故事。有的文物展品是在特定的历史条件下诞生；有的文物展品经过战火硝烟历程；有的文物展品经过精心修复后重放光彩；有的文物展品是在被盗窃后失而复得；有的文物展品是对外交往中的国礼精品这些博物馆藏品在展出时，如能介绍出符合实际的感人故事，就能在文化认同中升华人们的情怀，开阔人们的视野。珍视和传播文物藏品中的历史记忆，就是维护文物藏品的生命历程和应有尊严，使参观展览成为生活中最温馨、最充实、最难忘的时刻，使人们能够看到人类走过的沧桑历程，更能看到人类的智慧创造和追求向往，感受和体味文物藏品对于和谐的呼唤。

博物馆是人们终身学习、获取知识最好的场所之一，现代化的博物馆主要通过不同主题的展览和各种形式的活动，引导人们自我学习，参观者自行选择参观内容和活动方式，通过自己的实践去探索、充实人生。博物馆利用文物藏品，以各种工作方式和方法，为社会教育和有关学科研究服务，这是博物馆收藏作用于社会的过程，也是博物馆中最有意义的任务。同时，博物馆一般都提供有展览图录供参观者翻阅，有条件的博物馆在多功能厅或观众休息室定时为参观者播放与博物馆陈列展览、展品相关内容的幻灯片、光盘等。

城市如人，有自己的生命历程。一座充满魅力和内涵的城市，绝非只有摩天大楼和宽阔街道，那些城市最深处的街巷胡同同样散发着城市的独特风情，充满社会民众的鲜活记忆。当代空间理论认为，空间并不是纯粹物理学或地理学意义上的客体，它具有社会性、历史性和文化性。博物馆正是这样一个包含着社会、历史、文化等多种元素的城市空间。当快速的城市化进程严重地影响人们的居住空间和生活质量时，博物馆以其宁静、祥和的环境和设施，缓解着社会民众的生存焦虑，也使得日益被伤害的城市文化功能获得某种程度的弥补与修复。

城市让生活更美好，博物馆让社会更和谐。作为城市历史的记录者和展现者，博物馆一直以来既是城市文化的参与者，也是城市文化的推动者。博物馆作为一种全球性的文化设施，在国际化的浪潮汹涌而来之时，应该肩负起重要的使命，促进不同文化之间的对话，提倡各民族文化之间的尊重和理解，维护和保存文化的多元化、多样性。国际博物馆协会曾这样阐述博物馆管理对于社会和谐的作用：博物馆必须在世界文化快速变化中加强自己的文化意识，在国际化的国家体系中加强民族身份认同，并在全球性发展中，发挥自己特定的社会教育作用。

今天博物馆建设的和谐理念，除了崇尚人与自然的和谐、人与人的和谐以外，还应提倡人与社会的和谐。以人类文明的成长智慧和先进理念，有效应对和缓和日益尖锐的各种矛盾，这些也是博物馆不可回避的社会责任。博物馆要想真正成为人们生活中不可缺少的一部分，必须要善于主动介入当代文化生活，以观众需要为博物馆的发展前提，以多种手段为观众服务，以独特鲜明的形象吸引公众的注意，在社会上树立有自身特色的博物馆形象。

博物馆是人类培育高雅情趣、营造幸福生活的精神源泉。博物馆浓郁的文化氛围，含蓄的文物意境，引导人们从浮躁走向宁静，从现实走向理想，从思考走向行动。在培养人们健康情趣，优化生活、美化环境、净化心灵以及诗化人生方面，博物馆的作用无与伦比。要实现博物馆的资源效益和文化魅力，在陈列展览和文化活动中，不能简单罗列重要事件和历史人物，而应该首先寻找和揭示这座城市的灵魂，寻找属于城市自己的故事，并提炼出最能反映地域文化特色的主题，通过这一主题将各种重要的文化资源加以整合，形成一个整体，从而使陈列展览具有特色和号召力。

博物馆在城市的发展过程中不断完善和创新，具有连续性、继承性和创新性，承载着城市的基本价值追求，孕育着城市的精神。博物馆作为现代性城市空间的精神与文化的代表，其最重要的功能就是为人们提供一个交流与对话的公共空间。它与商场、街道不同，博物馆以一种隐性的内在力量放大了历史的精神魅力与文化吸引力，由此丰富了城市空间的文化内涵。没有博物馆的城市是贫乏的。而不在城市发展或城市变迁中发挥作用的博物馆又是单调的气博物馆在当代人类社会发展变革的背景环境中，应该顺应历史，调整自身的社会形象和角色，提升博物馆在城市发展变迁中的影响力，拓展其影响的空间、参与的空间和教育的空间。

第二节　博物馆的发展思路

一、博物馆的内涵式发展

（一）博物馆内涵式发展的基本要求

内涵有两层意思：一层是指一个概念所反映的事物的本质，即概念的内容；另一层是指内在的涵养。外延式发展强调的是数量增长、规模扩大、空间拓展，主要是适应外部的需求表现出的外形扩张；内涵式发展强调是结构优化、质量提高、实力增强，是一种相对的自然历史发展过程，发展更多的是出自内在需求，而内涵式发展道路主要通过内部的深入改革，激发活力，增强实力，提高竞争力，在量变引发质变的过程中，实现实质性的跨越式发展。外延式发展为内涵式发展提供必要条件，内涵式发展为外延式发展提供丰富内容和智力支撑。外延式发展改变事物的表象，内涵式发展改变事物的结构和本质。由此可见，博物馆内涵式发展，实质上就是博物馆建设要按照科学发展观的要求，走出一条投入较少、成本较低、效益较高、低碳环保、可持续发展的路子。

博物馆内涵式发展与学校发展、图书馆发展、科技馆发展、艺术馆发展、影剧院发展虽然有不同之处，但其建设发展的轨迹、规律是一脉相承的，而且也具有异曲同工的教化作用。因为，这些独属于文化教育科研机构，他们服务的对象都是人，目的，都是以"文"化人。就博物馆内涵式发展而言，更应把握六个基本要求：

1. 注重文物收藏的质量

内涵式博物馆藏品不在数量的多寡，重在藏品级别的高低和历史价值、艺术价值、社会价值的大小。因此，内涵式博物馆要从藏品收集的数量规模型向质量价值型转变，多收集珍贵的、有重大价值的、独占鳌头的"镇馆之宝"。

2. 注重文物保护能力和水平的提高

一方面，内涵式博物馆要加大文物库房的环境改造力度，对文物库房的温度、湿度、亮度，以及柜架等要严格按照国际标准建设完善，给文物存放提供科学的环境；另一方面，内涵式博物馆要求必须有能力保护文物。

3. 注重陈列展览的创意策划

陈列展览是学术研究的基础，是社会教育的生动载体。因此，内涵式博物馆，务必根据形势任务的变化、观众的文化需求动态，及时设计内容厚重、形式新颖、特色鲜明、社会需要的陈列展览。

4. 注重学术研究的档次与质量

学术研究是博物馆内涵式发展的核心竞争力。因此，我们在课题的立项方面，必须坚持"宁精勿杂、宁缺毋滥"的原则，严格把关，不断提升博物馆学术研究的档次和质量。

5. 注重社会教育活动的品牌打造

如果说，学术研究是博物馆的"生命线"，那么，社会教育就是博物馆功能的"延伸线博物馆的社会教育"有突出教育的全民性、社会性、终身性、直观性、丰富性、开放性、自主性、愉悦性、时代性、参与性、引导性，社会教育的品牌效应才能大力彰显。

6. 注重产业开发系列性

博物馆的产业开发要立足本馆的应用型研究成果的转化和观众需求的多样化，开发出匠心独运、便于携带、易于收藏的系列产品。

（二）博物馆内涵式发展的必要性

道路决定目标，目标催生发展。因此，博物馆建设走内涵式发展既符合中国特色文化发展道路的总体目标和要求，也符合全世界博物馆建设发展的必然规律。

1. 进入国际化水准

中国与国际接轨，不仅是政治、经济、外交、军事的接轨，更多的是文化接轨，说到底是文明的接轨。我国的博物馆要屹立于世界博物馆之林，赢得与其他发达国家博物馆对等交流的话语权，那么，我们在博物馆的文化认同、功能定位、建设理念、规范标准、展陈方式、对外交流等方面，必须与国际接轨。博物馆建设要与国际接轨，我们的外观设计一定要体现中国气派、民族风格，内部建设要与美国的国立历史博物馆、英国的牛津大学阿什莫林博物馆、大英博物馆和法国的卢浮宫媲美。只有博物馆的藏品量、藏品等级、研究质量、产业开发、品牌打造等进入了国际化水准，才能拥有与世界一流博物馆对等交流的话语权和资格。博物馆建设必须具备全球视野、世界眼光，大胆吸收国外博物馆建设的成功经验，从而达到"洋为中用"的目的。

2. 提升文化自信与文化自觉

博物馆是党的意识形态的"主阵地"是传播先进文化的"主渠道"。因此，博物馆贯彻落实科学发展观既是高度的政治自觉，也是高度的文化自信和文化自觉。地球只有一个，而且地球是人类赖以生存的家园。博物馆是传播文明的使者，在保护生态、珍惜资源方面，更应走在全社会的前列。对此，博物馆建设应该在文物藏品、文化传承、学术研究、社会教育、产业开发、人才队伍的可持续发展上比投入、重效果、看影响。因为博物馆作为永久性非营利性的教育学术机构，其功能发挥主要在引领社会风尚、教育人民、崇尚科学和文化传承。所以，博物馆建设必须要从规模数量型向质量效益性、综合型向专题特色型、都市化型向社区服务型转变。

3. 提高核心竞争力

文化软实力日益成为国家核心竞争力的基础内容。大国的崛起所能凭借更多的是优势文化。博物馆是我国先进文化传播的主阵地，也是国家文化软实力的重要组成部分。一个博物馆拥有了核心竞争力，就能有效地运用多种资源，有效地促进文物修复、文物开发利用技术和博物馆内部体制机制创新，能够更好地应对生存与发展的挑战。因此，核心竞争力的强弱决定了博物馆在同行业和国际竞争力中的基本态势与地位，谁拥有的核心竞争力强，谁就占领了文博战线的制高点，谁就能在激烈的文博竞争中抢占先机，赢得主动，脱颖而出，成为典范。否则，就会被淘汰。

4. 打造品牌，助推示范效应

品牌就是形象，品牌就是实力。博物馆要在激烈的竞争中展示实力和形象，就必须把自身品牌打造放到"生命线"的地位来超前谋划、周密计划、精心策划、潜心包装属于自己的核心品牌。打造品牌一定要结合博物馆自身实际，将本馆的地理位置、方位坐标、馆风馆训、地域文化、馆藏特色、展陈风格、研究水准、形象符号等元素充分吸纳，比如红岩革命历史博物馆、井冈山革命历史博物馆、遵义革命历史博物馆、延安革命历史博物馆、西柏坡革命历史博物馆等，根据自己的特色和优势，把博物馆建设与红色旅游挂钩，以发挥爱国主义教育基地和创建全国青年文明号为载体，以传承地域文化为己任，以教育激励观众为目的，以开发推广本馆特色和地域特色的文化产品为助推，从而产生了"舞动红色旅游，感动更多观众"的示范效应，不仅获得了良好的社会效益，而且获得了较好的经济效益，实践证明，品牌设计、品牌装、品牌宣传是博物馆走内涵式发展的重要内容之一，只要坚持因地制宜，注重特色，持之以恒，就能达到"忽如一夜春风来，千树万树梨花开"的效果。

（三）博物馆内涵式发展的基本特征

特征是一事物区别另一事物的特点和标志，抓住了事物的特征，就抓住了主要矛盾，也就抓住了事物的本质，同时也就找准了制约博物馆建设发展的瓶颈。博物馆的内涵式发展必须把握五个基本特征。

1. 文物藏品的开发利用

一个博物馆的文物藏品量再多、等级再高，但是，如果这个馆的文物保护能力、修复能力、文物鉴定能力、开发应用能力、社会推广能力不强，那么，这个博物馆在文博界也是没有地位的，它所发挥的社会教育功能、区域辐射功能和转化为文化生产力的功能也是极其微弱的。因此，一个博物馆的内涵发展，基础环节是在文物征集、文物分类、文物珍藏、文物陈列、文物研究的基础上，搞好文物的修复、文物鉴定和文物的开发利用，把文物用活，把文物背后鲜为人知的故事讲出来，比不会说话的文物会"说话"，充分发挥文物在社会教育、文化传承、文物研究、文物鉴赏方面的"载体"和"资政育人"作用，让每一个文物的利用达到极致。

2. 展览方式的特色性

一个优秀的展览就是一个生动精彩的故事、一个展览就是一段厚重的历史，一个展览就是一本鲜活的教科书。要让"故事"引人入胜、"历史"启迪心灵、"书籍"净化灵魂，博物馆陈列展览的内容和形式都必须与时俱进。博物馆的社会教育作用、区域辐射作用、对外宣传作用、对观众的吸引作用，大量地是通过我们的陈列展览来完成的。因此，要看这个博物馆的内涵发展能力强不强，必须看这个博物馆的展览内容是否丰富、主题是否鲜明、形式是否新颖别致、解说词是否生动形象、陈列"载体"是否有特色。如果展览的创新性、辐射性、推广性、指导性、示范性不强，那么，这样的展览就没有特色。没有特色的东西，就没有生命力，没有生命力的展览，是难以吸引观众和产生社会影响力和传播力的。所以，博物馆的陈列展览必须把握规律性、赋予创造性、体现时代性。

3. 科学研究的系统性

系统性研究是博物馆形成系列开发的基础，也是凸现一个博物馆生命力和核心竞争力的重要指标。因此，博物馆内涵式发展要把系统研究作为"杀手锏"和

"定海神针"来打造。博物馆不但要针对全世界博物馆的发展趋势进行预测性的前沿研究，而且还要围绕本馆特色搞一些有深度的特色研究，更要搞一些把理论转化为文化生产力的应用型研究。具体讲，就是要对馆藏文物、内部机制、项目运作、品牌打造、产业开发、社会教育、人才培养、陈列展览、公共服务、宣传推广等大项工作进行深度研究，为博物馆的规范化、标准化、人性化服务提供理论依据和决策参考。博物馆的研究工作切忌"单打一""零打碎敲"和"散兵游勇"，必须整合力量，强强组合，项目攻关，方能形成"核裂变"效应和持续后劲。只有把博物馆的基础型研究、应用型研究、特色型研究有机统一，整体推进，博物馆研究的系统性才能充分彰显。

4. 教育娱乐的针对性

博物馆的终极目标是引导人们进行教育和娱乐。博物馆教育是学校教育的延伸和补充，是社会教育的生动载体和重要课堂。博物馆教育的优势是"寓教于乐"。因此，博物馆教育只要在展览形式的直观化、生动化、形象化和视觉冲击力、艺术感染力方面不断攀升，就能达到"春风化雨"和"润物细无声"的功效。博物馆要充分发挥展览进学校、进企业、进农村、进军营、进社区的作用，让更多的人民群众走进博物馆，了解历史，感悟真理，学到知识、陶冶情操、启迪心灵、净化灵魂。因此，博物馆的社教活动要针对不同观众策划不同的主题活动，坚决克服"千人一面"和"千篇一律"的现象。

5. 文化产业的拓展性

坚持把社会效益放在首位，社会主义效益和经济效益相统一，推动文化事业全面繁荣、文化产业快速发展，间时强调，促进文化和科技融合，发展新型文化业态，提高文化产业规模化、集约化、专业化水平。由此可见，文化产业要逐步成为国民经济支柱产业是一种锐不可当的大趋势。我国虽然是一个文化资源大国，但同时又是一个文化产业弱国，丰富的文化资源和广阔的文化市场尚未得到科学的开发利用，外来不良文化的涌入尚未得到合理控制，文化产业走进国际市场尚处于起步阶段。因此，博物馆的内涵式发展要把紧紧围绕公共服务的人性化、特色化、规范化来拓展，抓住文博产业的规模化、集约化、专业化、系列化开发来深化，把我们的研究成果逐步转化为项目成果和实践成果，博物馆的造血功能和发展后劲才足。

（四）博物馆内涵式发展的重要环节

博物馆走内涵式发展道路必须在充分认清世情、国情和馆情的基础上，在综合分析博物馆自身建设存在问题和充分了解自身优势的基础上，有的放矢地拿出对策。从目前看，博物馆走内涵式发展道路至少应把握以下五个环节：

1. 坚持科学规划布局

要夯实博物馆建设的基础，规划是关键。博物馆建设的规划应纳入城市社会经济发展总体规划。博物馆建设的总体布局、数量规模、质量效益必须与城市社会经济发展相适应。博物馆建设必须坚持对历史和未来负责任的原则，始终遵循博物馆建设发展的客观规律，既不能"滥竽充数"，更不能"拔苗助长"，在选址上：要定位在人群集中区域，因为无论是社会效益或是经济效益，都要通过"人"来体现。在理念上：要突出"以人为本""以文化人"和"文化的沉淀"。文化消费不应当是老百姓的奢侈消费，而是要把去博物馆、图书馆、影剧院消费作为常态消费，而绝对不是精英消费。要坚决打破博物馆是贵族、社会名流、研究人员等少数人古物陈列所、学术据点，让博物馆真正成为普通老百姓的"精神家园""文化绿洲""知识殿堂""城市客厅""文明窗口"。在外观设计上：既要充分考虑地域文化、民族风格、城市形象、馆藏特色、研究方向等元素，也要充分考虑时间、空间、地理等元素；既要彰显独特风格，体现大气，又要凸显时代特色，体现庄重和典雅。在内部设计上：既要有设计精美的展厅，别致的展柜，又要有一流的视听设备；既要有残疾观众的通道和卫生间，还要供观众休息的阅览室、餐厅和咖啡厅；既要有规范有序的办公场所，也要有花园式、园林式的博物馆环境。在建馆的决策上：既要听专家的意见，又要听老百姓的意见。

2. 注重文化机制建设

从我国文化建设自身看，文化领域正在发生广泛而深刻的变革，文化发展取得了巨大成就，但总体而言，文化发展同经济社会发展和人民日益增长的物质文化需求还不完全适应，束缚文化生产力发展的体制机制问题尚未得到根本解决。从博物馆自身建设看，重研究轻内部管理、重职称评定轻使用、重基础研究轻应用研究、重眼前轻长远、重馆内作用发挥轻辐射带动的现象不同程度地存在，这些问题的存在，根本还在体制不畅、机制不活。对这些问题如果不高度重视和解决，影响和制约博物馆建设的深层次和矛盾就得不到根本解决。因此，从体制上讲，博物馆必须建设结构合理、功能齐全、运转高效的管理体制。从机制讲，就是要建立与文物利用、科学研究、社会教育、人才建设相适应的激励推进机制。这样才能在博物馆实现催人奋进、优秀人才脱颖而出的生动局面。

3. 加强专业人才管理

国际竞争实质是综合国力的竞争，综合国力的竞争说到底是高素质人才的竞争。博物馆与博物馆的竞争，实质上也是专业人才和管理人才的竞争。要建设国际一流的博物馆就必须建立一流的文博人才队伍。从博物馆的结构功能看，目前至少要建设四支高素质的人才队伍：一是建设一支精本职、通相关、懂邻近的文博专业人才队伍，这支队伍由大量的高学历和高职称人才组成，他们主要从事以文物开发利用和地域传统文化为主的科学研究，这支队伍应当成为博物馆持续发展的"专家库"；二是建设一支政治强、业务精、会协调、善管理的行政管理队伍，这支队伍主要负责博物馆的日常运转、安全保卫和协调管理，这支队伍应当成为博物馆持续发展的"智囊团"；三是建设一支作风实、精打细算、默默奉献的后勤人才队伍，这支队伍主要负责博物馆的经费预算、经费管理、物资采购、物资管理、基建工程、绿化美化等工作，这支队伍应当成为博物馆持续发展的"红管家"；四是建设一支懂市场、会经营、善开发的市场营销队伍，这支队伍主要负责博物馆文化产品包装宣传和市场运作，为壮大博物馆的造血功能"横刀立马"，这支队伍应当成为博物馆持续发展的"助推器"。这四支队伍犹如车之"四轮"，鸟之"两翼"，缺一不可。因此，只有坚持"四轮驱动，全面发力"，博物馆内涵式发展才有强大的人才支撑。

4. 深化品牌特色研究

特色就是一道亮丽的"风景"特色就是一款众星捧月的"品牌"。博物馆要造"风景"、铸"品牌"，就必须根据自身的优势、结合本地区、本馆实际，采取"筑巢引凤""草船借箭""借鸡生蛋"等方式主动与兄弟博物馆、当地高校、社科院、社科联及至民营文化机构开展一些地域文化、地理名胜、人物、历史事件等研究，通过研究，进一步挖掘当地文化瑰宝，在展示当地文化特色上出奇制胜，形成独特的研究成果。地域文化就是一种特色，加强对地域文化的挖掘、保护、传承和研究是我们各个博物馆的应尽之责，实践证明，加强地域文化研究，是可以独树一帜和大有可为的，比如，重庆中国三峡博物馆可在巴渝文化、抗战文化、陪都文化、桥都文化、长江文化、码头文化、火锅文化、石刻文化、红岩文化、川剧文化等方面独树一帜。山东博物馆可在儒家文化、泰山文化、泉城文化、齐鲁文化等方面花力气。湖北博物馆可在荆楚文化、神农文化、屈原文化、昭君文化、三峡文化、武当文化等方面大有作为。江苏博物馆可在吴越文化、苏绣文化、园林文化等方面拿出大手笔。四川博物馆可在巴蜀文化、三国文化、道家文化、三苏文化、大禹文化、蜀绣文化、康巴文化、彝族文化等方面独领风骚。陕西博物馆可在炎黄文化、延安文化、秦川文化、秦岭文化、华山文化等方面独占鳌头。西藏博物馆可在佛教文化、寺庙文化、藏戏文化、文成公主进藏文化等方面遥遥领先。甘肃博物馆可在敦煌文化、古丝绸之路文化、酒泉航天文化等方面打造亮点。湖南博物馆可在湘楚文化、南岳文化、湘西文化、韶山文化等方面出彩。江西博物馆可在赣文化、井冈山文化、庐山文化、景德镇瓷都文化等方面展示魅力。

5. 大力发展文化产业

大力发展文化产业，是市场经济条件下满足人民群众多层次、多样化精神需求的必然选择。因此，博物馆走内涵式发展，只要充分发挥公共服务的独特优势，就能把文化产业做大做强。比如，广西博物馆的文化产业可在《刘三姐》系列、《漓江》系列、《桂林山水》系列走俏。湖南博物馆的文化产业可在《浏阳河》系列、《边城》系列、《凤凰》系列、《伟人》系列方面出精品，云南博物馆的文化产业可在《五朵金花》系列、《阿诗玛》系列、《阿瓦人民唱新歌》系列、《木府风云》系列、《丽江》系列方面打造经典。贵州博物馆的文化产业可在《黄果树瀑布》系列、《茅台》系列、《遵义》系列开发文化产品。湖北博物馆的文化产业可在《编钟》系列、《龙船调》系列、《三峡工程》系列、《王昭君》系列、《屈原》系列出重拳。新疆博物馆的文化产业可在《七剑下天山》系列和《花儿为什么这样红》系列浓墨重彩。山东博物馆的文化产业可在《孔子》系列、《孟子》系列、《孙子》系列扬帆领航。山西博物馆的文化产业可在《杏花村》系列、《五台山》系列、《云冈石窟》系列方面高歌猛进。河南博物馆的文化产业可在《少林寺》系列、《洛阳牡丹》系列、《岳飞》系列大放光彩。博物馆对文化产业的深度开发，实质就是对地域文化的深度挖掘、广度开发利用和特色彰显。因此，我们必须把挖掘、发展繁荣地域文化研究与推动博物馆文化产业有机结合和深度融合，才能促进博物馆的可持续发展。

6. 增强品牌宣传意识

博物馆的影响力、知名度和美誉度，一方面靠实力取胜，另一方面靠多渠道、大纵深、全天候的品牌宣传。在具体操作中应该强化三种意识：

（1）强化策划意识。主动超前策划、未雨绸缪就是品牌宣传终端环节的一种预见性和目的性前期运作，这是做好博物馆品牌宣传工作的首要环节。策划和设计既是博物馆品牌宣传的前提，也是博物馆品牌宣传上档升级的关键。博物馆品牌宣传必须针对不同档期、不同任务、不同对象、不同重点、不同主题、不同要求，精心谋划、超前策划、周密计划、耐心细化品牌宣传实施方案和资源配置，从而达到有的放矢和事半功倍的效果。

（2）强化服务意识。博物馆的宣传部门要牢固树立宣传博物馆是天职、不宣传就是失职的意识，要深入到研究、展览、讲解等部门了解挖掘品牌宣传的生动素材，及时与中央及市属新闻媒体进行沟通，保持联络和信息畅通，内刊、内网、信息简报要及时刊登报道博物馆在实际工作中所取得的新鲜经验、成功做法和先进典型。

（3）强化精品意识。精品就是追求卓越，打造经典。精品就是博物馆品牌宣传的主攻方向。要把博物馆的品牌宣传做成精品，就必须在健全品牌宣传的组织机构、优化部门协调、集中优势力量攻关等方面下功夫。博物馆的品牌宣传必须在创意策划、主题构思、形式设计、品牌打造等方面多听民意、多顺民心、广纳民智，在广泛听取观众和集聚群众智慧的基础上，动员各方面的力量，采取座谈讨论、专题研讨、内外联合、左右互动、上下联动、广结善缘等方式，在宣传博物馆的深度、厚度、力度、广度等方面下功夫，力争使博物馆的品牌宣传既气势恢弘，又具体实在；既形式新颖，又喜闻乐见；既鼓舞人心，又催人奋进，从而形成"气顺、心齐、风正、劲足"和"敬业、勤业、精业、创业"的浓厚氛围。

二、博物馆的改革发展路径

面对我国综合实力的一路提升，文化旅游事业正在蓬勃发展、方兴未艾，博物馆建设管理也进入了历史上少有的黄金时期。国家在文化上的投资逐年提高，文化的社会需求呈现多元化、多层次的态势。根据国家文物局最新提供的综合数据显示，从2016年到2019年短短的三年时间里，全国每年进入博物馆参观的旅游人数，增量突破一亿人次之多，每年新增的博物馆数量也在180家左右。如何适应博物馆发展的新要求，是摆在博物馆从业人员面前亟待探索解决的新问题。

（一）博物馆改革发展的新职能

纵观古今中外的发展历史，见证了博物馆事业的兴起与经济社会发展密不可分。博物馆既是经济社会发展的外在成果，也是一个展示不同时期文化建设的重要特征，更是提高文化自信的具体表现，博物馆对于提升全民族科学、文化素质和思想道德水平，有着极其重要的历史作用和现实作用。

博物馆是一个不追求营利的、为社会和社会发展服务的、向公众开放的永久性机构，为研究、教育和欣赏的目的，对人类和人类环境的见证物进行搜集、保存、研究、传播和展览。

我国有记载的博物馆历史，可以追溯到1000多年前汉武帝时期张骞成立的第一家博物馆，这座博物馆开启了古代博物馆收藏展示的职能，也初步确立了中国古代博物馆的功能和目的，开启了一代文化事业的先河。但许多博物馆，受到朝代更迭和战争战乱的冲击，遭受了不同程度的破坏和损毁。

中华人民共和国成立以来，国家对博物馆事业日益重视，各地博物馆相继扩建新建。值得强调的是改革开放40多年来，我国博物馆的职能、功能，已经从文物的收藏、维护和展示，扩大到参与地方经济社会进步上，主动与国际博物馆接轨。博物馆通过组织开展丰富多彩的各种活动，提高了社会地位，牵动了地方综合文化的发展，培育了地方文化特色品牌，拉动和促进了全域旅游的营销。

1. 有益的文化产品

博物馆要围绕博物馆职能，为人民群众提供有益的文化产品。收集和典藏文物是博物馆最基本的社会职能，也是博物馆核心工作内容。博物馆首要任务就是保护好可移动文物和不可移动文物等文化遗产，经过对这些文物的修复、整理、保养，并以生动、直观的形态展示给公众。博物馆内文物的陈列、保护、保养方面，职能必须明确，划分更加细密，确保博物馆内各种文物的完好性、稳定性、安全性。

2. 良好的文化环境

博物馆要围绕博物馆职能，为人民群众提供良好的文化环境。建立博物馆，旨在展示一座城市、一项事业、一件事物的发展历程，通过观众的参观和体验，展望未来发展的前景。通过博物馆的正式对外开放，展示城市独特的悠久历史和丰富的文化遗存，营造良好的文化氛围，为城市市民和外来游客们提供寓教于乐的理想去处，并受到全新方式的文化润泽，陶冶思想情操，愉悦精神世界，从而也带动、促进本地的旅游、餐饮、住宿等其他服务行业的融合发展，拉动经济的快速发展。

3. 厚重的文化认同

博物馆要围绕博物馆职能，为人民群众提供厚重的文化认同。在城市化高度发达的今天，人们的生活状态渐渐远离祖先们生存的田野和乡村，游客通过游览参观博物馆，能置身于浩瀚缥缈的历史长卷之中，了解人类的悠久历史和灿烂文化。在博物馆里，人们可以借助美妙的文字、珍惜的图片、全息的影像、直观的沙盘和多媒体信息技术等展示方式，可以了解到城市乡村历史的变迁，了解到不同时期所发生的重大历史事件、杰出的历史人物和不凡的建设发展成就，培养和激发市民、游客浓郁厚重的家国情怀，更加热爱祖国、热爱家乡。

（二）博物馆改革发展的新理念

随着社会经济的发展，各项事业都取得了长足的进步和非凡的成就。我国博物馆职能在新的历史进展过程中，正面临如何满足人民群众多元化、高品质文化需求的新任务，这正是博物馆管理体制和从业人员加强提高管理质量和服务质量的必然趋势。

随着文化体制改革的不断深入进行，博物馆的发展也受到体制、人才、财力的多重影响，条块分割、流动不畅，导致我国现有的博物馆建设管理上，都或多或少地存在着只追求数量忽视质量的硬件问题，一些博物馆藏品保管手段比较简陋、藏品修护技术相对落伍、陈列展出设计过于简单，需要整体的提升和改善。与之相对应的是从业人员的软件服务上不到位，知识结构、文化素养、服务理念，都处于偏低的状态。因此，博物馆从业人员，必须积极拓宽知识视野，加强服务本领，转变功能定位，担当时代责任，以便在实际工作中，更好地为社会公众提供优质优良的服务。

新的时代有新的时代特色，博物馆作为文化传递的主要服务机构，也要通过组织开展公益性的文化展示与普及性的文化活动，使得更多的博物馆馆藏文物的文化价值与教育作用，能被大众广泛理解和接受，提高公众的文化认知和审美水平。

1. 适应新形势

博物馆应坚持个性化和休闲化的特色，结合人们的文化习惯和生活方式，力争做到服务内容注重个性化准确的表达，用简捷明了的解说方式介绍，把博物馆陈展的丰富内容进行讲解，并适时与观众产生亲和的互动，尽量减少解说中平庸的陈述表达和乏味的照本宣科，从而最大限度地满足观众的文化需求。

2. 履行教育使命

要利用博物馆的现有空间和设施，积极为参观博物馆的人群，提供优质的专业化服务。博物馆收藏的各种不同时期文物，能够真实直白地叙述我们人类历史的发展进程，展现我们人类整体的文明与智慧，馆藏文物本身具有独特的社会教育职能。博物馆应该顺应潮流、与时俱进，与各类学校的普通课堂教育、社会专业教育紧密结合，通过开办学堂、讲座、研讨，建立一系列科普、历史、自然研学基地，共同组成更为健全完善的社会教育体系，更加符合世界博物馆发展的时代潮流，完成履行各种社会教育的义务和使命。博物馆服务要从以物为中心，逐渐转变为以人为中心，促使参观人群进一步产生互动，达到寓教于乐的良好效果。同时，还要重视博物馆专业服务的现代手段，积极为市民群众提供力所能及的文物鉴定、文物修复、文物复制、文物摄影、展览设计等功能性服务，让广大民众得到专业性的指导和科普。

3. 扩大影响力

博物馆也是决定地方文化形象和文化宣传的重要阵地之一。博物馆举办的临时展览与馆外文化活动，能塑造地方风情浓郁的文化氛围，使更多的参与者产生和秉承文物保护的积极性，从而为当地吸引和留住大量游客，产生地方经济的洼地效应，进一步促进项目引进和招商引资工作。博物馆除本馆的基本陈列外，要在确保文物安全、文物完整的前提下，紧密结合本地的各类文化旅游活动，让更多的馆藏文物走出馆门，送到社区、街道乃至学校，举办各类专门性的临时展览，延伸和扩大博物馆馆藏文物的影响力和感召力。

4. 合作化服务

随着现代的科技进步和城市功能的提高，我国各类中小型博物馆数量在不断增加，一些重点的博物馆，除做好日常的服务外，要积极向外寻求资源的整合和共享，加强与国内国际博物馆的交流与合作。交流合作对象包括各类研究机构、专业学会、博物协会、地方团体、文化工作者等，博物馆通过信息网络技术，利用多元互动方式，力争在人力、财力、物力方面提供优质的服务，实现本地的特色和城际之间的互补性，开展馆际间、省市间、地区间的交流展出，推出全新的展览服务渠道，实现社会服务的最大化。

（三）博物馆改革发展的新模式

党的十九大后，我们国家进入了改革发展时代，各级地方政府更加重视博物馆的建设，加大了人力、财力、物力的投入，为繁荣和发展博物馆事业，提供了更多强有力的支持。博物馆要勇于创新、敢于创新、善于创新，新的职能和理念，成为博物馆管理的重要标识和动力，只有创新，才能在日益激烈的城市文化竞争中，获取发展和提升的先机和后劲。

1. 创新展示方式

在互联网高速发展的时代，博物馆在完成常规服务的同时，更加注重数字化博物馆的建设，应该在博物馆馆与馆之间建立联盟，文物展示立足本地特色的同时，加强区域之间优势互补、注重行业之间的统筹协调，对多样性博物馆文化资源进行融合利用，以利于满足人民群众日益增长的文化需求。有条件的前提下要创建省内博物馆间的"超级链接"，实现区域间协作和跨界融合，搭建更多的博物馆公共文化服务新平台，更多地改善博物馆的优质服务。

2. 提升自身品位

馆藏文物展示手段上多采用新科技、新发明和新应用，能以多元方式服务社会、适应大众。要通过先进传播科技与媒介，使得传递的内容和过程，更加丰富有趣。积极借助提供的语音导游、网络直播、多媒体电影等手段，减少观众隔着展柜、橱窗静观文物的冷象，增加观众的直接感受和视觉亲和，提供有温度、有情怀、有记忆的亲身体验。

3. 融合旅游产业

深化文化体制改革之后，国家文化和旅游部门合二为一，这为博物馆的深入发展提供了新的契机，形成了互相促进的良好氛围和条件。博物馆要积极参与地方的旅游发展，通过强化文化旅游的内涵和外延，助力和吸引更多的游客走进博物馆。一方面，博物馆依托展示方式，丰富旅游体验，确保每一次游客再访时，都能有新的浏览内容和互动方式；另一方面，博物馆要改善博物馆外部接待能力，为游客提供良好的交通、住宿、餐饮服务，优化标识设立与导游指南等服务。

4. 转变营销角色

由于大多博物馆实施免费开放，经营角色发生了根本性的转变。博物馆要有别于一般商业导向，在服务功能与服务设施规划上，最大限度保持以文化展示为主。一方面，博物馆通过高质量的展示环境与密集的展示内容，弥补过份强调商业利益的弊端；另一方面，要通过文创产品的研发，让博物馆的文化活动与消费内容紧密关联，产生更多的文化效应与集聚效应，在吸引游客从事文化消费的同时，增加以博物馆为核心的景区零售、餐饮、交通和住宿的综合经济效益。

总之，不断完善和扩展创新博物馆的社会职能，可以增加和丰富博物馆的整体展示水平，更好地使博物馆改善服务社会、服务人民群众的职能发挥，更好地为公众提供优质的文化服务，管理能力和服务水平不断与时俱进、推陈出新，让人民群众的文化生活更加丰富多彩、日新月异，助力经济社会的全面发展，共同构建幸福美好的新家园。

第三节　博物馆藏品的开发意义

一、博物馆营销与文化产业开发

自17世纪后期具有近代博物馆特征的英国阿什莫林艺术和考古博物馆对公众开放以来，博物馆成为重要的社会文化活动机构，收集和陈列精美的艺术品，教育走进博物馆的大众视野。然而到20个世纪70年代，博物馆的吸引力被越来越多兴起的文化机构和娱乐场所取代。观众的流失以及经济的萧条，使有些博物馆不得不采取措施，英国伦敦的科学博物馆在1977年开辟了科学探索厅供孩子们玩耍，美国芝加哥的科学与工业博物馆也以成功的营销吸引了大批的观众。博物馆的市场化行为一时兴起，与传统博物馆理念产生了激烈的争论，直至1989年国际博协在哥本哈根召开大会修改了博物馆的定义，将博物馆"不追求营利"修订为"不以营利为目的"。

虽然早期博物馆营销主要是为了获取经济利益，但是随着活动的开展，人们对博物馆营销的认识更愿意从博物馆的核心价值的角度出发，将其区别于市场销售，重新认定博物馆营销是通过一系列的努力以试图建立广大观众了解博物馆并且欣赏博物馆的思想基础。博物馆营销不再只是获取经济利益的销售行为，更是博物馆社会效益取得的过程。此原则也应用于建立在博物馆营销框架内的博物馆文化产业。因此，目前有学者对博物馆文化产业定义为从事文化产品和文化服务的生产经营活动以及为这种生产经营活动提供相关服务的产业，注重其参与博物馆活动的服务性，即其与博物馆传统行为共同创造的博物馆社会效益，以文化为主要资源，通过生产经营和市场运作，为消费者提供精神文化产品和服务，其最终目的是满足人民的精神文化生活的需要。从目前我国博物馆文化产业开发来看，大致可以归纳为以下类型：

（1）围绕博物馆收藏、展示，研究等博物馆基础功能开展的产业行销，包括博物馆藏品的利用，博物馆精品展览的打造，博物馆研究成果的发布等，如博物馆精品陈列的设计制作、博物馆流动展览的策划与运作、博物馆文物的仿复制。

（2）博物馆文化技术的服务经营，包括艺术品的鉴赏与咨询服务、文物保护修复技术服务、馆外展览的设计与制作等。

（3）博物馆文化产品的开发与经营，包括民族工艺品与文创产品、博物馆印刷品、博物馆数字化产品的开发、制作与经营。

（4）打造博物馆品牌特色，形成博物馆社会效益与经济效益最佳结合的博物馆产品，包括民族地区生态博物馆的文化观光、民族服饰与歌舞的动态表演、文化遗产技艺的培训等。

（5）博物馆特色商店、书店、餐饮的经营。

二、博物馆文化产业开发对博物馆藏品的意义

目前，博物馆文化产业的收益多来源于博物馆礼品店、茶歇厅、咖啡厅、餐厅等，实际而言，博物馆行销是指行销博物馆的内容。要行销美，不是行销咖啡。所以当代的博物馆回到本位，在美与好奇心上做文章，以博物馆物质为载体的文化资源成为产业开发的主要对象。博物馆文化资源就是博物馆实现从传统的展示、研究、典藏、教育功能到富有开创性的沟通、信息、实证与休闲主张，一系列功能的物质基础，包括有形资源与无形资源。

有形资源包括场馆建筑、经费、人力资源、文物藏品、技术方法、研究成果等，无形资源物包含博物馆形象与风格、文化元素、美学价值、精神追求等，其中博物馆藏品是博物馆有形资源的主体，无形资源的物质载体，也是博物馆产业开发区别于其他领域文化产业开发的特色资源。新博物馆学研究催生博物馆营销的合理化，以博物馆功能重新认识博物馆及其藏品。博物馆收藏范围不再局限于奇珍异宝，而是收藏"文化"，与观众的交流打破以往静态陈列的唯一方式，而是加强与大众的互动，通过多种方式让观众"把文化带回家"，以此来"活化"藏品。博物馆藏品一改以独立体的身份充当博物馆的价值表达和博物馆行为的工具，在文化表达的背景制约下，博物馆物件被赋予特定文化的价值标准，博物馆藏品角色扩大为博物馆的运行资源、物质基础、工作环节、传播媒介，研究成果等，在博物馆整体大机械运行中，参与博物馆研究、展览、保护、宣传、服务等多项活动，向社会提供产出。博物馆文化产业开发是对博物馆功能的延展，更是博物馆发挥藏品意义最大化，满足社会公众多元需求，提供社会产出的有效手段。

博物馆文化产业的核心资源是博物馆藏品，如何取得藏品维护和商业经营之间的平衡以确保博物馆营销的永续，使博物馆既能获得社会对博物馆运营的经济支持，又不脱离博物馆以社会效益为目的的公益性质，这需要博物馆藏品和文化产品在双方利益平衡点上相结合，形成"社会性企业光谱"，用非营利组织与主要

利益相关者的关系表示其商业化程度也即公益化程度。博物馆藏品参与文化产业，不是以商品的身份出现的。每个藏品带有独特的知识信息，包括质地、色泽、形制、大小、重量等感知信息，用途、工艺、性能等判断信息，民族、历史、社会的文化信息，这些才是文化产业加工的对象。因此，理性看待藏品保护与产品开发的关系在于认识藏品转化为博物馆经营产品的不是物质本身，而是物质信息的内涵与外延。

现代博物馆的功能，不止于教育或学习方面，运作所具经验、体验、故事、历史的智能，以及艺术美学的领悟，而是成为"诠释人生价值体系"的文化中心，所以博物馆便成了大众的休闲凝聚地，成为文化消费与产业的场所。博物馆营销是现代博物馆功能实现的思想引导和组织方式，是博物馆密切与大众联系的必要管理手段。以博物馆营销视野看待博物馆藏品保护与博物馆文化产业，二者并非是对立的，而是资源与产出的关系，是对藏品信息有效利用的过程，以形成更多博物馆产出，增强博物馆营销力。但是，在文化产业开发过程，不能背离博物馆核心功能，要遵循对博物馆藏品资源"保护为主，合理开发"的原则，增强文创动力，达成针对藏品与产品的博物馆行为的协调平衡。

第二章　博物馆藏品保护工作新进展

第一节　博物馆藏品创新保护思路

众所周知，随着互联网时代的到来，人们获取信息的手段和方式迎来了新的变革，促进了全球化的进一步发展，当我们要在现代社会中追求自我，延续本国文化的完整，从传统社会保留卜的文物就会成为民族特殊性的来源。信息传递高速的今天，在博物馆文物管理过程中，对于文物保护所探索出的创新性路径。

文物作为最能体现国家性和民族性的历史产物，有着重要的研究价值、文化价值、审美价值，因此对文物进行保护具有十分重要的意义。在互联网时代，信息传递方便快捷，对文物的保养和修复能够得到更加专业的指导和监督，使文物的美感和承载的历史文化能够呈现在大众视野之中，从而提高对文物的保护程度，为保护中华民族历史悠久的文化做出贡献。

一、建立网络指导与共享体系

（一）网络指导体系

由于文物年代久远，遭受破坏之后，修复文物所需要的原材料难以获取，文物制作原工艺难以传承，而文物的修复原则是不改变文物原状，最大程度上保留文物的历史、艺术、社会等价值，在修复时要做到最小介入，最大兼容。因此文物修复工作主要对照现存的同类型器物并查阅古籍记载，使其尽量恢复最多的历史信息，以最小干预的方式达到"修旧如旧"的目的。历史文物在经历腐蚀、风化等自然环境的侵蚀后保留至今，而现代社会的科技运用使得环境条件与过去相比有更大的不同，为了防止现存文物被进一步破坏，需要结合现代科技使用更为有效的物理方式和化学药剂对文物进行保存。但是任何原材料的使用都要经过时间的检验，保护和修复材料在老化后有可能给文物带来更大的破坏或影响，因此文物保护材料的选择已经陆续有一些标准，其物理性能和化学性能都有着更加严苛的要求。

连接各个博物馆的内部网络，统一上传需要修复的文物资料，由文物修复专家组成研究讨论小组，对各个博物馆的存储文物进行审查，通过远程网络连接，对需要修复的文物进行修复难度等级划分，选出修复工艺难度较低的文物，通过网络视频连接对博物馆内的文物修复人员进行实时指导，同时达到人员培训和文物修复的目的，提高了工作效率。对于修复工艺难度较大的文物，在专家小组派出人员进行文物修复时，以直播的方式将修复工艺流程转播到其他博物馆内，将传统工艺展示给更多的普通人群并为专业的文物修复者提供更多的修复案例。由于文物修复和保存难度大，需要丰富的历史知识、娴熟的工艺手法、专业的物理化学应用，在网络指导体系的建立下，不同学科之间的交流联系更加便捷，对文物的修复和保存工作也将更加完善。

（二）网络共享体系

文物有可移动和不可移动之分，为了有效地保护文物，各个博物馆之间极少进行文物转移，所以各个地区的博物馆所收藏的文物多为代表本地区域的历史文化，展现出了区域特色。在互联网时代，人们通过网络所了解的信息更多，而博物馆在展现本地文化特色的同时也应该为人们提供更多的文化历史信息，在寻找本地重点文物的同时，使用网络共享的方式将更大范围内的重点保护文物展现出来，通过提高人们对重点文物的关注度，实现对类似文物和区域内文物的裙带保护。以大熊猫保护为例，大熊猫自然生活环境内生活着许多比大熊猫更加濒危的物种，通过宣传大熊猫憨态可掬的形象和濒危物种保护意识，使人们为了保护大熊猫的生存环境做出具体有效的措施，在对大熊猫的保护下，使得和大熊猫共同生存的其他物种也得到了保护，这就是由大熊猫产生的生物裙带保护伞。通过借鉴成功的生物保护案例，合理应用到文物保护上，使用网络共享体系建立文物联系和文化联系，扼制文物走私和文物盗取。

二、博物馆手机软件的制作与宣传

在互联网时代，手机成为更加重要的信息传递工具，手机上也装有各式各样的商业推广软件，在博取大众关注的同时引导人们以经济利益为主进行商品选择。近些年来电视媒体的鉴宝类节目以及新推出的鉴宝类手机软件，虽然在一定程度上提高了人们对于文物的认知程度，使得散落在大众之间的文物能够被重新收集，得到国家的统一保护，但是也进一步引导了人们对于文物的思考模式，更加偏向于经济利益而非文物本身所具有的文化价值和历史意义。这样的思考模式对于文物的长远保护是不健康的，有可能出现文物保护的两极化和利益化，不利于文物保护的初衷和民族文化的传承。因此博物馆手机软件的制作目的和宣传方式绝不能是商业化的，不适合将文物贴上价格的标签来博取人们的关注。

博物馆手机软件的制作和宣传方式，应该以公益模式进行，增加大众对于文物的相关知识，在功能上除了拥有博物馆收藏文物的基本信息还应该具有文物检索功能，使人们在查询某一历史时期时，能够展示出文物不同时期的工艺特点，伴随着时代的发展，体现出工艺的进步和文化的传承，加强文化价值的认可和引导。

综上所述，文物的保护不仅需要通过互联网进行文物修复的技术交流，更加需要通过网络传递着文物的文化价值，文物本就经历了数百年的历史，在这数百年里保存完好本就不易，每一件文物是将当时的历史背景、工艺手法、文化传承下来，让后人得以了解，所以每一件文物都是独一无二的，即使被现代人赋予了价值属性，但是不代表文物是可以被现代的金钱衡量。

第二节　博物馆藏品的数字化保护

一、博物馆藏品展陈的防震保护与措施

博物馆展陈文物的地震损害主要来自三个方面：博物馆建筑结构的破坏、文物展柜（台）的破坏和文物自身的破坏。故目前对展陈文物防震保护的研究主要针对博物馆的主体建筑、展厅所使用的展柜（台）及所展出的文物三方面入手。

（一）博物馆建筑的防震保护

当博物馆建筑在地震作用下产生破坏时，保管于其中的文物也会遭受破坏，因此，对博物馆采取防震保护措施是避免文物受损最有效的手段。美国在1989年旧金山7.1级大地震和1994年洛杉矶诺恩里奇6.8级地震灾害后加强了对博物馆建筑防震措施的研究与应用。如美国加利福尼亚科学馆部分墙体使用钢骨架和钢筋进行交错而增加其强度，旧金山近代美术馆将墙体厚度增加到60厘米。日本地震频发，自阪神大地震之后在新建博物馆时都对其建筑增加防震措施，如岐阜县现代陶艺美术馆，该馆于2002年建成，共四层，展厅面积1000平方米，为减小展馆的摇晃幅度，其整个建筑是由32根钢柱从四层大梁上倒挂着吊下来。2005年建成的九州国立博物馆，为降低该馆的地震反应，其在建筑物的一层采用抗震构造

措施，并在一二层之间配置叠层橡胶隔震支座对二层以上的建筑楼层进行了有效隔震。日本POLA艺术博物馆在建筑楼层上方安装了调频质量阻尼器，又在建筑楼层的最下方，安装了可以追随水平位移的带有轨道的粘滞型阻尼器。日本国家西部艺术博物馆在1998年加固时采用了基础隔震措施。伊朗古代博物馆在修建中也采用了基础隔震措施。

我国的博物馆建筑防震技术研究，过去多针对古建筑的抗震性能和抗震加固技术等方面，仅少数博物馆在新建或改造过程中使用了建筑结构防震措施，如2004年竣工的山西省博物院新院，在其主体建筑的2-4层安装了92个液体粘滞阻尼器，以提高主体建筑结构的抗震能力。1997年11月建成的汕头博物馆新馆，则在主体建筑第二层梁底安装了137块夹层橡胶垫用于防震保护。在2008年汶川大地震中遭受严重损坏的茂县羌族博物馆于2010年3月5日重新建成开放，新建成的茂县羌族博物馆为提高其主体建筑的抗震性能，特别设置了170个橡胶隔震支座。2016年6月建成并开放的成都博物馆新馆在基底采用多个叠层橡胶隔震支座，提高了主体建筑结构的抗震性能，以确保文物的安全。

（二）展柜（台）的防震保护

1. 展柜（台）防震保护的意义

减轻文物震害的另一个重要手段就是对文物展柜（台）的防震保护。对展示文物的展柜（台）防震保护主要是在展柜（台）底座安装控制设备，该控制设备能在地震作用下起到一定的减隔震作用，从而达到减轻或避免展柜（台）上文物损毁的目的。

展陈文物传统防震措施仅限于文物与展柜（台）座的固定连接，当展柜（台）座被破坏时，文物不可避免要受到损伤。为保证展柜（台）上的文物免受震害，应对一些不适合采用传统防震措施的展陈文物或者采取传统防震措施达不到良好防震效果的展陈文物采用展柜（台）隔震技术。展柜（台）隔震技术是指在文物展柜底座或展台底座安装隔震装置，使得在地震作用下，隔震装置能发挥减隔震作用，达到减轻或避免展柜（台）上文物的震害。展柜（台）隔震是减轻文物震害的又一种重要手段。

2. 展柜（台）的防震措施

相比较于传统文物防震措施，文物展柜（台）隔震技术主要是通过隔震装置的基本周期错开地震波卓越周期来实现，使文物受到的地震力迅速减小，而不产生明显摇晃（或滑移）的状态。特别是对于自身胎体比较脆弱或有裂痕破损的文物，展柜（台）隔震技术相比传统防震措施加固文物要安全许多。此外，隔震装置一般安装在文物展柜或展台底部，对展柜、展台及文物三者同时起到保护作用，隔震效果明显、使用较方便、且不影响展示效果。日本、美国、意大利等国家现已研制出了不少展柜（台）隔震装置，文物展柜（台）隔震装置在国外博物馆展陈文物中都已普遍应用，目前已开发研制出水平隔震装置、竖向隔震装置及三维隔震装置。

水平隔震装置包括滚轮式、滚珠式、滚轴式、滑块式、线性弹簧式、磁石式、SMA丝弹簧式、恒力弹簧式、叠层橡胶式等不同类型文物隔震装置。竖向隔震装置则包括空气弹簧隔震装置、负刚度机构隔震装置、弹簧+线性导杆隔震装置、平行四边形链杆机构隔震装置、恒力弹簧隔震装置及扭簧隔震装置等。三维隔震装置包括双线性弹簧—滚珠导杆隔震装置及弹簧—线性导杆隔震装置等。故对有破损的、高宽比较大的、强度较差的、多层浮置的等防震安全隐患较大、地震易损的展陈文物，可通过"隔震+传统防震"相结合的方式进行防震。对独立展柜则采用文物展柜隔震或展台隔震方案并辅以传统措施，即在文物展柜底部或展台底部设隔震装置，降低地震作用，满足文物防震安全性能指标要求。

2009年，故宫博物院课题研究小组研制出独立式平行连杆三维文物隔震装置、带限位保护系统三维文物隔震装置、磁力悬空三维文物隔震装置并获得国家专利。试验数据证明弹性隔震装置对雕塑馆文物在地震作用下的减震率达到90%以上，部分装置的减震率达到了97%。

我国近几年虽然对文物隔震技术有了一定的研究，但应用实例则很少。如2008年改建完工后的上海博物馆玉器馆，对一些重要展品安装了由日本制造的避震设备，这种避震设施的使用在国内博物馆系统尚属首次。西安碑林博物馆在2009年对14件文物安装了由日本隔震技术公司研发的隔震装置。四川雅安市博物馆2014年1月9日安装了由中国航空规划建设发展有限公司等单位联合研发的具有我国自主知识产权防震装置，并在2014年1月14日四川乐山金口河5.0级地震中，自动打开了防震保险锁，有效保护了展柜内文物安全。

（三）藏品自身的防震保护

对藏品自身的防震保护主要是利用文物自身的强度、刚度或柔性，采取一定的方法来抵抗地震作用下的破坏，达到防震保护的目的。国外博物馆对藏品自身采取抗震措施的研究及应用比较普遍。如美国盖蒂保护研究所根据当地可能发生的地震情况，对规则浮放物系统的基本稳定性进行分析，并绘制出可用于该馆文物的稳定、摇晃、倾覆倾向查对表。该研究所还研发了可用于大型雕塑防震的隔震台，内部应用滚珠和弹簧结构进行隔震，美国的博物馆在馆藏文物的防震保护中经常出现一些高强度的新材料，美国旧金山亚洲艺术馆用特制的金属支架等材料对每件展出的文物进行固定，加利福尼亚科学馆则用质量轻、强度高的金属线固定天花板上悬吊的物体，这种金属线的承载力达到物体重量的7倍。日本京都国立博物馆用透明尼龙线将部分展柜里的陶瓷器与底托牢牢固定，且用透明塑料软管套在尼龙线与文物接触的部位。日本还有些博物馆使用一种聚氨酯凝胶片（橡皮）黏接固定瓷器与底座，这种聚氨酯凝胶片（橡皮）对自由取下和重复使用，具有抗7级地震的粘附力。国内许多单位及专家学者对展陈文物防震措施也进行了相关研究及应用，如1976年，由故宫博物院、中国历史博物馆、中国建筑科学研究院工程抗震研究所等单位人员组成的文物抗震研究小组，对故宫博物院的41件文物采取了重心下降法、粘固法、尼龙搭扣、磁铁法、内支法等10种抗震措施，并在震动台上进行了试验，这些措施使得故宫博物院文物在1976年唐山大地震中几乎无损。

展陈文物既要考虑文物安全，还要考虑其展览效果，故展陈文物的防震相比于库房文物的防震难度更大，所采取的防震措施也有限。

（四）展陈藏品的防震措施

1. 科学改进传统防震措施

在充分分析展陈文物各楼层文物防震安全性的基础上，博物馆的展陈文物防震应首先考虑传统防震措施。对本身无破损且高宽比较小的文物，可以直接通过传统防震措施对展陈文物进行保护。传统防震措施作为目前我国博物馆展陈文物防震预防性保护的主要技术手段，在一定程度能够减轻或者避免地震对展陈文物的损坏，提高展陈文物的抗震性能，但对一些防震效果不佳或影响文物陈列效果的传统防震措施需进行改进。如：传统的文物防震措施大多采取"抗"的方法来防震，就是着眼于文物自身的强度、刚度和柔性，采取固定、降低重心、增大接触面摩擦系数等方法来抵抗地震的破坏。但大多数博物馆所使用的传统防震措施都是依靠布展的经验，认为只要在布展后文物不发生摇晃或固定在展柜台上就满足了防震保护的要求，而不是立足于对文物陈列地点、楼层或者文物本身进行地震危害性分析的基础上。

传统防震措施所采用的材料的性质、使用数量、加固位置等都没有相应的参考标准。所采用的防震措施具体能抵抗几度地震，或者在不同烈度地震作用下的震害形式如何，尚未经理论或实验论证。故面对强度较大的地震时，有些措施往往达不到较好的防震效果，不能满足文物防震安全的需求。传统文物防震措施对于单件的展陈文物有一定的防震作用，但是对于多件或者是组合文物、多层浮放文物及有镶嵌物的文物而言，则有一定的局限性。文物震害形式多种多样，地震作用的方向具有多维性，而传统的文物防震措施不能从整体角度减轻文物震害。传统的文物防震措施偏向于文，物与展台的固定连接，而没有考虑展台的损害。

在大多数博物馆展厅中，很多展台就直接浮放于展厅楼面，当地震发生时，展台与文物可能同时产生运动，展台上放置的文物就会因展台滑移或倾覆而损坏。如果因展台过高、展台台面材料摩擦系数较低及展台所使用的材料强度过低等原因会造成展台在地震作用下产生破坏，那么展台上的文物就不可避免地遭到损坏。

故对展陈文物采取防震措施时，应根据实际情况对展陈文物的地震危害性进行分析或进行相关试验论证，在分析试验的基础上采取合适的文物传统防震措施或对现有的、不合理的文物传统防震措施加以改进。防震措施的使用应全面考虑地震的破坏作用，尽量避免破坏文物本身或影响文物陈列展览效果，确保展陈文物能达到预期的防震效果。

2. 建立数字化防震管理机制

在中国这样一个地震多发的国家，如何加强博物馆展陈文物的防震预防性保护，降低地震对展陈文物的损坏程度，应该是博物馆日常工作之一。博物馆应在本单位现有管理体系基础上，借鉴国内外博物馆在展陈文物防震方面的先进理念，建立具有本单位特点的博物馆展陈文物防震保护及风险评估的数字化管理体系，逐步探索展厅的防震管理、监测、分析、处理、优化、预案等一系列风险预控机制，博物馆展陈文物预防性保护水平，加强博物馆展陈文物防震研究。把展陈文物的防震作为布展时的一项重要工作，切实可靠的保护文物安全。同时加强对博物馆员工的防震教育及防震安全演练，做到一旦地震发生不慌不乱，及时发现和解决问题。

二、博物馆藏品的数字化保护与管理

博物馆当中以数字化对文物进行保护工作和管理的方案，依照的是数字化的应用信息系统的建设。随着经济的发展，人们越来越追求高质量的生活水平，从原来的追求吃饱穿暖逐渐转为追求更高的精神文化。而博物馆又是一个增长文化知识的好去处，这就需要不断对博物馆当中所展览文物的保护工作进行更好的规划，让图书馆能够在有计划保障的情况下运行下去，实现长久发展的目的。

（一）藏品的数字化保护

1. 数字化保护是发挥文物价值的前提条件

在计算机文化不断发展的推动之下，博物馆数字化管理以及文物保护已经成为这个领域的新鲜事物，博物馆的数字化文化建设正随着当今信息技术的发展而发展。数字化在当今博物馆当中的应用是文物的保护工作以及发挥文物价值的前提条件，这也是博物馆工作的重中之重。近些年以来，博物馆公共开放力度逐渐加强，进入博物馆游览的游客日益增长，这就给文物的保护工作带来了一些难题，在博物馆当中人为损坏文物的事件已经成为一种常态。然而想要解决这样的问题，就必须实施文物的数字化保护工作。在展览文物时进行三维的激光扫描、远近景拍摄和纹理方面的测量以及虚拟投屏，将文物虚拟地呈现在展览的观众眼前，减少了游客与文物的接触，从而达到文物保护的目的。

2. 数字化保护是发挥文物价值的客观条件

文物可以作为历史文化的载体，在科学研究及公共教育方面都具有非常重要的价值。文物的价值非常之高，能够根据相应的文物来考察一个时代发生的事件。发挥出文物的价值是博物馆内展开各项工作的重点，而对文物实行科学的研究并进行对外开放的展览是实现文物价值的必经之路。数字化的文物保护工作在很大程度上提升了文物对外开放展览的便捷程度，博物馆在进行文物展览时可以采用一些数字化产品，这样就能够两全其美，既不损害文物还能够供人们参考研究。博物馆借助数字化文物保护工作，使文物能够被拿到别的地方展览，有效地降低了在外展览当中的成本问题，更加提高了对外展览的水平及宣传教育的效果。

3. 数字化保护是传播中国文化的重要举措

新兴的数字技术是可持续地为广大观众保护和传播文化遗产的关键因素，并且是在中国创造价值活动的核心，这些活动对创意经济有贡献。中国自上而下的政策，例如"文化技术创新计划"旨在"充分促进科学技术融入文化部门"，以及提出的"十三五"规划，旨在"建设文化产业，作为国家支柱产业"。博物馆中正在采用越来越多的新兴数字技术，这些数字技术是以对象为中心的，设计时并没有考虑到用户。也就是说，数字展品的设计是自上而下的，并且重点放在物品上，而不是访客的需求上，我们与博物馆代表进行的非正式采访和讨论证实了用户研究的缺乏。因此，评估中国文化机构中数字技术的采用和使用已成为当务之急，以此来了解其数字化福祉，以及成功实现中国为其制定的宏伟计划。在西方，大多数评估都是在单个博物馆内进行的设备级评估，这些研究旨在深入了解内容以及用户如何通过用户界面与他们互动。我们认为需要对采用和使用进行评估的广度，以了解和确定数字技术采用和使用的整体状况。了解博物馆采用数字技术的广度和用途将揭示与中国的战略性国家计划和文化创意产业以及中国在全球范围内的地位相关的挑战和机遇。

（二）藏品的数字化管理

1. 创新保护方式

随着岁月的不断流逝，文物可能在其形态上发生一些改变。文物数字化保护的目的就是为了能够让文物通过数字化创新的形式来进行文物保护。在这当中文物的修复工作又是文物保护工作当中非常重要的一件事情，而传统的文物修复工作既费时间又费人力，更容易让文物出现二次损伤，因此就具有很大的不确定性。博物馆当中利用数字化对文物进行保护的主要目标之一就是能够充分发挥现代化信息技术的作用，对文物的修复工作提供一种保障，让其能够自动还原，自动匹配大小从而提高了文物修复工作当中的工作效率，以及创新了文物藏品保护的方式，从而以创新的文物保护方式来加强对博物馆当中的文物保护工作，能够很好地实现博物馆可持续发展的战略。并且还能够将博物馆逐渐地推向大众的事业当中，让博物馆成为一个大的公共教育设施。

2. 建立审查模板

在博物馆进行数字化管理时，需要馆内的工作人员将数字化管理的系统融入文物的出入库管理模板当中。对馆内的藏品进行藏品的现状、数量和摆放位置等进行审查。然后记录藏品在馆内进出库的时间以及去向和出库的理由等。还有在藏品归还馆内时进行相应的审查工作确保其没有被损坏。这项流程的主要作用就是能够让工作人员清晰地知道藏品在馆内的什么位置，并且能够让文物在外出展览时不必要将文物的本身直接带走，从而就减少了文物在运输当中由于各种原因对文物造成损坏的情况，还能够直接地避免人为造成的损坏，从而就让博物馆当中的文物能够长久地保存下去，从而让图书馆中的文物数量以及质量能够有一份保障。

3. 信息数据系统化管理

利用多媒体来将馆内文物的资料和图形以及视频等信息进行整理，从而实现多角度的保存和备份，能为游客提供一个准确的查询服务。通过这项工作还能够实现博物馆的自动化办公，管理的现代化，以及提高馆内工作人员的工作效率。对馆内文物进行数字化管理，不仅仅能够很好地了解库存当中文物的种类以及其相应的资料还能够为博物馆提供出一种可持续发展的能源。而且博物馆再进行数字化管理时还可以与图书馆的防盗，防火系统相结合起来，从而形成一套完全的管理体系，从而将博物馆的信息资源与互联网相互结合，建立一个数字化的博物馆，这就成为博物馆能够与时俱进以及开拓和创新的必然选择。

4. 提高博物馆科技水平

在博物馆当中对文物施行数字化管理，能够促进科学研究视野的发展。通过依靠计算机的统计功能，能够在几秒之内就完成了馆员几天才能够完成的统计工作，从而使一些研究人员对文物研究的时间得到节省，并且让研究更加深入、更加便利。在文物展览时还可与多媒体结合起来从而能够让展览的场地变得非常丰富、更加生动。

5. 定期进行状况调查

对博物馆文物定期进行状况调查，旨在为文物的存储和展示制定最佳策略，是博物馆和保护工作室的重要工作。为了有效地保护易受伤害的文物或艺术品，需要采用无损、高度敏感和定量的方法来检测和记录初期的损坏情况。在缓慢进展、环境引起的表面劣化的情况下，早期损坏检测尤为重要，因为这种检测可以在物体的结构完整性受到威胁之前很早就采取预防措施。监视方法只要足够灵敏且足够准确，就可以用作"预警"系统，从而有助于检测在展览品存储或运输过程环境中的有害影响、振动或气候波动。通过散斑干涉法可以适当地满足上述要求，散斑干涉法是公认的并且广泛用于测量亚微米位移分量、应变、变形和扩散散射表面的振动。干涉技术提供了高速和实时的测量，因此对于分析文物的表面完整性特别有吸引力。迄今为止，散斑干涉法在检测各种遗产物体中的断裂和表面缺陷方面特别成功。尽管与标准的状态调查方法（例如，宏观摄影或敲击方法）相比，散斑干涉测量法具有无可争议的优势，但实际上也存在两个严重的问题，严重阻碍了该方法在更大范围的表面诊断中的应用：第一个难题是对斑点干涉图的定量分析，同时又要自动进行解释；第二个难题是在实验室外（在画廊或保护工作室中）进行的状况调查过程中要达到很高的精度。

自动解释测量值的问题至关重要，为了满足保存者和策展人处理艺术品的期望，任何表面分析方法都必须灵敏，而且必须对所记录干涉图像上的条纹局部所代表的特征提供明确的解释，仅当解释过程完全自动化时才有可能。

三、博物馆藏品保护中的 VR 技术

VR 技术在社会各界广泛的运用，是计算机技术与通信技术不断发展的成果。作为博物馆文物保护工作而言，要不断地优化现有工作技术，吸纳社会发展的技术成果，提升文物保护工作效率与品质，满足现代在人不断增高的社会需求。

（一）VR 技术的特点

VR 技术全称为虚拟现实技术，通过三维图像等计算机技术、音频、影像、人工智能、传感、测量以及微电子等多种技术结合而产生的一种现代化的智能技术。可以通过有关技术的辅助来达到有关内容的模拟，从而让整个计算机设计出虚拟现实环境。由此进行对象的交互性操作，让人们在其虚拟操作的情境中感受到如同现实环境、事物一般的逼真场景。由于该技术通过计算机生成有关环境模拟现场，通过有关设备的辅助来提升人们视觉、听觉与触觉的感受。让人们通过虚拟成像的方式感知有关实际社会与事物的情境，参与到与环境、具体文物的有关交互活动中，减少现实情境中交互状态的高成本消耗。通过该技术可以呈现出不能够在现实中找到的情景。在线状况减少情境化感受的成本，提升环境模拟感受的可能性。相比于传统单纯的三维模拟技术，VR 技术的真实感受更为强烈，由此让

参与其中的人有更强的环境沉浸感，由此产生更为真实的互动反应。在该技术的环境相互作用中需要充分调动人自身的感知能力，才能更好地获取更为逼真的信息，由此让VR技术更符合现实状况所需。其技术的实现仍旧需要依托于现实人们对环境事物的了解程度，人们了解程度越深，所呈现出来的效果就越逼真。

（二）VR技术在博物馆藏品保护中的应用目的

我国历史文化悠久，上下五千年，以往所保存的文物，无论是在数量上，还是品类丰富性以及品质程度上都有巨大的历史价值。而要做好这些文物保护工作，不是一日之功，需要考虑长远。但现实情况之中，较多的文物保护，一方面要进行整体状况的维持；另一方面又要做好现代人学习参观的诉求开发。要做好文物的展示工作，就面临着文物保护的更大风险。尤其是较为珍贵的文物，更容易受到品质的损坏，甚至会遭到盗窃等风险。为了更好地保护以及陈列，让其发挥更大的价值，让人们可以更好地欣赏文物成果，VR技术的价值就越来越受重视。

人们在感知外部事物环境以及有关文物信息中，更大程度上是通过视觉功能来获取，而VR技术就是视觉技术的集大成者。它可以更好的还原有关文物的外观形态，甚至模拟有关情境。而这种技术的应用最初源于20世纪信息时代的到来，计算机与互联网技术的快速发展，给有关技术的发展提供了更大的机遇。虚拟现实与增强现实技术也越来越被人们所熟知，随着技术的成熟，有关成像交互技术也越来越受人们的关注，营造出更为真实的场景感观。有关头戴式的显示设备也更大程度的结合有关软件运用，提升了VR技术的真切感。随着国家整体经济形势增强，人们对文化等软实力的关注度也不断攀升。VR技术在一定程度上推动了文化产业的发展，提升了博物馆文物保护与展示工作的开发价值，让悠久的历史文化被人们所熟知，推动了整个国家的文化知识产业。

博物馆文物保护中VR技术可以展现多种内容，例如，文物不仅仅是单纯的一个古老的物件，更大程度上还可以涉及整个历史环境建筑等多方面内容。而VR技术可以将有关文物所使用的时代呈现出来，通过虚拟技术模拟还原一个真实场景去感受文物本身，提升整体文物等文化活动的感染力。而常规在博物馆中进行文物的单独呈现，往往只能关注到单个文物作品的本身，不能够有更强的沉浸感，也不能够更为直观地感受到文物所处年代的实际环境，这样对文物所展现的功能价值缺乏更为直观的感受。过去博物馆文物呈现工作上面，更多地采用实物陈列或者替代品陈列方式，在一定程度上满足了人们对文物了解的需求，但随着人们对整体文化体系了解诉求的不断攀升，缺乏感染力的文物呈现方式已经不能够吸引人们。而VR技术因为提供更具有感染力的环境渲染场景，通过更为直观的感受来刺激人体综合感官，尤其是视觉感官，有关声音的配合等，都极大地提升了文物呈现方式的趣味性，让人们对博物馆有关文物活动，有更为浓厚的参与兴趣。通过VR技术模拟可以减少贵重文物呈现的风险，尤其是有关整个大场景的陈列风险更大，这种情况下可以通过VR技术来模拟，给予人们一定的了解。一般这种情况下还原真实场景的成本高，现实意义较低，这时就可以运用VR技术来替代，减少后期管理工作的压力，同时提升人们对有关事物了解的需求。VR可以配合现实场景中文物现实呈现来互相辅助，满足更多人不同文物学习参观的需求，同时也减少博物馆有关单位在文物保护工作上面的压力。

（三）VR技术在博物馆藏品保护中的应用形式

1. 在线或异地展示

在线展示、异地参观的VR技术应用，在现在疫情之下的环境下更具有推广价值。新冠肺炎的出现让人们对于室内参观活动有更强的畏惧心理，博物馆活动的开展也受到了一定的限制。面对这种情况，VR技术可以更好地异地参观，在线展览可以通过虚拟实景技术呈现出实体博物馆内参观路径与参观效果。可以通过图像视频、语音、文字等多种内容呈现博物馆参观的效果，让公众有更为便捷的信息查询体验，更为真实的游览服务辅助。让人们足不出户就可以体验到犹如在博物馆实景参观的感受。

当下计算机技术普及运用，通信技术成本越来越低，与现实情况有较好的融合。一般情况下，在线参观博物馆方式灵活便捷，整体用户方操作没有较难的技术门槛，一般各年龄层人员都可以轻易获取。尤其是这种在线看展览的方式可以更大程度上复原已经不复存在的文化遗址与建筑，进行场景的复原，而后通过VR技术做对应的环境布局，配合有关声光电来提升人们的感官感受，可以模拟从前古人具体生产生活环境，让参观者在线预览时犹如身临其境，穿越到古时候。尤其是当下人们对于穿越剧的喜好，这种身临其境的体验古代生活的活动，更吸引人们的关注。而VR技术可以让人们身临其境的去感受古代生活细节，还可以配合有关手游软件的开发利用，来提升整体博物馆文化活动的推广。

2. 数字化修复处理

除了常规的虚拟现实场景的复原以及在线参观，VR技术对于文物修复工作也有较好的辅助作用，可以通过较多碎片式的文物经过人工复原来减少有关文物修复所投入的时间与精力，确保其整体的拼接更为准确。VR技术可以整理现有的文物碎片，进行自动拼接指引，节省了有关人与时间，文物工作者较为推崇。尤其是文物容易损坏，有掉色与剥脱等问题，需要做好人工修复来复原呈现的效果。而VR技术可以预先的将修复之后的效果呈现出来，让修复工作者做不同情况的选择判断，保证修复工作顺利展开，以及获得最终相对理想的修复效果。这种预见性的VR人工修复工作，提升了整体博物馆文物修复保护工作的技术水平。同时VR技术还可以更为全方位、多角度的展现文物，对其文物存放管理工作进行预见性的判断。尤其是博物馆文物中较多文物是孤品、单品的情况，其唯一性的状况下如果产生修复偏差，则难以弥补其损失。而运用VR技术进行数字化修复处理，可以综合性判断不同修复办法之后的可行性与效果，而后选择其中最优的办法来处理应对。

3. 藏品虚拟化展示

在实际博物馆文物工作中，为了有关文化交流以及有关工作的开展，需要进行文物展示工作，VR技术的应用可以避免实体文物展示中的运输以及多种损坏问题。采用技术还原逼真的文物效果，为有关文物的收藏与处理提供一定辅助。尤其是博物馆在进行有关文物的收回以及交易活动中，通过VR技术来还原其实际状况，避免实物交易处理中导致的风险问题。同时VR技术可以通过实际情况进行作品影像的旋转、放大或者缩小，对交互式参观等工作也提供了较大的辅助。尤其是文物触碰中容易有脱色与剥脱等问题，通过数字化的展示可以有效地减少不必要的损伤。

（四）VR技术在博物馆文物保护中的应用价值

对于专业的文物鉴赏人员而言，VR虚拟技术与实物呈现方式的价值有本质的差别。VR技术更大程度上是呈现一种多样化的形式，满足不同程度需求，但是并不能完全替代博物馆文物呈现中的实物实际呈现价值。对于博物馆文化没有较高要求的人员，VR技术可以更好地满足其感受力。例如可以通过VR虚拟技术程序，让人们更近距离的去感受文物所展现的具体时代环境、场景，甚至配合有关游戏元素来提升与文物互动的效果。但对于专业的文物鉴赏人员而言，他们的兴趣更多地集中在文物真实的本身细节，这种细节甚至会因为不同环境变化产生改变，有更强烈的真实感，而VR技术设置的程序固定，缺乏真实性的物品与环境的互动状况。因此对于该技术的应用，只能满足部分人群的需求，并不能够满足所有文物鉴赏与工作人员的诉求。在此方面也不可以过度的夸大VR技术的价值，真实与虚拟之间仍旧有各种感官上面的差异。

VR技术应用在博物馆文物保护中发挥了一定辅助作用，要意识到新时代技术对文物工作的支持，避免资源技术的闲置。要辨证地看待技术带来的价值，充分利用优势，补充其劣势不足。

第三节　博物馆藏品信息资源开发与动态管理

一、博物馆藏品信息资源的开发

市场经济条件下，博物馆要针对藏品开发与利用存在的问题，采取相应的措施，建立健全藏品开发机构，增强陈列展览吸引力，提高藏品利用率，同时拓宽利用渠道，积极开展藏品信息开发与利用，培养人才梯队，开展藏品研究，增强自营创收能力，解决部分资金困难。

（一）健全藏品开发机构

市场经济条件下，博物馆需要建立健全藏品征集机构和藏品信息开发机构。为杜绝藏品征集工作存在的盲目性、随机性，各级博物馆要建立健全藏品征集机构，配备专业人员，尤其是热爱藏品征集工作，熟悉本馆藏品情况，具备一定的藏品鉴定水平，了解市场运行规则和征集渠道的专业人员，掌握藏品征集的专项经费，专款专用已势在必行，将博物馆有限的藏品征集经费用到刀刃上。

当前，很多博物馆的藏品信息开发还没有落到实处，博物馆要抽调既熟悉本馆藏品又熟悉信息采集、计算机网络等新技术的工作人员组成专业的藏品信息开发机构，逐步对本馆藏品信息进行统计整理，录入数据库，这样既便于日后的藏品管理，又能与其他博物馆共享藏品信息。

（二）加强陈列展览工作

举办陈列展览是博物馆藏品利用的主要方式之一，对于一些博物馆而言，甚至是唯一的利用方式，在我国尤其如此。那么，市场经济条件下，通过举办陈列展览提高藏品的利用率，吸引更多观众，发挥博物馆职能，可从考虑从以下方面去努力：

1. 重视观众的娱乐需求

市场经济条件下，博物馆的陈列展览工作要重视观众的娱乐需求。当前，人们物质生活极大丰富，开始有更多的时间投入到休闲娱乐中去，但吸引人们的休闲娱乐的方式很多，博物馆要想吸引观众，利用陈列展览开展教育活动，就必须重视观众的娱乐需求，人们在繁忙的学习工作之余走入博物馆，在获得知识的同时，追求高层次的文化娱乐是可以理解的。

国外博物馆的观众调查工作也证实了观众的娱乐性要求是参观博物馆的主要目的之一。在欧美一些国家，人们提出了博物馆功能的"三E"原则，即 Educate（教育），Entertain（娱乐供给），Enrich（充实生活）：在澳大利亚，博物馆界则较普遍地把"娱乐消遣"与维护和保存社会文化遗产、通过研究提高知识水平、通过陈列教育公众列为博物馆的四大社会功能;在日本,一些博物馆学者开始赋予博物馆传统职能RICE(调研、收集、保管、展览)以新的内涵,即娱乐、信急、传播和鼓励,而且还把文化娱乐功能写入了博物馆法规之中,认为博物馆是在具有教育意义的前提下,供民众利用,进行有利于社会教育、调查研究、观赏娱乐等方面所必须的事业。

市场经济条件下,我国博物馆的藏品陈列展览工作也要重视观众的娱乐性要求,兼顾陈列展览的知识性、参与性与娱乐性。天津自然博物馆在这方面进行了有益的探索。天津自然博物馆基本陈列改造后,设有40多项多媒体、机械、触摸、连线问答等参与项目,生态景观15个,仿真动植物模型165件。6400平方米的展厅里,根据馆藏藏品分为序厅、古生物一厅、古生物二厅、水生物厅、两栖爬行厅、海洋贝类厅、世界昆虫厅、热带植物园等,展示标本达4000余件,内容极为丰富。陈列展览动静结合,增强趣味性和观赏性,调动青少年和广大观众的参与意识和视觉、听觉、触觉等感官,深入浅出地传播科学信息,启发观察与思考,学到课堂上、书刊上学不到的知识。在展览设计中,努力为观众营造舒适愉快的环境,完善了残疾人设施及为老年人服务的项目。专业人员还特意留出了部分空间作为观众休闲的场地。讲解人员一改过去"观者自观,讲者自讲"的枯燥说教方式,热情大方,既注意宜人施讲,又较好地把握信息传播的准确性,使观众在休闲娱乐中陶冶身心,增长知识。

2. 陈列展览要定位准确

市场经济条件下,博物馆的陈列展览要定位准确。博物馆要对自己的办展实力和服务范围有清醒的认识,结合自身优势,办出社会效益与经济效益俱佳的陈列展览。

20世纪90年代以来,精品陈列被博物馆界人士广泛推崇,这体现了市场经济条件下,人们品牌意识,市场观念的增强。形式固然是一方面,但陈列展览的内涵的现代化才是更有意义的。因此,各级博物馆只要结合自身的优势,选择恰当的形式,都能推出优秀的陈列展览。

另外,各级博物馆要对自己陈列展览的服务范围有清醒的认识。博物馆自身想要面向世界,服务全人类的想法是非常好的,但从实际情况来看,很多博物馆的影响力是非常有限的。因此,实力雄厚的大型馆要在服务全国人民的同时,积极参与国际文化交流。中小型博物馆要结合自身优势,积极为辖区内的人民群众服务。

临时展览是适合中小型博物馆开展宣传教育活动的有效手段。临时展览由于形式灵活多变,选题时代感强,陈列周期短,所需资金少,成为各级博物馆提高藏品资源利用率，发挥教育职能，服务社会发展的好方法，尤其是适合中小型博物馆开展教育活动。

3. 创新陈列展览的形式

市场经济条件下，随着人们文化水平的提高，经济实力的增强，收藏文物和搞藏品研究的人越来越多，而且其中不乏专业人才。博物馆的基本陈列和临时展览要考虑到普通观众的接受能力，办展时要兼顾知识性与观赏性、娱乐性，往往难以满足为研究目的而来的观众的需要。为满足这一部分较为专业的观众的需要，可以考虑采用仓储式陈列的模式。

仓储式陈列虽然还没有正式出现在博物馆学的陈列方法中，但它并非一种全新的事物。例如在法国巴黎塞纳河畔的卢浮宫，就是把其宫中所有的藏品，按不同的质地，以长期储存和便于观众观赏的形式陈列，这种陈列就是博物馆仓储陈列。另外在埃及意大利等国，这种陈列方式也被广泛使用。它的特点是在接近库房的条件下对藏品进行展示，有利于藏品的保护，同时简化了陈列设计，提高了藏品的利用率，使大批长期闲置的藏品得到了利用。但它有其特殊的要求，如果不能保证，无疑对藏品保护是极其不利的，这种陈列方式应该首先保证藏品的安全和可持续利用，不然就违背了博物馆收藏和保护文物的基本职能。首先要具备丰富的藏品和足够大的场地，而且这种场地应该同时具备陈列室和库房的特点，另外这也给保护藏品的安全带来了极大的挑战。

4. 加大陈列展览宣传力度

市场条件经济下，博物馆面临着行业内外的激烈竞争，如博物馆与娱乐业、旅游业等的竞争；各博物馆之间的竞争，如北京，上海等地多家博物馆与本地和外地多家博物馆之间的竞争。因此，博物馆的陈列展览想要吸引更多的观众，扩大社会影响力，真正发挥宣传教育职能，积极进行陈列展览的广告宣传工作。

在陈列展览的宣传方面，各级博物馆积累了可以借鉴的经验。如四川省博物馆在展览开幕前都要发布展览预告，印发和张贴有关的宣传材料，并向省内外的报社递送宣传稿件，使展览的消息广为人知。中国革命博物馆的主要做法是：在展览开幕以前，编辑、印制展览简介（包括展览前言、单元说明及讲解同等）；组织有关同志撰写介绍展览文物、宣传展览内容的文章，在《中国文物报》《中国教育报》《中国档案报》《中国文化报》等报刊上发表；邀请一些报刊、电台、电视台的记者召开新闻发布会，开幕当天，由新华社播发通稿，各新闻媒体也发报道。许多中小型博物馆，也应积极利用当地的媒体加大陈列展览的宣传力度，如地方电视台、晚报等。

（三）拓宽藏品利用渠道

博物馆藏品利用不能仅限于陈列展览，博物馆要积极拓宽藏品利用的渠道，博物馆之间的藏品借用和博物馆与其他单位之间的藏品借用是提高藏品利用率，发挥藏品作用的好方法。

藏品借用业务既可克服藏品紧张和使用需求增加的矛盾，也可充分利用博物馆藏品。小型馆苦于没有成系统的藏品，难以举办陈列展览，而一些大型馆却因展出场地有限，使一些藏品长年得不到利用。这样一些博物馆将其他博物馆长期闲置于库房中的藏品借来展出，既满足了当地观众的兴趣，活跃了博物馆工作，又因借用品不是很珍稀的物品，从而还可节省博物馆的经费开支。博物馆借用特定的藏品，组织专题展览，向观众介绍异域文化，促进不同文化传统的人民相互了解，从而收到良好的社会效果，充分发挥博物馆的社会教育职能。

藏品借用不仅限于博物馆之间，还可以将藏品借给高校等研究机构，为科学研究服务，发挥藏品的作用，当然借用双方应保证藏品使用过程中的安全。这样既为科学研究提供了依据，又提高了博物馆藏品的利用率。

另外，根据目前社会上流行的"收藏热"，博物馆可以用实物为"教具"，举办一些关于文物鉴赏的讲座或有偿培训，这既提高了藏品利用率，又是自营创收的好办法。

（四）培养专业学术梯队

市场经济条件下，藏品研究仍然是博物馆日常业务的重要内容，这不仅是专业水平的体现，也是藏品利用的基础，没有对现有藏品细致深入的认识，是不可能做好藏品开发与利用工作的。这项工作归根结底要靠人来完成，培养专业人才，建设学术梯队，才是做好藏品研究，开发藏品信息的根本。

培养专业人才，建设学术梯队是一项需要长期坚持的工作。首先，博物馆要对自己当前所拥有的专业人才数量和构成有一个清晰的了解，这样才能确定人才培养和引进的努力方向。例如，经过统计发现馆内缺乏研究某一方向的专业人才，而馆内又拥有大量的这类藏品，那就要博物馆根据自己的规模和实力，提供合理的待遇条件，引进该方向的专业研究人员。

博物馆除引进人才外，还可以在馆内培养良好的学术氛围，自己培养人才。例如，很多在博物馆工作多年的老同志，具有丰富的实际工作经验，这对博物馆来说是一个财富，要充分利用起来，可以老中青相结合，利用结对子的形式，进行传帮带，帮助刚刚进入博物馆的年轻人，快速的熟悉博物馆业务，逐步培养起合理的人才梯队。再比如，博物馆进行藏品信息开发需要大批既有专业背景又熟悉现代信息技术的复合型人才，而博物馆内很多文博背景的工作人员对信息采集、计算机网络技术不熟悉，不能胜任这项工作，那么可以考虑引进一两个计算机网络方面的专业人才，在日常的工作之余，对这些只具备文博知识的人员进行培训，使他们逐步掌握现代信息技术，从而能够胜任藏品信息开发这项工作。

　　在馆内培养良好的学术氛围，注重学术梯队建设，是博物馆做好藏品研究和藏品信息开发的重要经验。上海博物馆在中华人民共和国成立以来在藏品研究方面取得了一系列的成就，先后出版了《上海博物馆藏画》《上海博物馆藏法书》《上海博物馆藏明清扇面选集》《上海博物馆藏青铜器》《上海博物馆藏瓷选》《上海博物馆藏印》《上海博物馆藏品选》《商周青铜器纹饰》等大型图录，以及《上海碑刻资料选辑》《上海博物馆集刊》《上海博物馆藏·战国楚竹书》等，获得国内外学术界、出版界的好评。之所以取得如此丰硕的研究成果是与上海博物馆良好的学术氛围和学术梯队建设是分不开的，已故上海博物馆馆长马承源老先生自己就是一位资深的学者，不仅著作等身，还是一位著名的青铜器鉴定专家，他非常重视馆内的藏品信息开发工作，使上海博物馆形成了重视学术的良好传统。在学术梯队建设方面，上海博物馆的年轻工作者一般都由老专家来带领，结合个人兴趣和项目需要分配任务，在实践中不断进步，另外对研究人员，包括业务馆长等，每年都要求发表具有一定水平的学术论文若干篇，规定连续两年没有研究成果和工作成果的，将不根据专业职称给予调动工作，逐步培养起来较为健全的学术梯队。这对博物馆培养学术氛围，建设学术开展藏品信息开发是一个值得借鉴的例子。

（五）多样化自营创收工作

　　市场经济条件下，无论是藏品的开发，还是藏品的利用，都需要资金支持，没有良好的资金支持，这些工作是难以开展的。为解决博物馆藏品开发与利用中经费短缺的问题，博物馆在争取政府资金支持的同时，要积极的自营创收，自己解决一部分经费问题。当然，这种创收工作是在博物馆做好本职工作，做好主业的前提下的，这样的自营创收才能真正具有意义。如果博物馆没有做好藏品征集、研究，陈列展览等工作，没有发挥宣传教育的社会职能，那创收工作不但没有意义，反而会影响博物馆在公众中的形象。

　　博物馆自营创收的途径是多样化的。例如，市场经济条件下，兴起了收藏热，收藏者很多都缺乏专业知识，难辨文物真伪。博物馆可以发挥专业优势，积极开展有关文物复制、仿制、鉴定的工作和举办各种专业知识讲座、培训等活动。在完成本馆本职工作以外，还可以同时承接其他单位有关文物的拍照、洗印、修整、复制以及书画的装裱、陈列展览的设计制作等各项业务，尤其是对市场需求较大的展览项目提供有偿服务。这些活动得到的报酬可以用来支持藏品开发与利用工作。博物馆制作与本馆藏品和陈列展览相关的明信片、纪念品等一直都是博物馆用来增加收入的好办法。市场经济条件下，博物馆不单是知识的殿堂，也应该是休闲娱乐的好去处。因此，博物馆应该建立一系列配套服务措施来方便观众的参观。如设置停车设施、物件寄存设施、电信通信设施、餐饮设施及休息设施。尤其是餐饮休息娱乐设施，满足观众的需求的同时，又增加了博物馆的收入，是一举两得的好办法。

二、博物馆藏品的动态管理

（一）藏品管理的主要内容

管理学认为：管理是指通过计划工作、组织工作、领导工作和控制工作的诸过程来协调所有的资源，以便达到既定的目标。博物馆藏品管理是博物馆事业发展中的一个重要问题，藏品管理的好坏一定程度上决定博物馆的发展前景和工作的优劣。我国博物馆事业经过一百多年的发展，在藏品管理上不断的积累总结和吸收经验，逐渐形成具有中国特色的藏品管理方式。现阶段我国博物馆藏品管理明确要求做到"鉴定明确，账目清楚，编目详明，保管妥善，制度健全，查用方便"，主要是以传统的成熟的管理方式为基础，并且结合新兴技术手段对藏品进行管理。目前藏品管理的主要内容分为以下部分：

1.藏品的征集管理

藏品征集是指博物馆根据其自身的性质、特点的需要，通过各种途径，有目的地不断补充文物或标本的基本业务工作。藏品的征集工作是博物馆藏品管理的基本工作内容之一，博物馆不仅在建立时需要积累一定数量的藏品，而且在建成后还需要不断的补充和丰富藏品的种类数量，只有这样做才能保证博物馆各项业务的顺利开展和业务水平的不断提高，这就是要求博物馆进行有效的藏品征集工作。藏品征集之所以成为藏品管理的基本内容之一，是因为博物馆藏品的数量和质量直接影响博物馆的业务水平和社会效益，藏品征集为藏品管理提供了物质基础。

藏品征集工作并非是盲目随意进行，它要求藏品征集要具有明确的目的性、科学的计划性和超前的预见性。明确的目的性是指对藏品的征集要根据博物馆的性质，从展览陈列的需要和保护国家科学文化财富的角度出发，有目的地展开藏品征集，逐步建立完整的藏品体系。科学的计划性是指藏品的征集计划应该建立在调查研究的基础上，主要是指博物馆馆藏品现状的调查、展览陈列和研究需求的调查以及有无征集对象和途径的调查。加强预见性是指博物馆对藏品的征集要具有超前意识，藏品的征集范围不应局限于历史时期的文物，现代物品也应该在藏品的征集计划之内，为了未来而征集藏品。

博物馆藏品征集的主要途径包括：考古发掘、名族学调查征集、社会调查征集、购买、接受捐赠、交换、调拨、接受移交等方式。无论是通过哪一种途径征集来的藏品都要对与其有关的情况加以详细的记录，记录要求真实、详细和准确，同时与藏品有关的文件、资料，要完整的保存，随同藏品作为第一手资料一同移交保管部门，这是建立藏品档案的基本内容，也是藏品管理的开始。藏品的原始记录应包含：名称、质地、时代、保存状况、用途、地点、流传经过、征集者和征集时间等，这些记录是下一步展开藏品管理的基础，如果这些原始记录可靠详实就为藏品的入库准备阶段准备了十分有利的条件。藏品征集是藏品管理的第一步，它为后续工作提供物质基础。

2. 藏品的入库管理

藏品的入库管理是指藏品征集完成后对藏品的鉴定、定名和定级。通过对藏品鉴定、定名和定级后可以确定藏品在入库后采取何种的管理方式和保存标准。藏品征集来后，在入藏前的第一项工作就是进行鉴定，鉴定是博物馆藏品研究的首要内容，鉴定的主要任务是辨明藏品真伪，考证藏品内涵，评定藏品价值，且包括藏品的定名和定级。藏品鉴定为博物馆藏品的科学管理、展览陈列和研究利用提供了藏品的价值、名称、年代、级别等鉴定成果。一般而言，藏品鉴定的重点是传世文物，当然自然标本、革命文物、名族文物等也都需要进行科学的鉴定。我国对文物藏品进行鉴定的方法主要有传统的凭借经验鉴定方法，调查研究和考证方法以及通过运用现代先进的技术设备检测等方法。

现阶段藏品定名，国家已经出台了统一的基本规定。自然标本的定名标准是按照国际通用的有关动植物、矿物和岩石的命名法规定名。历史文物的定名标准一般应包括三个基本部分组成，首先是时代、款识和作者；其次是特征、纹饰或颜色；最后是类别、器形或用途。同时在定名时应注意对于有历史、艺术价值的而本身有残缺的藏品，定名时应注明"残"；文物不能进行分割的定名时应该标在一起；对于成组的、完整无缺的，要定一集体名称，失群文物应在单体名称前标集体名称；凡属于文物的附属部分，不标在名称之内，但应在注中说明；文物的质地一般在定名是可不标明。

藏品定级是根据藏品本身的价值，划分等级，区别对待，对于珍贵文物，重点保护。根据《中华人民共和国文物保护法》和《中华人民共和国文物保护法实施细则》的相关规定，我国将文物藏品分为珍贵文物和一般文物两种。珍贵文物划分分为三个等级：具有特别重要历史、艺术、科学价值的历史遗存为一级文物；具有重要历史、艺术、科学价值的历史遗存为二级文物；具有比较重要历史、艺术、科学价值的历史遗存为三级文物。一般文物是指具有一定历史、艺术、科学价值的历史遗存。此外在藏品和非文物之间还有参考品，参考品大体包括：对研究器物的质地、器形、铭文或纹饰有参考价值的各种器物残片；对鉴定研究上具有参考价值的近、现代作伪的文物。文物藏品在划分完等级之后，应该将一级藏品编印简目和建立藏品档案，并且上报有关国家文物行政管理部门；同时藏品的定级不是一成不变的，随着人们对文物内涵价值认识的提高，藏品的原定等级就会发生变动。

最后应注意，在藏品鉴定中形成的各个结论，是后续的藏品登记、藏品编目和藏品建档各个项目填写的主要依据，所以藏品鉴定又是藏品科学管理、科学保护和整理研究的前提和基础。

3. 藏品的库内管理

藏品库内管理是指与博物馆藏品相关的登记、分类、入库排架、编目、统计、建档、检查和清点。该阶段是藏品管理的核心阶段，也是藏品管理中的最重要阶段。藏品管理的目标主要有两个方面：一是保障藏品的安全，防止藏品的丢失与损毁；二是方便藏品的研究、利用，使藏品的各方面价值得到最大效用的发挥。

藏品登记是检查藏品数量和藏品管理质量的依据，藏品登记就要建立起一整套完整、准确、详明的藏品登记账簿。藏品登记账簿主要包含有藏品总登记簿、藏品分类登记簿、藏品出入库账簿、藏品修复登记簿、参考品登记簿、借出品登记簿等，其中最重要的是藏品总登记簿。博物馆藏品总登记簿必须由专人负责，永久保存。总登记簿在登记时要按照严格的格式，逐条，逐项填写。具体格式内容包括：藏品登记号、藏品年代、藏品名称、藏品数量、藏品现状、藏品的来源、藏品登记凭证等。藏品总登记簿是博物馆藏品管理的依据，博物馆的每一件藏品都必须依据入馆凭证，核对藏品及时登入藏品总登记簿。

藏品分类是藏品管理、研究和保护的中心环节。藏品分类是按一定的标准，把具有相同特征的藏品聚合在一起，不具有这一特征的藏品区别出去，并另行分类，以便于藏品的科学管理、整理研究和提供使用。博物馆藏品分类目前无论国内还是国外都没有统一的分类法。因此藏品的分类需要先制定分类标准，确定了标准，根据藏品的自然属性或社会属性的不同，才能制定分类方法和标准。藏品的分类方法比较多目前国内主要分类方法有时代分类法、地域分类法、工艺分类法、质地分类法、属性分类法、来源分类法、价值分类法等方法。藏品分类是为藏品的入库排架做必要的准备工作。

藏品排架是在藏品分类后，按类入库排架，同一类别的藏品放在一起，原则上按登记号的顺序依次排架或入柜。但由于藏品的繁多复杂、形状多样、重量体积相差悬殊，这也就使得一些特殊的藏品必须存放单独的位置，不可能按顺序号对号入库。藏品在入库排架后应经常检查，发现问题及时处理，以保障库房内每一件藏品的安全。预防藏品发生丢失、损坏，是每一位库管人员的责任，也是藏品管理的基本要求。藏品排架是为了实现对藏品科学有序的管理。

藏品编目就是编制藏品目录。藏品目录就是按一定的分类标准将藏品分为若干类，并且按照一定的次序排号，说明藏品所具有的基本特点，鉴别藏品所具有的价值，同时考证藏品源流，使使用者可以按照类目查询到所需的藏品，以便进行藏品本身和有关问题的研究。我国藏品目录形式主要为书本式目录和卡片式目录两种。藏品目录按使用对象分为公用目录和工作目录两种。公用目录是博物馆藏品管理部门对外提供使用的能够检索藏品的使用目录。工作目录是供博物馆藏品保管部门内部人员工作使用的目录。藏品目录应包括前言、目次、正文、辅助资料四个部分。每一个博物馆都应有自己的藏品目录，同时在各个博物馆藏品目录的基础上形成全国的藏品目录，这将大大促进藏品的综合研究，推动博物馆事业的发展。

藏品统计是对博物馆库房藏品实行精细化管理，通过精确的数字来反映藏品各个方面的实际情况。藏品统计要制定统一的统计表格，按要求收集和积累原始数据，查证核实后再逐项填写，统计的数字要求准确无误。统计的基本内容包括：藏品年度综合统计、藏品变动分别统计、藏品动态统计、藏品保护统计、藏品损坏统计等。藏品建档是指为藏品建立档案，其内容应包括与藏品有关的研究资料，鉴定、修复和使用记录，以及藏品的照片、拓片影像等资料。藏品档案是一个逐渐积累的过程，因此自藏品入藏之日起就应该对与藏品有关的资料进行收集，这些资料是对藏品进行科学管理、保护、研究和展览陈列的依据和保障。

藏品检查和清点又称为盘库，即对库房内的所有藏品，按藏品总登记簿记录，逐一清点核对，以保证藏品的安全，达到账物一致。盘库是博物馆保证藏品安全采取的必须手段，每一个博物馆都要定期对库房内的藏品进行盘查。藏品清点是藏品管理中最为艰巨的一项任务，因需对库房内的所有藏品进行逐一的清点，对于藏品丰富的博物馆而言这将是一项工作量非常巨大的任务，因此藏品仓库要提前准备，有计划有步骤地进行。藏品盘库通常采取的是分库、分类、分批次进行，按排架目录逐一清点。

4. 藏品的展陈管理

藏品的展陈管理是在整个藏品管理过程中最为密集的阶段，由于展览和陈列是博物馆的基本职能，而展览和陈列是以藏品为依托的。在这一阶段中，藏品会产生，存放位置、运输、保存环境等诸多因素的变化，这也就导致了这一阶段对藏品管理的频率上升。藏品的展览和陈列是以藏品为基础的，是藏品价值的表现形式。博物馆展览和陈列是在一定空间内，以文物标本为基础，配合适当的辅助展品，按照一定的主题、序列和艺术形式组合而成的，进行直观教育、传播文化科学信息和提供审美欣赏的展品群体。对藏品进行展览和陈列使得藏品从库房排架上走入了大众的视野里，这是藏品管理的目的之一。在藏品展陈阶段的管理主要包含：藏品库房提取、藏品出入库、藏品的运输、藏品展览陈列等内容。

藏品的库房提取是指藏品保管部门根据展陈部门制定的展陈大纲，在库房内核实提取展陈大纲上所需的文物，根据藏品存量的实际情况给予展陈部门以反馈，对于不在库房内的藏品告知展陈部门改换其他藏品以代替。对于库房核实存在的藏品，在提取的过程应填写藏品提用凭证，该凭证应包含以下内容：提取部门、提用目的、提用藏品的具体信息，以及提取人和时间等必要信息。这是藏品出库的准备阶段。藏品在存放库提取完成后进入中转库，等待进行出库点交。

藏品的出入库管理是指藏品的使用部门与藏品管理部门对藏品进行移交的过程，在此过程必须要对藏品的数量和现状认真核对，点交清楚。藏品的出入库必须办理出入库手续，对于一级藏品、保密性藏品、经济价值贵重的藏品需经主管副馆长或馆长批准，其他藏品经藏品保管部门负责人批准，藏品在用毕后应及时归库，以保障藏品安全。藏品的出库手续根据藏品的用途的不同，由藏品提借人填写不同的出库单据，所有的单据都必须仔细填写，保证准确无误，在填写完成后将所填单据送交主管领导签署意见，藏品在提借出馆时，要在藏品出库单上加盖博物馆馆章，藏品出库单包含藏品出库通知单、藏品出库清单、藏品出库回执单以及藏品出库存根四个部分。库房保管人员在仔细审核出库单无误确认签字后，方可将藏品点交给提借人。库房藏品保管人员必须妥善保存藏品出库单据，在接受藏品归库时，要严格按照藏品出库单据记录内容逐一核验，以保障藏品的安全。藏品的出入库手续办理虽然烦琐，但是这也是保障藏品安全的有效手段。

藏品运输是藏品在由库房转移到展厅这一过程中，为保障藏品的安全而采取的管理手段。藏品管理的第一要务就是保障藏品的安全，在藏品的运输过程由于各种不确定的因素，会对藏品产生威胁，这就需要藏品的管理人员采取措施，应对各种情况的产生，保证藏品的安全。运输中的藏品的首先要有囊匣的保护；其次在管理运送中要选用经验丰富的藏品保管人员进行，在长途运输中要选用有信誉保证的公司进行；最后，对于藏品运输的过程中应提前考察好路线，对于各种可能产生的情况加以预见，使对藏品安全的威胁因素降至最低。

藏品展厅管理是指在展厅内为藏品提供一个适宜藏品保存的环境，同时确保藏品在展厅内没有被盗和游人损坏危险。藏品在展厅内管理不同于库房内的管理，库房的环境是相对封闭的，而展厅内是一个开放的环境，同时藏品由库房移动至展厅藏品保存的环境也发生了变化，这就对藏品的保护和管理提出更高的要求，这就要求藏品管理人员在保障藏品安全的前提下，藏品能够正常的展出。藏品展厅是一个开放的环境，需要接待参观者，而参观者的素质也参差不齐，这就对藏品的安全构成了威胁，因此在藏品展厅管理和保护的过程中应充分考虑游人对藏品安全的威胁。保障藏品在展厅没有被盗和认为损坏的情况产生。

（二）博物馆的信息化

1. 博物馆信息化的概念

博物馆信息化程度的高低，是衡量博物馆发展状况的重要表现，是博物馆现代化的标志。信息化是充分利用信息技术，开发利用信息资源，促进信息交流和知识共享，提高经济增长质量，推动经济社会发展转型的历史进程。信息化是以信息资源为核心，以信息技术为手段，促使信息资源的开发利用和交流更加高效，进而推动经济和社会的发展达到一个新的水平。

博物馆信息化就是要充分利用信息资源，不断地推动博物馆各项事业的蓬勃发展。博物馆信息化是指现行的博物馆工作的各个部门和一切职能都能够利用电脑成为日常工具，并且构成一个以藏品信息数据为核心的一个网络平台。博物馆信息化应该涵盖收藏保管、研究、陈列、教育和行政管理等博物馆工作的各个方面。博物馆信息化是一个涉及技术、管理、服务、理念等多个方面、多个领域的长期系统工程，不是买几台计算机，开发几个信息系统就可以实现的。因此在博物馆信息化的实施过程中应该树立全面系统的观念，从整个社会发展的角度，全面的思考博物馆信息化，要清楚博物馆信息化不是一朝一夕能够实现的，更不可能一步到位，而是一个渐进的发展过程。博物馆在信息化的过程中不仅要吸收借鉴其他行业信息化建设积累的成功经验，使自己在建设的过程中事半功倍，而且还要总结自己在信息化建设道路上的经验与教训，加深对博物馆信息化的认识，从而推动博物馆信息化发展水平的提高。

2. 博物馆信息化的内容

信息化就是通过数字技术将文化遗产转化成数据。博物馆信息化是一个渐进的，不断完善和发展的过程，在这个过程中应注意以下内容：

首先，数据库的建设。由于藏品是博物馆赖以存在和发展的基础，博物馆数据的建设应以藏品信息数据为核心。数据库应是存储文字、图片、音频、视频等多媒体类信息的多媒体数据库。博物馆数据库不仅包含藏品档案数据、古建筑和古遗址数据、古文献数据等基础型数据库，而且还应包括各门类藏品研究的专业型数据库。数据库的建设是博物馆信息化的基础。由于藏品、古建筑、古遗址和古文献等具有形式多样，形态复杂的特性，外加藏品管理的特殊操作规定，因此博物馆数据库的建设是一个长期性，持续性的工作。数据库的建立是博物馆藏品动态化管理的基础。

其次，通用网络平台的建设。网络平台的建设是博物馆信息化的重要内容之一，只有建立起方便简洁的网络平台，才能够满足博物馆工作人员在不同条件下办公需要，方便各个部门之间的沟通，提高办事效率。网络平台的建设，能够使博物馆数据库发挥最大的效用。在博物馆通用网络平台的建设过程中应充分考虑到博物馆是一个内部部门较多，专业区别较大的特性，在网络平台的构筑过程中从各个部门的性质出发，采用分布式服务器和分布式数据库的拓扑结构，这样不仅有利于信息的传输和处理，也有利网络的分阶段实施和扩充。同时也应该考虑到馆内网络平台与外部连接的问题，这样不仅能够满足公众查询的需求，又能满足馆内人员移动办公的需要。

再次，人才的引进与培养。人才是博物馆各项事业发展的源动力。博物馆信息化的过程中对博物馆管理人员提出了更高的要求，不仅要具有丰富文物保管与修复，陈列展览、文物研究、社会教育等方面的专业知识，而且还要具有现代信息技术知识。在博物馆信息化的发展浪潮下，博物馆应该结合自身实际，加强人才的培养。在对馆内员工进行深造的同时，与社会教育部门和高校合作，共同培养信息化中需要的高层次人才，是博物馆信息化的必然要求。只有充分的重视人才的培养与引进，才能对信息的加工更专业，科学，有效，推动博物馆信息化是也蓬勃发展。

最后，管理理念与模式的改变。博物馆信息化在提高博物馆行政效率、管理效果的同时，也改变着博物馆旧有的管理理念与管理模式。例如在传统的管理模式下，博物馆对藏品管理需要大量的人力物力，在盘点藏品的过程中不仅耗时耗力，对藏品安全构成了威胁。在博物馆信息化条件下对藏品管理中，通过信息化手段能够实现快速有效准确的盘点，既省时又省力，与藏品的零接触，保障了藏品安全。博物馆信息化不是单纯的添置新设备和技术组合，它还涉及了管理理念与管理模式的改变，同时伴随着博物馆工作体系、管理机制、规章制度的改革和提高。在信息化的潮流下，博物馆要抓住机遇转变管理理念与模式，增强创新意识，使博物馆走向更加辉煌的发展道路。

（三）博物馆藏品动态管理

1. 藏品动态管理的概念界定

博物馆藏品动态管理是指有关藏品的保护管理、整理研究、展览陈列和提供使用等工作，藏品管理人员不必深入库房，可以利用现代信息技术，通过计算机对藏品的保管、使用和研究等状况进行远距离的实时动态的管理。藏品管理人员的基本工作内容就是对藏品的保护、管理和研究。在传统的管理模式下，藏品管理人员经常要深入库房一线从事这些工作，不仅费时费力，还会出现差错，有时还会对藏品造成损坏，管理人员大部分深陷于藏品管理中，根本无从谈对藏品的研究。藏品动态化管理模式在博物馆信息化的基础上，充分利用物联网技术，实现了在不进入库房，不接触藏品的条件下，对藏品的年代、质地、完残、存放位置、使用状况等各项信息一目了然，同时能够对藏品的保存环境进行实时监测，这不仅能够将管理人员从藏品管理琐碎繁重的工作中解脱出来，还能够提高藏品管理效率，保障藏品安全。

藏品动态化管理是以物联网技术为支撑，以藏品信息资源的开发利用为重点保障藏品安全为核心，在节省人力物力的基础上，增强管理效率为目的的新型藏品管理理念，是博物馆信息化现代化的重要体现。在博物馆信息化的要求下，推动藏品信息化，藏品的信息化又为实现藏品的动态化管理提供了便利条件。藏品动态化管理的根本目的是在节省人力资源的基础上，通过运用现代信息技术，提高博物馆藏品的保护、管理和使用效率。

2. 藏品动态管理的工作内容

博物馆藏品动态化管理的目的就是利用物联网技术，实现对藏品实时、动态的管理，而实现这一目的就需要完成以下方面的工作：

首先，藏品档案数据库的建设。藏品动态化管理的核心是信息资源，通过对藏品各种信息的搜集建立藏品档案数据库，利用动态管理系统加以整合，为藏品管理人员提供管理决策的信息。藏品的信息采集是进行藏品动态管理的基础性工作，这些信息应是以文字、图片、视频等多媒体信息反映藏品的实际状况。在采集藏品信息中应该注意的是，由于事物是不断变化发展的，藏品的信息也是处于不断的变化过程中，因此对藏品信息的采集要注意信息的有效性。藏品信息数据库的建设是实施藏品动态化管理至关重要的一步，只有做好这一步的工作，才能保证动态化管理的有效性。

其次，动态化管理系统。动态化管理系统是在藏品档案数据库的基础上，结合物联网技术而开发出来的，对藏品进行实时动态管理的系统。它包含两个部分软件设计和硬件架设，软件设计就是动态化管理系统的操作界面设计，硬件架设主要是在库房内进行，通过对库房架设无线网络、对藏品分配不同的电子标签等工作实现对藏品的实时监测。该系统会改变博物馆藏品管理上各自为政的局面，如库房的安保系统、环境监测系统等，都是藏品动态管理系统的一部分。动态化管理系统是动态化管理的中枢，该系统将藏品管理与藏品信息融为一体，在藏品管理中不断积累藏品信息，再通过藏品信息标准化的要求不断规范促进藏品的管理工作。为充分保障藏品的信息资源安全，藏品动态化管理系统必须设立多重层次、多种手段的安全措施。如对于不同的使用者提供不同的权限，不允许非藏品管理用户随意的查询藏品的详细信息，在藏品检索时也只提供浏览信息。

再次，管理组织结构的创新。藏品动态化管理是一个系统工程，它不仅是技术创新，而且更代表着一种先进的开放的藏品管理理念。不能简单地认为藏品动态化管理是在原有组织结构下进行的计算机化和网络化组织创新是管理创新的基础，所以博物馆在藏品动态管理建设过程中，必须根据动态管理的要求对组织结构进行重新设计，使其符合要求。

最后，新技术手段的应用。由于物联网技术的成熟与发展，使得博物馆藏品动态化管理由理念走向现实。物联网是以感知为核心的物物互联的综合信息系统，是继计算机、互联网之后信息产业的第三次浪潮。在此次信息产业浪潮中博物馆为推动博物馆事业的不断向前发展，充分把握机遇，大胆地在藏品管理中运用新技术，使得博物馆藏品管理事业出现跨越式的发展。博物馆藏品动态化管理就是新技术手段应用的成果。科技是不断进步发展的，在未来的日子里，为了保证藏品管理事业的蓬勃发展，藏品管理人时刻关注新技术的产生与应用，在条件成熟之时，将其应用与藏品管理之中。

3. 藏品动态管理的技术条件

博物馆藏品动态化管理能够实现的根本技术条件是物联网技术的成熟与发展。物联网是以感知为核心的物物互联的综合信息系统，其创造性的继承和发展传感器网络、泛在网络、普适计算、云计算、RFID（Radio Frequency Identification）等信息技术的优点，涵盖形式多样的应用领域，提供打破不同行业各自发展的现状的方式，创造不同产业相互结合的机遇，反映了人们对物物互联、感知世界的普遍的共同的需求。物联网在电力、农业和物流等对国民经济发展起基础和重要作用的行业，已有许多较为成熟的基于物联网技术的解决方案用于优化生产、提高企业的生产力和竞争力，物联网服务生产企业可以有效地提高企业的生产效率和管理水平。在藏品管理中应用物联网技术，可以利用温度、湿度、光照多种传感器对藏品的保存环境进行实时的监控和管理，提高藏品保管安全效率。

物联网是以感知为目的，实现人与人，人与物，物与物全面互联的网络。其突出特征是通过各种感知方式获取物理世界的各种信息，结合互联网、移动通信网等进行信息的传递与交互，采用智能计算技术对信息进行分析处理，从而提升对物质世界的感知能力，实现智能化的决策和控制。物联网的核心能力是全面感知、可靠传输和智能处理三个方面。全面感知就是通过利用感知技术手段能有随时随地物体进行信息采集和获取；可靠传输是指通过各种通信网络进行可靠的物体信息交互和共享；智能处理就是利用各种智能计算技术进行海量的信息分析和处理，进而实现智能化的决策和控制。藏品动态化管理只是应用物联网技术初级阶段，随着物联网不断发展和完善，藏品管理也必然由动态化走向智能化。未来的物联网将真正实现从任何时间、任何地点的互联到任何物间的互联的扩展。

第三章 藏品保管工作基本程序

博物馆藏品保管工作有贯穿藏品管理工作始终的工作程序，也是博物馆学研究的重要内容。多年以来，博物馆业务人员在藏品保管工作的实践中不断摸索，不断总结，不断完善，逐步形成了非常系统、非常严谨又相互关联、相互制约的工作程序，使藏品搜集、接收与鉴选、藏品登记、藏品定级、分类、编目与建档、藏品的注销与统计，藏品的安全利用成为系统的工作链条。这是博物馆藏品保管工作安全、有序开展的保障，也是博物馆藏品研究利用的基础前提。

第一节 藏品搜集、接收与鉴选

一、藏品搜集

（一）藏品搜集的意义

藏品是博物馆各项业务活动的基础，是博物馆能否存在的关键。藏品的取得靠搜集。没有搜集工作，博物馆就失去了藏品的来源，只有通过搜集工作，才能积累和充实博物馆的物质基础。藏品搜集的目的，一是为珍藏、保存文物标本；二是为陈列展览提供展品；三是为科学研究提供实物资料。所以搜集藏品在博物馆工作中占有极为重要的地位，是博物馆工作的重要任务之一。

我国是一个历史悠久而又具有革命传统的国家。地上、地下、水下的文物资源极为丰富。我国又是一个幅员辽阔、生物物种丰富的国家，蕴藏着大量的珍贵自然标本。博物馆把出土的，传世的，采集的文物和标本搜集起来，使祖国的文化遗产得到保存，并妥善地加以保护，以便传之子孙后代，这是博物馆作为"文物、标本的收藏机构"的职能所在。

在我国社会主义现代化建设时期，加强博物馆搜集工作更有着特别紧迫的现实意义。随着各项经济建设的发展，有不少深山、荒漠、水域不断地被开发利用；许多历史上遗留下来的东西如不及时收集，时机一失，便难以寻觅。民主革命、社会主义革命和建设时期的历史文物，尤其是近现代文物中民族、民俗文物以及目前十分引人关注的与"非物质文化遗产"

相关的物品，也将随着社会的发展、科学技术的进步和人们生活习惯的改变而日益减少，如果现在不抓紧搜集和保护，势必造成永远无法弥补的损失。

博物馆的陈列、宣传教育和科学研究，只有在搜集到足够数量和较高质量文物和标本的基础上才能开展，同时，陈列内容的充实，更新和陈列质量及科研水平的提高，也必须由搜集工作为之不断地提供更多、更好的文物和标本。没有搜集工作，便不能保证陈列和科学研究工作的顺利开展，博物馆的宣传教育作用便难以有效地发挥出来。博物馆的事业也就不可能得到发展。所以，博物馆搜集藏品的多少，这些藏品质量如何，则是衡量一个博物馆工作成绩和水平的主要标志之一。

（二）藏品搜集的途径和方法

博物馆搜集藏品的主要途径有社会征集、考古发掘和标本采集三个方面。

1. 社会搜集

社会搜集即对社会上流散的文物，标本进行搜集，社会搜集的方式主要有收购、捐赠、移交、调拨、交换等形式。

（1）收购。博物馆是文物收藏机构。自古以来，我国就以历史悠久，文物众多，收藏渠道多样化著称于世。除宫廷王室大量收藏外，民间收藏也十分活跃。自宋代以来文物市场已十分发达，加之千百年来政权更迭，战争内乱不断，文物多失散于民间，因此，历代流散文物存在范围之广，数量之大是显而易见的。收购私人收藏的文物标本是收集传世文物的一个重要途径，是博物馆积累藏品的一种重要手段。博物馆每年都应列出一定的文物收购经费，以保证收集工作的正常开展。

在藏品收购中必须注意以下几点：

a. 收购文物、标本必须是本人自愿出售，不能强买。这是关系到是否侵犯群众合法的所有权问题，涉及国家的收购政策。当然不强买，也并不等于消极等待。文物收购应主动地，积极地对收藏者进行宣传，指出将文物售给国家博物馆更能妥善地保存文物，是爱国义举。

b. 收购文物、标本必须秉公作价，尤其是收藏者在急需用钱而出售珍藏文物时，决不能乘机杀价。收购价格公道，关系到群众物质利益问题，这既是涉及价格政策，又是团结收藏者，建立信任友谊的重要因素。

c. 收购文物、标本必须符合博物馆收藏标准。不同类型的博物馆应有不同的搜集范围。根据本馆性质、任务，收购文物务必坚持藏品入藏标准。但在博物馆筹建或初创时期，藏品不多，搜集标准可稍宽些，待有一定规模后，搜集标准就应严格掌握，应当收购有陈列水平和较高研究价值的珍贵藏品。另外，博物馆搜集藏品时还要注意保持历史文化的连续性，要从发展眼光看，要从不割断历史的观点出发，做好藏品搜集工作。

d. 收购文物、标本时，必须注意到是否有新出土文物和受国家保护的珍贵动、植物及稀有矿物标本。《文物保护法》规定"出土的文物……任何单位或个人不得侵占。"不得作价收购，而应动员上交给国家文物保管机构。对主动上交重要出土文物者应给以适当的精神鼓励和物质奖励。

e. 收购文物、标本时，必须认真填写好藏品收购单。其中包括编号、文物名称、质地、件数、时代、完残程度、出售人姓名和住址、收购日期和金额以及鉴定人、经手人和验收人姓名等项目。同时还要向出售者了解文物的流传经过等有关情况，做好客观的详细记录。

f. 目前文物拍卖活动异常活跃。这对文物搜集是一个重要途径。许多有价值的文物、标本通过各种渠道汇集于文物拍卖市场，在上拍文物的来源、议价、选择等方面一定要慎重处理，尤其是价值很高的文物、标本更要注意它的流传经过，多请一些有关专家加以论证后方可进行。

g. 随着社会发展，世界各国普遍重视了对"非物质文化遗产"的保护、抢救。因而对与其相关的物品搜集工作也就显得异常重要了。博物馆针对这种情况应采取行之有效的措施，相应加强对与非物质文化遗产相关物品的搜集工作。

（2）捐赠。不少文物收藏家、文物爱好者自愿将其珍藏的文物、标本捐赠给国家，以便通过博物馆的陈列、展览、出版、充分发挥文物的作用，为社会主义文化事业做出奉献。这是一种爱护历史文化遗产，热爱祖国的高尚行为，这是民众对博物馆的信任，应当受到社会尊重。博物馆必须非常热忱地妥善做好此项工作。

在接受捐赠工作中应注意以下四个问题：

a. 接受捐赠必须坚持自觉自愿的原则，要有物主表示主动捐赠的凭证。但接受捐赠绝不可理解为被动的等物上门，而采取消极被动的态度。博物馆应该主动地进行调查研究，了解线索，做好收藏者的思想工作，特别是对那些把某种物品当作特殊纪念物收存的人，更要做耐心细致的工作。

b. 接受捐赠也要按藏品标准进行鉴选。捐赠的文物、标本一般都是收藏者出于爱好或研究、鉴赏而收藏的文物，尤其是著名收藏家或其后人捐赠的文物，大都是质量较高的珍品，由于收藏家把所藏文物、标本、全部捐赠，其中难免带有一些不够藏品标准的物品。博物馆应经过认真确切的鉴定，耐心地向捐赠者说明情况，在接受过程中加以区别。

c. 对捐赠大量或重要文物的收藏者，博物馆应根据文物的历史，科学和艺术价值，给予适当的精神鼓励和物质奖励。其中对文物保护有重大贡献的应报请省、市、自治区人民政府或国家文物局和文化部发给奖状、奖金予以表彰，并可举行授奖仪式。同时应通过传媒广泛进行宣传。对于数量多，质量高的捐赠还可为其个人举办捐献文物展览，邀请国内外著名收藏家等参加开幕仪式，以扩大影响。

d. 要经常与捐赠者保持联系，对学有专长的收藏鉴赏家必要时还可聘请他们参加博物馆的学术委员会，请他们参加博物馆的业务活动。博物馆有新的展览也应邀请捐赠者参观指导。如果捐赠者的文物陈列、展览、出版时，务必标明捐赠者姓名，以扩大宣传，并表示对捐赠者的尊重和敬意。

（3）调拨。博物馆接收科学考察队、考古工作队、文物商店，古旧书店、银行、废旧物资回收公司、冶炼厂和造纸厂等单位提交的文物、标本则是单方面的提交，不包含相互交换的意义。对调拨的文物则应按国家有关规定处理。

a. 与文物、标本有关的单位，有保护和抢救国家珍贵文物、标本的义务。提交文物不是为了取得经济上的利益，因此国家规定只收取成本费和手续费。如文物商店的主要任务，是通过商业手段来收集和保护流散在社会的传世文物，并把其中收藏价值珍贵的文物提供给博物馆以充实馆藏。这是我国文物管理事业的一个重要机构而不是一般的商业部门。因此在文物商店收购品中，凡符合博物馆藏品标准的文物，应提交给博物馆。对文物商店提交的文物，应采取有价调拨，调拨价一般可在收购价的基础上，加一定的手续费。

b. 博物馆应经常、主动地与文物有关单位联系，并在业务技术上予以配合。如协助银行、废旧物资回收部门和金属冶炼厂等单位鉴选文物，培训鉴选人员。博物馆对拣选出来的青铜器、钱币及其他有关金属类文物均应按国家金银杂铜统一调拨价结算，补偿给提供单位。

c. 对于提交的文物、标本、不适合本馆需要，重复较多的藏品，博物馆可提出外拨的意见，以支援其他博物馆和有关科研机构和大专院校。这种文物的提交应按照规定报经上级主管部门批准，并办理好点交手续。

（4）移交。国家公安、司法、检察机关以及海关、工商行政管理部门查处案件结束时应将没收的文物、标本按国家有关规定，无偿移交给博物馆接收。在移交过程中，必须点交清楚，编造清册，编目入藏。对公安、司法及海关等单位查没文物移交时应注意补偿他们办案经费的支出。对于不符合博物馆藏品标准的文物标本，也应造册存档备查，以免日后案件需要甄别，物品必须返还时造成麻烦。

（5）馆际交换。因为各馆的性质，任务、条件和环境不同，因此藏品内容就各有特点和局限。为了不同馆的实际需要，填补空缺，取长补短，有计划地进行馆际之间的相互交流也是搜集文物的一个好办法。各馆所藏文物都有些重复品，也有些藏品同本地区关系不大，而在别的地区却非常有价值，还有由于历史原因，有时一件或一组文物分散在两地等情况，如果一个馆可以将本馆收藏较多的文物、标本，拨出一部分给其他博物馆，就可换取本馆所需藏品，这时应该提倡博物馆之间互通有无，相互支援，这种馆际交换，更有利于博物馆藏品充分发挥作用。

在馆际交换时，必须注意以下两点：

a. 博物馆进行藏品交换，必须办妥报批手续。一般藏品应由当地文物行政管理部门批准；一级文物的交换，须经国家文物局批准。

b. 博物馆和国外交换藏品，对博物馆事业发展，促进中外文化交流，具有重要意义，但对这类交换，必须采取慎重的态度，一定要在国家文物局和有关主管部门的管理和领导下进行。

2. 考古发掘

考古发掘是用科学的方法发掘埋藏在地下或水下的遗存文物和古生物化石。我国地下埋藏的文物和古生物化石非常丰富，是文物、标本搜集的另一重要渠道。有目的地，有针对性地组织配合考古发掘，不仅是博物馆搜集藏品的重要途径之一，而且是考证、鉴定文物或标本的重要依据。

一切考古发掘工作都必须履行报批手续。任何单位或个人都不得私自发掘。考古发掘工作，一种是文物收藏机构、考古研究机构和高等学校等，为了科学研究需要，或者配合基本建设项目需要，主动地，有计划地发掘，但必须按规定报批后始得进行。另一种是在基本建设工程或农业生产中，发现了古文化遗址、古墓葬急需进行抢救性发掘或清理的，应由当地文物主管部门组织力量进行发掘清理。同时，报上级主管部门。

出土文物和标本除根据需要交给科学研究部门之外，应由当地文物行政管理部门指定的单位保管，任何单位或个人不得侵占。为了补充陈列，科学研究和文物、标本收藏所需的材料，博物馆应主动地，有计划地配合进行考古发掘，并在地方主管部门批准后将考古发掘文物交由当地博物馆收藏。

考古发掘是一项科学性很强的工作。考古人员必须经过考古的专门训练，具备考古专门知识，并能熟练地掌握科学的发掘方法和考古发掘的程序。

考古发掘报告完成后，出土文物应及时分别处理，完整器物应编目入库，列入博物馆藏品总账，陶片、残器或需作资料的器物可由发掘单位作为资料品登记保存；无保留价值的陶片、残件可做回填等处理。

自然标本是各专门性博物馆和综合性博物馆开展各项业务活动的物质基础。

采集标本是这些博物馆经常性的主要工作之一。岩石、土壤、矿物、动物和植物等各种自然标本，除了向有关研究单位、培植场和地质勘察队等单位搜集外，主要依靠本馆和配合有关的科学考察队去野外采集。

采集自然标本是一项细致的工作。矿物、植物和动物等不同性质的标本，采集的方法不同，就是同一性质的标本，采取的方法也不一样。采集人员必须掌握有关采集知识和技术，才能做好采集标本的工作。

博物馆在采集自然标本工作中，必须注意标本采集要有计划、有目的、有步骤地进行，必须携带必备的标本采集工具。除特殊的孤品和重要价值的残品标本外，完整的、没有损坏的自然标本才具有陈列和科学研究价值。所以，采集的标本务必力求完整，并及时进行保护性加工处理，以免腐烂、变质、变形或受到其他损坏。

二、藏品搜集的要求

（一）建立专门机构或委派专人

为了有效地开展搜集工作，博物馆必须设立搜集的工作机构。比较大的博物馆可以设立专门的搜集工作部门，较小型的博物馆也可以在有关部门内设立搜集工作小组或配备专职搜集工作人员，从事经常性的搜集工作。搜集工作人员应具备一定的文物、标本鉴定水平并熟悉本馆藏品情况。

（二）制定科学的搜集计划

博物馆开展藏品搜集工作，必须在调查研究的基础上，根据本馆的性质特点，陈列展览，科学研究的实际需要和库房藏品的多寡以及搜集品的来源线索和馆内人力、财力等情况，分别先后缓急制定科学的搜集计划，以便有目的、有准备、有步骤地进行。

在搜集地区方面，陈列宣传内容涉及全国的博物馆，需要在全国范围内进行搜集；各地方的博物馆则应着重搜集本地区范围内的文物、标本。选择明确搜集范围，即可使有价值的文物、标本得到妥善保护，发挥它应有的作用，又可以使各博物馆根据需要在一定的范围内搜集，以避免人力、物力、财力的浪费。

制定搜集计划前，必须通过阅读有关文献和资料，查看藏品档案，了解本馆藏品的数量、质量、内容、种类、陈列情况和科学研究所缺少的藏品；考古发掘、文物市场的新发现；有关单位和个人文物收藏情况等，以便做到心中有数，使搜集工作能明确对象，突出重点，合理安排。

博物馆除了进行经常性的搜集和考古发掘外，还要根据藏品情况以及陈列和研究需要，有计划地开展专题搜集，以补充所匮乏的藏品，专题搜集的面不易过宽。若宽而不专，面面俱到，势必失去重点，分散精力。同时还应明确专题搜集的任务、目的、范围和重点，并对搜集地区和有关线索进行调查、分析、对比，选择那些有典型性、代表性、材料丰富、线索可靠的地区作为搜集重点。如深入到某历史人物长期生活、战斗过的地方，和有关人员座谈、访问、搜集有关其生平的文物；或者深入到某著名的农民暴动发生地，搜集有关暴动的文物，或者到某民间工艺的产地，搜集该种工艺品制作的有关材料等。这样的专题搜集，就容易收到较好的效果。

（三）搜集成套完整的实物资料

在搜集活动中，必须重视搜集工作的科学性和搜集对象的完整性；必须把那些有着内在联系的，可以全面系统地说明某一方面问题的成组材料收集起来。除搜集重大历史事件，历史名人和革命烈士等方面的实物之外，为了陈列和研究的需要，还应该搜集那些间接的，侧面的，能说明问题的传说、回忆录、民歌、民谣、谚语和照片及其他图像资料等。搜集一个地区民族文物时，既要重视可以展示这个民族的风俗习惯的实物资料，又要将那些能够反映当地社会性质、生产发展等方面的实物和资料收集起来。

（四）近现代文物，民族、民俗文物及与非物质文化遗产相关物品的抢救性搜集

随着社会主义建设的飞速发展，新旧事物的交替也非常迅速。近现代文物和民族、民俗文物急需抢救搜集。由于民族、民俗文物主要是流散在社会上的近现代的实物资料，人们都能经常地见到它、用到它，有时习而不察，不太容易为人们所注意，几年前常见的东西，随着时代的更新，有的转瞬间就消失得无影无踪、无处可寻。社会的飞速发展，加快了更新的步伐，如不及时对民族、民俗文物进行抢救性搜集，就可能悔之晚矣。

近现代文物由于种种历史原因，屡遭劫难，大部分在战争和动荡年代失散，甚至被毁。一些历史事件当事人与参与者幸存不多，且年事已高，如不及时寻找遗物，采访有关人士，历史上将有可能出现某些空白。这将造成后世无法弥补的巨大损失。同时应当提出对于反映近现代历史事件和重要历史人物活动的必要的反面材料进行搜集。而这往往会被人们所忽视，甚至以为其内容反动，不宜收存，这也是十分错误的。从历史唯物主义观点看，历史总是有正反两方面的内容，因此反面材料同样也是历史的见证。

作为历史佐证，从反面可给人们以启示。总之，利用文物进行爱国主义和革命传统教育是我国社会主义精神文明建设必不可少的组成部分。对于这类文物资料的抢救性搜集在当前就显得十分重要和紧迫了。

非物质文化遗产涉及面很广，与其相关物品散存在民间，很长时间并不被人们重视和保留，因此搜集起来难度很大，尤其需要花费气力，予以重视。

（五）严格做好科学的原始记录

任何一件藏品总有其来龙去脉，有如人的户籍档案一样，它能使后世明了每一件文物和标本的流传经过、发现始末、传闻逸事和存疑问题。这是研究藏品十分必要的档案资料。同样，它应是藏品保管的基础工作。如果这一基础工作不完善，甚至被忽视，就可能导致藏品因缺少系统的资料而无法准确利用，甚至完全失去保存价值。因此，在接收藏品入馆时候，必须同时接收有关的资料，作为原始档案加以存留。

负责搜集文物和标本的工作人员，在搜集过程中，应按照不同的搜集手段、搜集途径认真做好工作记录。接收人员则针对传世文物、出土文物、近现代文物、民族、民俗文物和自然标本等不同类别，逐一检查这一工作的进行情况和全面资料。

1. 传世文物的原始材料

传世文物，要在明了捐赠、调拨、收购等入藏情况的前提下，细心了解该器物的流传经过、修复情况、传闻和存疑问题等。

散落在民间的历史文物流传时间较长，流传经过也错综复杂。这给调查整理原始材料，造成较大难度。接收工作除核对搜集人员的原始记录即捐赠、收购或调拨单位和个人所述文物流传情况外，还应配合搜集人员对一些重要文物作进一步了解。如查找有关历史文献、著录以及前人笔记和杂记等。有些文物，长期来几经易手。在接收工作中，还需对提供的有关线索进行走访调查，并将调查记录和文献索引与搜集的原始材料附在一起，力求眉目清楚。对已无法查清的历史情况，也应明确写清存疑的问题，以供编目人员参考。对一些失群的传世品，确切资料不易查找，还可以求教于有关方面的专家和鉴赏家，请他们根据经验和器物特征，参照有关标准器物，确定或估计该物出土地点和大体年代，附在档案材料上。如"传"此件为某某时期，于某某地区出土等，同时将对比的相关文物材料附上，作为藏品鉴选、编目的参考依据。

对有关文物流程历史的传闻，也应注意搜集。因为其中有许多线索对我们今后进一步辨识这件文物有很大帮助。

在检查文物残损情况时，应了解残损时间和经过；如无法考查，则以现状为准。如发现修复情况，应要求搜集人员尽量了解修复时间和修复手段。在无法查找线索时，可请文物修复人员对修复情况做一鉴定，以便在接收登账时加以说明。

2. 出土文物的原始材料

对于出土文物则应尽量收集发掘简报、发掘报告或发掘现场记录和照片，了解同一遗址、同一墓葬出土文物的品类和数量。因为有些文物出土时，相伴随有许多残器、残片，由于不够入馆标准，这些残器、残片都已另行处理，因此更需在接受器物入馆的同时，要索取发掘记录或保留复印件。也有因为发掘品价值不大，仅收集些较好器物并未做发掘情况记录。这时，接收工作中还需到现场调查了解。一些开发区的许多出土物，都是随推土机后面匆忙捡拾的，分不出层位，没有探方、探沟，全成了采集品，此时，应在拨交博物馆的文物原始材料中注明采集的地点和失群的原因。也有许多采集品只是某一大型遗址墓葬中暂时暴露于地表或挖地时偶然发现的部分，如不详细说明采集地点，甚至会耽误考古工作的大规模开展。这点在接收采集品时应特别注意。

3. 近、现代文物的原始材料

对于近、现代重要历史事件和历史人物的文物、文献，就更应注意原始材料问题。接收人员要格外注意。此种文物的保存者或其上代，多数曾与某一历史事件或历史人物有密切关系，这对了解该文物的价值尤为重要。

在接收文物过程中，原始材料包括的内容有：文物、文献保存者与该件的关系；与此件文物有关的人员提供的材料、访问记录或录音资料，以及与该文物相关的历史人物和历史事件的有关著录、档案资料索引等。如果缺少此类原始材料，该件文物就会失去原有的历史价值和科学价值，甚至会变成无用的废品。如某一重要人物所用的物品，失去详实的原始材料作为佐证。该物品就失去了保存的价值。

对于民俗和民族文物同样存在此种情况。某一器物在民间风俗或民族生活中起到了一种特殊作用，如不加以说明，缺少必要材料，它就只是一件极为普通的生活用器，从而失去收藏的意义。

4. 原始材料的收集、整理和存档

对有关非物质文化遗产相关物品的搜集过程中，对原始材料的收集、整理和存档工作尤为重要。因为这些物品是间接物证，他对非物质文化遗产的保护、传承是重要佐证。因此一定要认真将这些资料完整存档，否则这一非物质文化遗产就将失去传承的可能和意义。

5. 自然标本的原始材料

自然标本的原始材料应包括标本采集的地区、层位，如动植物标本应说明采集地点；该地区的自然生态环境；海拔高度等地理情况，气候条件和采集手段等。古人类和动植物化石，则应有发掘报告。岩矿标本的原始材料，应记录标本采集地区的地理座标、矿床情况、岩层位置和生成条件等。

在搜集藏品过程中，搜集人员必须按照规定，细致地'完整地做好科学的原始记录。具体的要求是：

a. 在搜集调查时，最好由当事人写出书面材料，或当场将有关人员反映的关于文物标本的资料，按照规定作准确详细记录，不得事后追记，以免记错或漏记；

b. 记录要实事求是，要经过核实，不能道听途说，更不能主观编造；

c. 尽可能将搜集人员对搜集品初步鉴定的意见和文物、标本价值记录下来；

d. 注意记下来与搜集品有关的人物、事件和情节等材料；

e. 用不易褪色的墨水书写，字迹要清楚、工整；

f. 较为重要的文物和标本，可以附上照片、拓片或绘图。

三、藏品接收

（一）藏品接收工作的意义

文物、标本的接收工作主要包括：原始档案、原始清单、凭证的接收、核对；入馆文物和标本的原始登记、清洁消毒和技术处理等。

搜集来的文物和标本进入博物馆后，即作为国家的文化财产予以保护和收藏。因此，把好藏品入口关、做好藏品接收工作，有十分重要的意义。

1. 接收入馆文物、标本的原始登记清册，是核对、清点国家文化财产的重要依据

搜集到的文物、标本经过藏品保管部门的接收工作，将其分门别类加以处理。大部分搜集品经科学鉴定，定为博物馆的藏品，登入藏品总登记账，入库收藏。一部分不够入藏的文物、标本，也分别情况收入资料品、参考品库房收存或转给其他有关的文物收藏单位。但无论怎样处理，每一件进馆文物、标本都需在接收过程中登账造册并注明去向。因此，接收文物、标本的原始登记清册就成为国家文化财产账目清点、核查的原始依据。如果不进行接收登记工作或草率处理所接收的物品，则将造成数目不清、下落不明、优劣不分，以致使藏品账目混乱的情况，给管理上带来困难。

2. 在入馆文物、标本的接收工作中，注意原始资料的审核和收集，对今后的编目，建档和利用会起到十分重要的作用

如果一件文物在入馆接收时不了解它的来龙去脉，不收集原始资料，就无法确定其价值。这件文物即使入藏也不能很好的发挥其作用，使我们无法对它进行研究和利用。因此，接收工作搞得好，文物、标本的原始资料掌握的准确、全面，将给藏品的利用和科学研究活动的开展打下良好的基础。

3. 由于入馆文物、标本采集途径很多，文物、标本有的已部分损坏，许多文物本身还带有大量粉尘、霉菌和其他有害物

接收时对它们进行清洗、消毒和有关技术处理是十分必要的。否则，不仅无法对这些文物、标本加以保护，甚至会因为这些文物、标本未经处理而将有害物带入库房，危及原有藏品的安全，造成更大的损失。所以在接收文物、标本过程中，及时发现问题，采取措施，做好清洁、消毒处理，是保障藏品安全的重要工作。因此科学，慎重地搞好藏品接收工作，做到账册翔实，账物相符，手续齐全，材料完备，账目清楚。这是搞好藏品编目、建档、日常管理和提用等保管工作的重要基础。

（二）入馆文物和标本的接收手续

这一工作环节主要是指入馆文物和标本接收的具体手续，以及原始单据、凭证的核对和收存。

必须强调指出，文物、标本入馆后的直接接收单位只能是保管部门。已往一些博物馆因各部门均有搜集文物的任务，如某一展览急需填补实物缺环，于是就将搜集的文物在未经办理入馆接收手续时，直接进入展厅；也有的同志为科研需要，将搜集品收在私人手中，往往长年不办交馆手续，从而造成文物、标本丢失，账册混乱现象。为避免上述情况，要严格文物、标本接收管理制度。凡搜集到的文物、标本必须及时交保管部履行接收手续。由保管部主任清点物品后，再于搜集人员的费用报销单据上签字，交财物主管部门报销。对捐赠物品人的奖励意见，也应由保管部直接向馆领导报批。未经办理接收手续的文物、标本，严禁长期放置搜集人员手中或直接利用。凡搜集的文物、标本，绝不允许被私人占有，一旦发现，应予严处。

入馆文物、标本经保管部主任签批后，由接收工作人员正式办理接收手续，接收人员要逐件清点入馆文物、标本的数目和现状，核收有关原始材料，各种单据和凭证。这里所指的原始单据和凭证主要有：捐赠证明、拨交清单和收购证据等。捐赠证明应由捐献单位和个人自己填写、内容应包括捐赠品的名称、数量（并注明自愿），同时要由捐赠人签字并加盖公、私章记；如是有偿捐赠，还应说明奖金额并附接收单位给财政部门出具的免税证明副本。拨交清单主要由调拨单位填写，内容有拨交物品的名称、质地、数量、完残程度和拨交时间等。清单由调出单位和接收单位双方负责人签字并加盖公章，一式两份，交双方共同收存入档。收购来的文物、标本则应有收购单据复印件，内容中主要应填清件数和款数，由私人手中购买的文物、标本，还应附上本馆向有关财税部门开据的免税证明副本。

在核收实物、资料和各种单据、凭证后，接收人员根据情况提出接收报告。报告主要应包括：是否同意全部或部分接收；是否应对某一物品立即进行修复和标本的制作要求等。俟保管部主任和馆领导人批复后，将入馆的文物、标本暂时存放在临时库房中。这些文物、标本在未进行原始登记并对其进行清洁和技术处理时，切忌将其与已经入库的藏品混在一起。因此临时库房最好选择单独库。

（三）原始登记清册的规格和要求

原始登记清册即我们通常所说的"入馆凭证"，有的单位也称之为"总登记"或"流水账"。尽管名称不一，但内容一致。即搜集来文物、标本在没有决定是否作为藏品入藏前，所有入馆品必须办理的登记清册。

原始登记清册不能作为国家文物、标本总登记账，不用报有关文物主管部门。它仅只是入馆的清册。将原始登记清册代替总账，这是十分错误的。

原始登记清册填写内容主要有：批号、登记号、名称、件数、质地、尺寸、完残程度、来源、价格、经办人、回批账号和备注等。在国家对清册尚无统一规格前，各馆可自行绘制表格印制。

批号和登记号即指成批入馆文物、标本的批次；批次以一年为限；每批从1至无穷号依次编入登记清册。

时间以入馆时间为准。

物品名称应以入馆各种单据、凭证名称为准，如在鉴选和编目过程中需要重新定名时，可在清册备注栏注明。

完残现状在填写时一定注意准确残损部位、残损面积和残损程度。

来源要填清搜集途径。如捐赠要写上单位和个人名称，调拨要注明调拨单位，收购要说明具体收购单位，发掘品要填明出土地点。

经手人指主要搜集人。这对今后清点、编目和提用都有很大好处。

回批账号是指入馆文物、标本落实去处后，将入藏品总登记账号和分类账号回填在登记清册上，非藏品转资料账的账号也要回批此栏内，以使入馆品件有去处、有着落，做到账务相符。

当某一文物、标本调出或损坏时，应在清册备注栏内填明注销。

当逐级核对签字后，清册应交管总账单位或总账管理人员收存。清册一般不能随意借阅，更不得涂改。

年终时应由账册管理人员依照时间、批号顺序，连同各种凭证一起装订成册，存档。

（四）入馆文物、标本的前期基础工作

这一工作主要包括以下几个程序，即将搜集品办理完入馆手续后，进行清洁消毒、修复、标本制作、照相、绘图和传拓等有关基础工作。

1. 入馆文物标本的清洁消毒

通过各种不同途径搜集来的文物、标本，有的长期流散在民间，也有的出土不久，在这些入馆品上存有各种污垢，附着许多微生物和虫卵；金属器由于长期埋在地下锈损严重；陶器发粉，釉层剥离；木质品腐朽，漆器表层剥落等情况。严重的甚至还会影响物体内部结构发生变化。如果不先对这些物品进行清洁消毒及修复，加固处理，不但它们本身会继续损坏，而且会影响到库内原有藏品的安全，因此对入馆物品进行入库前的清洁消毒处理十分必要。对青铜器除锈要谨慎，不是将所有的锈都除掉，而只是除去有害的锈。

为做好这一工作，在有条件的博物馆和文物收藏单位，应专门设置一间藏品临时库房，以能放置几个存放柜架和处理文物、标本的必要设备为限，一般在30～40平方米为宜，地点则应与正式库房分离。在规模较小的单位也应尽量找一间临时房间备用。

（1）清洁处理。一件器物的清洁处理，主要是除去器物上污垢物如土斑、锈斑、油污、水渍、汗渍等。由于器物种类多，质地各异，在清洁处理时所采取的方式也各有不同。清洁处理一般有以下几种方式。

a.水洗。对于一般质地坚实，不怕水浸的器物上的污垢可以用清水洗涤。出土器物上的固着物较为坚硬，不易一次洗掉的也可用去离子水浸泡一段时间，然后再换用清水洗去。切忌在清洗时用木器或金属硬物如刀、铲等强行除去器身上的固着物，以免损伤器物，使其表面出现不应有的划痕，甚至使器物受损。对有孔隙的器物如镂雕玉器、铜器和陶瓷等藏污纳垢的缝隙部位，应用软布浸湿后轻轻擦除。如果器身上存在有油迹，可用中性洗涤剂将器物浸泡一段时间，经过清洗剂处理的器物，一定要用清水再漂洗几次，免除清洁剂本身的酸、碱等成分对器物影响。经过水洗的器物要放置在阴干处，俟器身水分蒸发，吹干后再行收存。出土的漆、木、竹器，为防干裂，在水洗后，仍需饱水处理，将其泡入蒸馏水或配置的药液中，放置玻璃器皿内，于低温下密封保存。

b.干洗。织品类文物如有污渍，恐水洗可能褪色，这时则应用汽油等物擦洗，即干洗方法。

c.干擦。一些出土物品，为保持原器经长年地气侵蚀而出现的自然色泽，也不宜用水和药物漂洗，对于这一类器物应用质地松软的潮布轻轻擦抹即可。

d.风晾。对不宜水洗或干擦的纸质物品和部分织物，应选择风晾方法，将其表面的粉尘和湿气吹去；在室外风晾时应注意天气变化。要避免较强风力，随时掌握温湿度变化。同时还要避免在树木扬花季节进行风晾，以防止花粉沾污文物。

e.机械除尘。对形体较大，笨重且不规则的器物，如家具、毡毯、镂空体物品等，则可采用吸尘器等机械除尘，这样效果较好。

f.药物清洗，主要用于出土物，因它们长期埋于地下，受各种环境和有害物质作用，锈腐严重。在清洁处理时，应配以一定比例的药物才能起到作用。

因各地出土物中混杂物不同，腐蚀情况各异，所以在采用自配药液时应先进行试验，俟取得明显效果后再使用。

（2）消毒处理。搜集来的各种物品，由于原保存环境的影响，自身携带大量霉菌虫卵，如不进行消毒处理，使虫菌进入库房，不仅对该器物继续起到破坏作用，还会波及其他藏品的安全，危害很大。

目前消毒处理方式很多。由于绝大多数博物馆设备不完善，资金也不足，因此宜采用一些简便可行，较为经济的措施。

在临时存放室内，设置几个密封性能较好的玻璃柜，然后将文物和装有樟脑丸的杯子一起放入柜内密封，虫菌在逐渐挥发的有机毒气中会被杀死；也可选择密封胶袋，内装文物和一定剂量的环氧乙烷，使其挥发，除灭虫菌，在处理后应于流通空气中将毒气放净，再取出文物，以免人体受伤害。在临时库房内，用"DDV"等杀虫剂于空间喷洒，然后将门窗关严，也可能起到一定杀虫作用。

动、植物标本较难处理保存。当标本入馆经过加工制作后，尤其需要进行消毒处理。对于干制标本，为防止标本质变，在制作完成后，于盒内放置药剂密封，以杀虫灭菌。对已经生虫的标本，适量滴加二硫化碳等化学药物杀虫。对压制标本，则应防止微生物在适宜环境中活动，一般在用高温覆膜、固定处理后，用除氧剂封袋，已避免生物变质，浸制标本则主要配制不同药液将标本饱水浸泡，并将瓶、管、箱盖密封放置。

2.藏品入库前的技术处理

在入馆文物经清洁消毒后，应对已经残损器物加以修复；同时对入藏品进行照像、绘图、测量、传拓和囊匣制作；入馆的自然标本也需要经过制作，以便长期保存。这些称为技术性处理。

（1）文物修复。因为一件文物、标本的存在过程中，会遇到自然和人为的多次损伤。在它消失前，人们将会不断对其进行修复，我们这里只是说明，当这一文物在入馆时即已出现某些损伤，需要对其修复的工作过程和必要的注意事项。至于较复杂的一些操作程序和专业技术问题，则留待下面专门章节中加以论述。

入馆后最初修复的原则是：首先必须清楚地了解文物在修复处理前的原始资料，并记载处理期间使用的方法和步骤。原始资料中尤其应注意文物原损伤原因、历史证据和目前的状况，以及出土品发掘现场的气候、土质、水分含量等环境资料。处理方法应在处理进行前，用文字报告形式将处理意见和可靠性做出应有说明。其次，文物修复所使用的技术手段应认真考虑文物的承受能力，将修复时所需工料控制在最低限度。这里主要指药量、粘合剂的使用量和填补物的选择和处理方法。再次，任何修复处理都必须尊重文物的美术、历史和物质的一致性，不能因为只顾及美的要求而使器物历史原貌有所变化，从而失去它应有的价值。保持物质一致性是指填补焊接文物时一般应少用不同物质充填，因为它可能破坏了这种一致性。即使用同种物质填补时也要注意原器的色彩、色调、形式和分寸，力求保持与原器协调一致。最后，修复过程应十分谨慎。对重要珍品的修复必须写详细的修复方案，上报有关文物主管部门。在经研究批准后才能进行。有些修复问题可能是前所未遇或十分复杂的，应聘请有关修复专家，来馆协助进行。在没有适当指导的前提下，切忌让未经充分训练和经验不足的人员独自操作。

陶瓷器的修补和粘合。陶瓷器物易碎，是修复最多一类器物，在对残碎陶瓷器进行清洁处理后，再进行粘合，对有空缺部位陶器，大多采用石膏、硅橡胶等材料按其原形补配，使补配部分与原物保持一致。已经粉化的陶瓷器物，也可通过减压渗透等方式将加固剂渗入物体内使其免于粉化变形。

金属器因埋于地下时间过久，腐蚀严重，也易于破碎、变形，所以一般要求粘接，焊接和整形。为粘接方便，在残断面常用锉将面锉平，这往往会使原器受损，常常出现误差，应十分小心。较大金属器，粘接时为防止强度不够，效果不好，采用销钉法较为普遍。但处理时也应注意，勿使销钉裸露在器物表面影响美观，最好将断面钻孔，插入销钉固定焊接，这样做既牢固又可以保持其外表美。对贵重金属器如金银器，粘补时需慎重考虑，尤其是较薄、较轻的器物，断裂后如不用同质物粘接，势必使器物重量、比重等受影响，失去原状。金属整形应尽量减少锤打，以防器体变形，而增加整形的困难。

揭裱处理，主要是针对纸质文物的修复技术。对一些年深日久而霉气重，积污深的书画，应先进行清洁处理，而后经过揭托、补缀、衬边等多道工序以整旧如新。在揭裱纸、绢书画时，必须慎重选择材料。画心破残需要挖补时，要请有关专家审议后定夺，切不可粗心大意。在不明了书画家风格、时代用料和墨色深浅的情况下，随意填抹，会使其面目全非。上述原则和具体方法，也同样适用于加固残破糟朽的织品文物。

（2）自然标本的制作。自然标本制作是一种复杂的工艺技术。它能长期保存动植物的整体或局部，以便进行科学研究和陈列展览。因此，采集来的动植物标本和岩矿标本，在入藏前都必须加以整理或制作。

生物标本有干制标本、浸制标本、剥制标本、骨骼标本、整体装片标本和切片标本。

a. 干制标本。采用各种方法使生物体失去水分而制成的一种标本。

植物的干制标本可分为蜡叶标本、大型整体植株标本、种子标本以及菌、藻类和苔藓标本等。动物的干制标本有昆虫的成虫幼虫、海星、虾、蟹和鸟卵等。

b. 浸制标本。比较大型的生物体或其一部分如植物的根、茎、叶、花和果实以及动物的整体如鱼、蛙、蚯蚓、水母和海葵等，还有它们的某个系统都能用药液把它泡起来，制成浸制标本。浸制标本有整体浸制标本、解剖标本等。

c. 剥制标本。一般是对脊椎动物而言。它是将脊椎动物的皮剥下来，涂上防腐剂、防虫剂，以棉花或其他填充料代替肌肉，以铅丝代替骨架，再按其身体原来的结构特点作成的标本。具体可分为按原生态形象制成的真剥制（本剥制）标本或生象标本和按其死后的形态制成的假剥制标本。

d. 骨骼标本。一般脊椎动物的身体内部都有一套支撑身体的坚硬的架子，这便是它们的骨骼，骨骼标本是观察研究动物骨骼形态结构及其与其他器官相互关系的主要材料。骨骼经过各种加工处理，以剔除其表面附着软组织，再按原来的自然位置装架，安装成整体的骨骼标本或某个部位的骨骼（如头骨、前肢骨等）标本。

e. 整体装片和切片标本。这是一种对许多较小的生物体或其一部分组织经过固定、脱水、切片、染色、透明和封装等各种手段加工，并制成便于在显微镜下观察其外部特征或组织结构特点的标本，这是属微观研究的标本。

（3）文物、标本的摄影。文物摄影人员必须要熟悉文物，要使照片能反映出该器物的重要性，典型性和特殊性。

光的运用是摄影的最主要条件，它能使一件器物熠熠生辉，充满光采，如马家窑文化的陶罐照片，着光柔和，明暗清楚，层次分明，同时突出彩绘部分流畅的线条，构图端正，使人赏心悦目。这就达到了文物摄影时技术性和艺术性的完美结合。摄影取光以自然光为最好，但条件太受局限，所以大多以灯光拍摄。国家文物事业管理局于1981年4月8日《关于拍摄文物的几项暂行规定》中指出："拍摄易损文物（如壁画、彩塑、书画、纺织品、漆器等）一律禁止使用强光灯。"灯光照明时还应注意光照时间、光源与器物的距离和灯光热度等。一些对光照敏感的器物类型，不应长时间光拍，否则会使绘画、织品等脱色；油印文献字迹模糊，甚至引起本身的质变。所以在测光时，应提前做好准备，以求拍摄准确、迅速、尽量缩短器物光照时间。在摄影时也应注意光源与器物的距离，斟酌情况使用散光灯或聚光灯。短距离和聚光灯照明，热度难于控制，容易使器物骤然升温、降温，致使器物受到损坏。

鉴于上述原因，一般在接收和鉴选定为藏品后，一定要对器物标本今后的利用有足够的认识，争取在初入库时即能完成或大部分完成该物的摄影任务。为了延长寿命，不要经常反复拍照同一器物。

选择拍照角度的问题也十分重要，要和人照标准像一样，一定正面拍摄。三足器物应两足在前，一足在后。圆形器有纹饰的应取中轴线。有耳器物的耳应在两侧。有把、流等配件的器物应侧照，以取得全貌，总之应使器物端正。为反映器物其他部位，也可同时从各种角度拍照多幅。器物铭文、纹饰、配饰、底、盖、字体、画的细部、印记等重要部位和残损、修复伪记、后加工痕迹等特殊部位，可拍局部照。但必须强调的是，一件器物最重要的照片是其正面全景照。

自然标本拍摄时，角度的选择较为灵活，可正拍、侧拍或俯拍，但应以能反映标本全貌为准则。

摄影材料的选择依各馆的不同情况而定，但作为入库级别高的藏品应用彩色胶片，拍摄彩色反转片和负片，有条件的单位对重器、珍品也可拍录像片存档。

（4）器物绘画。对古器物的绘画，是为以后藏品建档作准备的一项基础工作。它可用图形透视方法使人们了解器物内壁和内部容量及构造。这一点是照像和传拓工作所不能解决的。

绘图工作应掌握透视原理，具有一定的素描基础。对于对称形器物，在绘图时，右半部绘器物外表纹饰和各部位形状；左半部绘制器物内壁剖视图。对不规则器则通体绘外部纹饰、器形，在某些部位采用虚线描绘部

绘制器物纹饰细部时比较困难，需要素描技术，要求部位准确，条理清晰而不紊乱。在绘制器物纹饰展开图时，要把尺寸计算精确，衔接部分不着痕迹，使通体线条流畅。

（5）传拓。对于碑碣墓志、石刻造像、古陶砖瓦、金属铸器、古代货币和甲骨刻辞等类文物、藏品，除摄影、绘画外，还需将器物的文字、纹饰、器形拓下来，以补摄影、绘图的不足，这就是传拓技术的用途。

传拓技艺主要包括：上纸、着墨、揭取等工序。在传拓过程中主要应注意，着墨不宜过急、过多，以免污损文物。尤其砖瓦、陶器、石刻和甲骨等类单一浅色器，着墨过多易使墨迹透过拓纸污损原物，给再清洗工作带来困难。对于质料松软器件，上纸或上墨时要轻轻拍打，勿过度用力，以免损伤器物。在拓形时，要掌握好器物形状特征，做到形似，以至神似，符合投影要求。不规整的器物拓形时，需要多次上纸、上墨，所以在上纸时用白芨水不应过淡、过量，免得拓纸不易粘牢和水分外浸，造成已拓好部分模糊不清，影响全形效果。

（6）囊匣的制作。对珍贵文物和一些质地较脆弱、易污折器物，应制作囊匣以利保护。囊匣制作应以形状适宜、收取方便、安放牢靠为原则。

a. 形状适宜主要指工作人员要认真研究器物形状，考虑到器物于匣中应放置得当，同时也要照顾囊匣的外观，使人见其外表能产生庄重的美感。所以说囊匣不仅会起到保护文物的作用，也还是一种装潢艺术。

b. 收取方便是对内囊制作的具体要求，对形状较小而且规矩的硬囊、只在放置器物部分挖空做软垫，屉上其他部分和四周则均做硬囊。挖空部分应较原器尺寸稍大，下置托带，以便于放置和提取。对不规则和有足、耳、盖等部件器物，一般用软囊，以利保护。

c.安放牢靠是指在匣内放置器物后，应固定牢靠，不上下颠动、左右摇摆，同时要使器物在囊内摆放端正、不倾斜，以免压挤器身，造成折断或变形。

在做囊时最好使用脱脂棉以防虫蛀，也可在棉条中加入防虫药物，絮棉和打棉条时则力求均匀、平整，不要过于松软，以防晃动。

对较重、较大形器物则不宜用纸板做匣，而应改用木板或较轻的金属材料制作。

书画套是保护书画类文物的外装物，在选择材料时要用质料较柔软的布质，以免擦伤画轴、画卷。

四、藏品鉴选

藏品鉴选即是博物馆对入馆文物、标本的鉴定和选择。鉴定主要是对入馆的文物、标本的外形和内涵识别真伪，断定年代和确认其价值的工作。选择则是凭借鉴定意见，去伪存真，以便分别处理。对于文物、标本的认识和研究，应当成为鉴选博物馆藏品的基础。入馆物品处理得当，对于今后藏品的收藏、保护、管理、提用和科研等工作具有极大的益处，否则将使藏品优劣不分，真伪不辨，鱼目混珠，以致质量下降，造成库房充栋导致人力分散。这就是为什么要将藏品鉴选列入保管工作重要程序中的原因。

（一）藏品鉴选的原则

1.藏品鉴选必须坚持辨证唯物主义和历史唯物主义的观点和方法

博物馆必须将搜集来的文物、标本，经过严格鉴选，去伪存真，去粗取精，确定藏品的价值，最后收为库藏，才能成为博物馆可贵的藏品。

作为入馆的文物，一般是指可移动的文物部分。它不包括古代建筑和无法移动入库的古代遗址、遗迹。即使是可以移动的文物也并非都是藏品，它还必须符合本馆性质、任务且经过鉴定、去伪存真，去粗取精，有所取舍。

2.藏品鉴选要作全面、系统、综合的分析研究，必须坚持鉴定准确、选择慎重的原则

文物既是历史文化遗存，它自然不可能再生。任何时候，完全一致的东西都是根本不存在的。即使是同一器物也随时都在发生变化。自然标本也同样如此，同一类标本也总会存在差异。故尔，对文物、标本的取舍又需要慎重从事，要有高度的责任感。对确有价值的遗存物随意丢弃和毁坏，则是不能原谅的犯罪行为。

博物馆在初步鉴选后，还应认真复选一次，以防差错和遗漏。

3.藏品鉴选必须符合本馆的性质和任务

目前博物馆种类很多，在接收、选择入藏品时，应注意本馆的性质和任务，还要注意结合地域、民族、民俗等特点。切忌兼收并蓄，多多益善。

4. 藏品鉴选必须按照国家公布的统一的博物馆藏品定级标准的原则严格筛选，不够级的不应勉强

非藏品一定剔出，另行处理，不准登记入库。

（二）鉴选藏品的组织和审批权限

鉴选藏品必须审慎从事，严格把关，手续健全。在大、中型综合性博物馆内，应由馆长、馆内有关专家和保管部负责同志组成鉴定委员会或鉴定小组，责成专人负责。该组织应首先将入馆文物、标本按藏品和非藏品粗分归类。并由馆内该组织负责人签署意见，备案。对于重要的和珍贵的藏品，更应慎重对待，然后再由该委员会或小组提出初步鉴选意见，上报有关各级主管部门审定。对可能确定为一级藏品的入馆鉴定，应该由国家文物鉴定委员会有关方面鉴定委员出具鉴定意见，存档并报国家文物局，以便统计。在鉴选藏品过程中，如出现分歧意见，应如实将各种看法全部记录在案，对争议较大的一部分重要物品，可暂定入藏，但从缓定级；对较为一般的文物、标本，也可于临时库房中存放，暂缓入库。

五、藏品鉴定

藏品鉴定的主要内容是：识别真伪、断定年代和确定其价值，为入藏和定级提供科学依据。

（一）识别文物真伪

自宋代以来，历代仿制、伪造古物之风日盛一日。甚至近代一些作假已达到以假乱真、真假莫辨的程度。这就需要鉴定人员根据器物外形和内涵，从质地、铭文、造形、纹饰、工艺技术和作品风格等方面认真加以综合分析，以便做出准确的判断。今天，科技水平的提高，使得有些文物可以利用先进仪器和手段对其真伪年代做出更为科学的推断和鉴定，因此采用科学仪器测试和传统经验判断相结合的方法是文物鉴定的发展方向。

博物馆藏品鉴定表

年　　月　　日

名称		编号		总登记账号	
年代		质地			
尺寸、重量		完残程度			
来源		入馆日期			
鉴定意见		鉴定人签字：			
有关资料					
备注					

历史上的仿品、伪品和作假还应有一定的区分，不可一概而论。仿品有一个质量优劣、时代早晚的问题，要具体情况具体分析，如目前存在较多的宋代工匠仿制的商周铜器，制作相当精美，纹饰生动，更加以镶嵌、错金等工艺，体现了那一时期的铜器制作水平，同时也有很高的观赏和研究价值，这样的器物虽是仿品，同样应择其精美佳品定级入藏。当然更为明显的如王羲之真迹十分罕见，各代摹本都非常珍贵，故宫博物馆藏唐神龙本《兰亭序》、天津艺术博物馆藏《寒切帖》等不仅入藏，而且还定为国宝，对于粗制滥造的赝品，如在书画类中至今仍然流传的大量河南片、苏州片，其作假技术水平低劣。这样的伪品则应在判断清楚后，加以清理。同样，清初仿宋代、明代瓷器也达到了登峰造极的程度，确有不少难得的佳品需要入藏。民国时期仿品大多质量低劣，取舍不可不特别慎重。

尤其当前文物市场较为混乱，莨莠不齐，许多赝品充斥其中，更有甚者，一些传媒也制造不实的虚伪现象，致使文物鉴定难度更大。因此，在搜集文物过程中，更应慎之又慎，谨防赝品流入库房。

（二）判定藏品年代

藏品断代应注意的问题也较多。首先是有明确的出土地点和层位的出土文物，可依照考古发掘报告确定其年代。但有些明、清墓室的随葬器中也有不少前代文物，还须逐一判明。这种情况早在商以来的不少墓葬中均有发现，也不能一概以墓葬、墓室的年代判定其中所有文物的年代。

断代中较为复杂的，是各博物馆的藏品中都有一些传世品，这些器物多没有明确的断代依据可考。因此，只能按照出土文物中的典型器和各代早以判定无误的标准器加以比较。有些器物本身并不典型，这会给判定带来许多困难，这就需要凭借有经验的专家详查考定。这一问题在古代文物中颇为常见，有时无法确定器物的年代，这就可采取估算方法，即约算一个较大的时间范畴或时期，如秦汉时期、隋唐时期等。我们在记录古代文物纪年时，多用王朝体系，然后再行确定具体纪年范围，但一些艺术品实用器并非以王朝更迭而立即出现明显差异。所以有些文物用估算方法仍是必要的。

在近现代文物中，这类问题较少。因年代相去不远，所以判定时就较为准确。因此，这一时期文物一般都应用公元纪年，年限也比较可靠。

对于一些暂时无法断定时代的器物，虽经专家考证，仍无定论，在这种情况下，年代可暂不注明，俟日后再认识，予以判定。

（三）确认藏品价值

确认一件器物有无收藏价值，也是十分复杂和细致的工作，我们要从藏品的历史价值、艺术价值、科学价值和经济价值诸方面认真加以全面分析。

　　许多文物是几种价值并存的，无论哪一种价值十分突出，都可以作为收藏的依据，艺术价值很高的文物尽管历史价值较小，无法在历史研究中取用，但它也可用来说明某一时期的工艺制作水平，从另一方面说，它也就具有某种历史价值。随着历史研究范畴的不断扩展，分类更加详细，我们的价值观念也应有所改变。由于博物馆性质不同，对藏品价值的认识当然会有区别。这些区别如地域、民俗、民族等诸多因素，都应予考虑。

　　艺术价值的高低也是相对的。它应着重考察藏品在特定时代、环境中的工艺制作水平，它不可能有统一的标准。古代岩壁画、陶器彩绘和明清绘画相比，在技巧上有较大差距。但其艺术价值是一致的。

　　随着博物馆类型的多样化趋势。自然、科技博物馆会越来越发展。藏品的科学价值要求也会因此日益突出。它不仅要反映古代科学技术的发明和发展的实物；而更大量的则是收存当代科技新成果。这将包括实物和演绎的手段和仪器等。对这类藏品的选择标准和价值估量尚不十分明确，还需要我们更多地予以注意。

　　随着社会文化的进步，非物质文化遗产的发掘与保护越来越被人们所重视。一些往日并不被人注意的物品也开始因非物质文化遗产的确认而提高了收藏的价值。因此，这些物品也应被列入收藏的范围。

　　有特殊经济价值的物品，也可以入藏，不能排斥。如许多博物馆旧藏中都有一些珠宝、钻戒等类物品，经济价值很高，不少还有较高艺术价值，这类藏品在断定价值时，就不能简单处理，当然对这类藏品的价值断定要求更要严格。

六、藏品的选择

　　入馆藏品经过鉴定，确定其价值后，还有一些特殊情况应予以考虑、定夺。这就是选择入藏的问题。在一定意义上讲，鉴定只是手段，而选择才是目的。选择时应考虑的问题有以下几方面：

　　1.多组或重复件较多的文物、标本，尽管具有入藏价值，但对有的文物一般不应存留过多

　　如古代钱币，许多单位都有大量重复品，甚至无法用枚计数，而用重量来计算。如将其全部入藏就毫无必要，而只能择其品相好、数量较少的部分入藏。价值十分高的珍贵文物可全部入库；重要文物可多选部分重复品；价值比较一般的文物重复品可减少入藏数量。大体以能满足展览、借出、提用的限度为准。对不准备入藏的文物，要经研究妥善处理。

　　2.文物藏品中的集品，情况比较特殊

　　因为出土于同一遗址、墓葬，或因成套（如瓷器、木器、漆器等）窖藏，尤其是一些重要遗址、墓葬中，个别品件质量较差，但为保持原状，使其完整，以

得全貌，在鉴选时就应适当放宽一些尺度，可全部入藏做集品处理。

3. 文物藏品

除价值较高或有特殊意义的以及孤品可将残件适量入库外，一般应少要或不要残缺严重的文物、标本入藏，对价值较高的，应经修复完整后再行入藏。

4. 对一些尚有争议、暂时无法定论且价值较为一般的文物，应慎重酌定

不妨将其暂时存放于临时库房内，而不宜草率处理，盲目清除，或匆忙入库。

5. 对专业性博物馆中一些特殊类型的文物

需要留存较多的有关实物资料如民族学、民俗学和科技史等资料，也可针对实际情况放宽尺度（这里主要是指一般价值的文物），定为入藏品。

6. 随着科技水平的提高，声像资料作为一种新材料已经进入博物馆，并将越来越多地在博物馆事业发展上发挥积极作用

例如科技类博物馆中，不但收藏工具和机器，而且还要收藏如何使用这些工具、机器的技能、知识和淘汰的古科技工艺的演示方法等一些十分珍贵的现场录音、录像资料，这些声像资料已不再是一般的资料品，而是被当做非物质文化遗产的重要相关资料成为藏品的一种了。

以上种种都是我们在选择藏品过程中必须注意到的，文物、标本经鉴选，确定为博物馆藏品之后，应当即全部登入博物馆藏品总登记账，然后，分类入库。对确定的非藏品也应慎重处理，对尚有一定参考价值的文物、标本和较多的重复品，应该登入重复品账或资料品账，并附上鉴选意见，编号收存。尽管这批文物、标本无法入藏，但并非毫无用处。目前博物馆事业的发展已使人们对藏储意识以外的利用意识更加注重。只要这件文物、标本尚能发挥作用，留存就有必要，登记辅助账册时也应认真准确记录，接收清单和有关原始资料也要妥善保存。对于本单位确实无用的搜集品，也应做好善后处理。如可调拨给与此物有关的其他类型博物馆，以便各尽其用。放入杂品库的堆放物一定要慎重挑选并定期再复查一次，以免失误。

七、凭证、账册、卡片、档案的管理

博物馆搜集文物、标本的原始凭证、登记卡、各类账册及与藏品有关的档案，都是记载藏品本身全部情况的重要依据。同藏品一样，是国家文化财产的不可缺少的部分，博物馆保管部门应设藏品总登记组或专人专门负责管理。

1. 凭证管理体系

博物馆凭证有收入和支出两种，可按此分类，收入凭证存根可按收入方式分拨交、捐赠、借入、寄存、收购和其他等类。每类均按年度装订成册，按年度排列顺序归档；如系团体单位，清单可按单位组织机构所属性质排列，个人的按姓

氏笔划多少顺序排列。支出凭证可按支出方式，分拨交、借出、退还、处理等分类，此类凭证不多，存根、回执，每类可按类别或年度装订成册，或按年度顺序归档备查。

2. 账册管理体系

藏品总登记账，是正式的馆藏文物财产账，应严格管理，不准作为藏品检索工具提供馆内外使用，藏品账册应依顺序号排列，归位存放，其他各类账册应贴标志归位存放。

3. 卡片管理体系

藏品总登记组只管"藏品登记单卡"和"藏品登记顺序卡"。其排列次序按藏品登记号的自然顺序排列。

4. 档案管理

藏品档案，按藏品号立卷，在卷面上应注明卷内收藏的文件名称、件数、日期等、并按藏品号的顺序号排列。

第二节 藏品登记

藏品登记，就是博物馆对入藏文物、标本履行的登记手续。博物馆对入藏和外拨、外借的藏品，均须按国家文物行政部门对博物馆藏品管理要求，以凭证、登记表、卡片、账册（纸质、电子）等形式进行准确的记载。这种记载既是藏品管理和藏品研究的原始资料，也是博物馆维护国家文化财产完整与安全的必备依据。其目的就是对所藏的文物，做到入藏和外拨、外借都有依据，便于藏品统计，进而为藏品的有效管理以及对藏品的深入研究和科学利用打下工作基础。

一、藏品总登记账

（一）登记藏品总登记账的要求

1. 博物馆的藏品总登记账是博物馆收藏文物、标本的基本账

其性质是国家文化财产账，但只有登入由国家文物局规定的统一格式的藏品总登记账内，并经藏品总登记员、保管部门主管人、馆长签字盖章后，藏品总登记账作为博物馆的藏品财产基本账方能生效。按照《中华人民共和国文物保护法》的规定，馆藏文物应向地方或国务院文物行政部门登记备案。严格说来，博物馆只有经过登账并向国家进行藏品财产的注册登记，才能从法律上保证其藏品总登记账的真实性和完整性，明确无误地证明其为国家文化财产账的性质。只有经过登账的藏品，才能入库房分类保管和进入陈列室。同时建立健全藏品总登记账还

为藏品收入、拨出、借出、统计注销、安全检查、盘点库房等工作提供所需的业务依据。藏品总登记账不得遗失，任何人不得调用藏品总登记账。手抄版藏品总登记账是第一性的，不能用电子版完全代替，应保存在保管部总账室。同时将藏品总登记账输入电脑，拷贝两份，一份入馆档案室保存，一份上报，作为向国家文物行政部门注册备案之用。

2. 藏品登账必须保证账与藏品现状相符

为此，登账前，必须将卡片和实物核对无误后，方可登入藏品总登记账。藏品如有外拨、借出、注销，亦必须以书面凭证（上级批文）为依据，及时在藏品总登记账上予以注明，以保证藏品进出数字的准确。登账时，必须逐页、逐件、逐栏详细登记、不错不漏，字迹要工整，账面要保持整洁。

3. 登记时必须用不易褪色的墨水填写，不得任意涂改

如有订正或注销，经主管部门领导书面批准后，在订正处用红色墨水划双线。线上方写更正的内容，并盖上更改人的印章。

4. 账面应逐页编顺序页码

每页第1行一律按各栏要求详细登记，自第2行起，如有与上行相同的，可用省略号"……"、或写"同上"，但藏品数字一律不能用省略号。

5. 抄完账后

要逐页、逐件、逐栏认真校对，切忌抄而不校；在发现错误后，切忌乱涂乱改，应按登账要求改动。

（二）藏品总登记账的内容

从1964年起，国家文物事业管理局就印制了统一的藏品总登记账账本格式，发给各馆，其内容包括：登记日期（年、月、日）、总登记号、分类号、名称、年代、数量（包括件数、计数单位和实际数量）、尺寸和重量、质地、完残情况、来源（含入馆日期）、入馆凭证号、注销凭证号、级别、备注等栏目。博物馆藏品种类繁多，存在着行业性、类别性、地域性等的差异，为了便于提取利用、统计管理，藏品总登记账的规范化就显得十分重要。为此结合有关博物馆藏品登记账以往的工作实践总结，将账面各登记项目具体说明如下：

1. 登记日期（年、月、日）

此栏指藏品正式编号入账的日期。登记具体年月日，需用阿拉伯数字填写。通过这栏登记，可以反映出文物到馆后的藏品管理流程时间，这与统计每年入库的基本藏品数字有关，因此不能疏忽。当然目前各馆登账情况较为复杂，一些馆成立时间较早，其藏品总登记账是后抄的，即藏品编号建卡入库在先，建账在后，所以登账日期反映不了每年入藏的情况，因此此项就空缺了。抄账时，如遇这样

情况，可按编号建卡时间登录此栏，如某件藏品是1982年5月3日编号建卡，登记日期栏就写1982年5月3日。

2. 总登记号

此栏指博物馆的藏品总号。它是标记藏品在博物馆藏品总登记账上的位置和先后次序。

藏品总登记号是按藏品登入藏品总登记账的先后，用阿拉伯数字编排，从1号至无穷。藏品总登记号，在博物馆里是每一件藏品的一个代号。因此当一件藏品的总登记号一经确定，就是该藏品的永久性的号码。一旦登在藏品总登记账上，此总登记号就不能再给另一件藏品使用，即不能二件藏品重复使用同一个号。如果藏品因拨出、损毁、退还、终止等原因注销，此号只能永远存留，决不可再将此号改为另一件藏品的总登记号。各博物馆都应有各自的藏品总登记号。为了区别，应在自己的藏品总登记号前加上本馆的代号，如原中国革命博物馆代号为"GB"（为"革博"两字汉语拼音缩写字头），则某件藏品号就写"GB1234"。一件藏品的总登记号，只能本馆使用，他馆不能使用。如甲博物馆拨一件藏品给乙博物馆，乙博物馆不能沿用甲博物馆的藏品总登记号，而应按顺序编入乙博物馆的藏品总登记号序列；藏品原有的甲博物馆总登记号，只能作为这件藏品的原号记录在乙博物馆的有关凭证和账卡上备查。

藏品总登记号标在藏品上，它的功能是便于藏品在库房的定位，同时它也是识别藏品的标志。在藏品器身上标号，总的原则是不能影响藏品的内容和外貌；标号的字迹要端正、清晰；标号部位既要隐蔽又要有规律，以便于查索；标号用的原料，既不可损害文物（不腐蚀、不虫蛀），又要使写上的号经久不掉，还应具有可逆性，如果这件藏品一旦外拨给兄弟博物馆，不需要器身上原有的号时，又以能销掉为原则。

3. 分类号

此栏指藏品各类目的登记号，属于藏品的辅助号。用以表示藏品在博物馆所属的类目以及在藏品分类体系中的位置和先后次序，便于藏品按质地分类保管和检索提用。因藏品的分类号有可能会随着博物馆藏品分类体系的调整而产生变化，故分类号一般只写在账、卡上，不标写在藏品上。

4. 名称

此栏指藏品定名，藏品定名是直接表达藏品主要内容、特征、通称，其目的是区别于其他藏品的名称。

藏品定名既要简明，又须遵守基本规则，体现该藏品的主要特征，以利于数字化的管理和检索。

一般文物类藏品的名称应由3个要素组成，即年代、特征和通称。年代指藏品制造的年代或实际使用年代；特征是指其有别于其他藏品的主要特点：如款识作者、主题纹饰、主要工艺、主要铭文内容、质地、颜色、器形、产地等；通称是指在社会生活中人们对器物的通用称谓。定名一般按照年代、特征、通称顺序排列，但以上三要素中的各点并非都须包括在名称中，可依情况择其主要点而定。但为表达更明确、便于检索，特征中的"质地"项一般情况下应包含在名称中。自然标本名称依据相关国际定名规范定名。

藏品定名的一般示例：

（1）石器类

年代	产地（或器形）	质地	通称
旧石器时代	圆头	石	刮削器

（2）石刻类

年代	主题纹饰（或铭文内容等）	通称（含质地）
东汉	扁鹊针灸	画像石

（3）砖瓦类

年代	主题纹饰（或铭文内容等）	通称（含质地）
东汉	宴饮杂技	画像砖
西汉	汉并天下	瓦当

（4）玉器类

年代	主题纹饰等	颜色	质地	通称
战国	云兽纹	青	玉	璜

（5）陶器类

年代	主题纹饰等	质地	通称
新石器时代	鹳鱼石斧纹	陶	缸

（6）瓷器类

年代	产地（主要工艺等）	器形（主题纹饰等）	质地	通称
宋	钧窑	海棠式瓷	瓷	花盆
成化	斗彩	婴戏杯	瓷杯	杯

（7）铜器类

年代	主题纹饰（主要铭文内容等）	质地	通称
商	龙虎纹	铜	尊
西周	虢季子白	铜	盘

（8）其他金属类

年代	主题纹饰（铭文、工艺等）	质地	通称
唐杯	狩猎纹银	银	高足杯

（9）漆器类

年代	主要工艺	主题纹饰等	质地	通称
永乐	剔红	牡丹纹	漆	盒

（10）玻璃器类

年代	主题纹饰等	质地	通称
战国	谷纹	玻璃	璧

（11）珐琅器类

年代	纹饰等主要工艺等	主要工艺等（含质地）	通称
明	鱼藻纹	铜胎掐丝珐琅	高足碗

（12）织绣类

年代	主要工艺等	主题纹饰等	通称
汉	彩绣	云纹	香囊
清	蓝纱	八吉祥	夹马褂

（13）竹木骨角类

年代	主题纹饰等	质地	通称
乾隆	万福锦纹	桦木	弓

（14）甲骨简牍类

年代	主要铭文等	质地	通称
商	众人协田	卜骨	刻辞
秦	编年纪	竹	简

（15）书画类

书画藏品如有多个作者，为避免定名时字数过多，则只择著名者或前二名的姓名，后缀"等（合作、X家）"字样。

年代	款识作者	主题纹饰	通称
中华民国	孙文	博爱	横披
明		南都繁会图	卷
明	沈周等八家	山水花卉扇面	册

（16）碑拓类

年代	主要内容等	通称	年代
明拓	龙藏寺碑	拓本	明拓

（17）文献类

年代	主要内容（款识作者等）	通称
明	直隶徽州府祁门县开垦事	帖
中华民国	康有为	书札

（18）文具类

年代	主题纹饰等	质地	通称
清	雕孔雀	端石	砚

（19）雕塑类

年代	主要工艺等	质地	通称
五代	鎏金	铜	观音造像

（20）货币类

年代	主要铭文内容等	器形	面值	质地	通称
春秋	无字	平肩桥足		铜	空首布
西汉	寿如王母大宜子孙吉语			铜	钱
南宋	临安府行用			铜	牌
清	咸丰重宝		当十	铜	钱

（21）印章类

年代	主要铭文内容等	质地	通称
西汉	滇王之印	金	印

（22）徽章类

年代	主要铭文内容等	质地	通称
中华民国	辛亥革命光复	铜	纪念章

（23）邮票类

年代	主题纹饰等	通称
清	红印花加盖小字当一元	邮票

（24）近现代文物类

物主（使用者、作者等）	事件（时间、地点、用途等）	通称
朱德	在南昌起义时用的	驳壳枪

| 方志敏烈士 | 著《清贫》及《可爱的中国》 | 手稿 |

对近现代文献类藏品，因作者、使用者和特征问题最为重要，用字描述较多。在定名时应尽量精简内容，用词必须简要精练准确，但不能因为字数限制而将主要内容省略，造成藏品面目不清、易于与其他藏品混淆之弊。

（25）外国文物类

年代	国别	主题纹饰等	质地	通称
18世纪	柬埔寨	凸花金鹿故事	银	钵

5. 年代

此栏指藏品制作或形成的时间。登记藏品年代，对正确断定其价值，提供藏品检索和利用以及出版馆藏品研究资料，都有着重要意义。因此对藏品具体年代要力求鉴定准确。藏品年代的登记，一般应在考古纪年、正史纪年、公元纪年三种方式中选择一种。中华人民共和国成立以前的文物，有具体纪年的写具体纪年，并加注公元纪年；具体纪年不明的，写历史朝代或历史时期。中华人民共和国成立后的文物，一律写公元纪年。具体说明如下：

馆藏历史文物上有具体纪年或年号的应照录，并将换算好的公元纪年加注在后边的括号内，如清乾隆六十年（1795年）、明万历（1573年　1620年）。但1840年以后的文物，按近代藏品登记者，年代栏应一律将公元纪年写在前边，将朝代年号写在后边，并加上括号。如：1893年12月16日（清光绪十九年十一月十九日），1855年4月14日（太平天国乙荣五年二月二十八日），1945年9月3日（民国三十四年夏历七月二十七日）。凡文物上有具体年、月、日的，都应全部照录，如1912年7月9日，1959年8月31日等。

馆藏历史文物上没有制作、形成的具体年代的，应根据其内容、载体特征、制作工艺、质地成分等考证出其所存在的时间范围属性的概念，包括历史朝代、历史时期、某某时期、某某年代等。

凡属原始社会文物，经考证，确知旧石器时代或新石器时代的，就不写原始社会，而写"旧石器时代"或"新石器时代"；又如新石器时代遗物，经考证能判断考古学文化的要具体注明，如新石器时代仰韶文化。

凡属历史朝代的文物，应写各历史朝代称谓，其称谓应以商务印书馆出版、万国鼎编、万斯年和陈梦家补订的《中国历史纪年表》为准。

属少数民族建立政权的文物，应写正史纪年。并在括号内注明少数民族政权的年号。如北宋绍圣三年（大理国天授元年）。

农民起义、农民战争、农民政权的文物，应写正史纪年，并在括号内注明农民政权的年号。如元至正十五年（小明王龙凤元年）。

民族民俗文物、外国文物应写公元纪年。如：波斯萨珊王朝沙卜尔二世银币（309年～379年）。

1840年以后的近、现代文物年代，凡具体纪年不明的，可视文物具体情况，写明其所属的某历史时期，如"旧民主主义革命时期"、"新民主主义革命时期"、"社会主义革命和建设时期"；其中能确认为某一历史事件期间或某一政府统治时期的文物，可以用"某一事件"或"某一政府"名称后加"期间"二字，以标明其年代。如"辛亥革命期间"、"五四运动期间"、"广州国民政府期间"、"武汉国民政府期间"等。

6. 数量（单位/实际数量）

此栏指藏品单件数量的计量。内容包括计数单位和单件实际组成的数量。

"数量"栏与"总登记号"栏，有密切关系，在藏品财产管理中不仅关系着藏品单件计量，而且关系是否便于藏品查对和提用等日常管理。因此制定藏品计量原则时，必须考虑上述因素，既要便于统计，又要便于提取。为此，博物馆藏品数量的计量，一般以"件"为单位。具体办法如下：

（1）单件藏品，按一件计算，编一个总登记号。例如：北宋麒麟图铁塔砖为一单件文物。按一件计，给一个总登记号，在数量栏内的"单位"项填"1块"，"实际数量"项内写"1件"。

（2）成套藏品，按不同情况分别处理：a. 成套藏品，组成部分可以独立存在的，如不可分割而又同一来源且同时入藏的，就可以按"套"编一个总登记号，单位按"1套"计，实际数量则填写具体件数，其独立存在的各个个体可以编为分号，"件数"计具体数量。如：朱德穿的元帅服一套，由帽、上衣、裤3个独立部分组成一套，此套就按"1套"计，编一个总登记号（GBXXXX/3）并按组成部分给分号（帽子标GBXXXX1/3，上衣标GBXXXX2/3，裤标GBXXXX3/3）。填写数量栏时，在"单位"项内写"1套"，在"实际数量"项内写帽1顶、上衣1件、裤1件，共3件。馆藏数字统计标准以"总登记号"数为准，如需具体数字时可再计算件数，上报藏品数可为共有XXXXX号藏品，计XXXXX件。

b. 成套藏品，组成部分可以独立存在的，虽是同一来源且同时入藏但可以分割的，其独立存在的个体各编一个总登记号，实际数量项填写每个个体的具体件数。如十二开的书画册页，每开一个总登记号，每个总登记号在"单位"项内写"1开"，在"实际数量"项内写"1件"，总计数量为12件。册页被合订一册且定名为数位作者合作，则可给一个总登记号，其每开册页各给分号。如明沈周等八家山水花卉扇面册，应编一个总登记号，"单位"项内写"1册"，"实际数量"项写8件。

c. 成套藏品，组成部分虽可以独立存在，且又是同一来源、同时入藏，但功能用途决定了其不可分割，则按整体编一个总登记号，数量项和实际数量项均按1件计，其独立存在的各个个体可以编为分号，在备注栏内填

各个体明细及数量。如战国曾侯乙铜冰鉴由方鉴、方尊缶、长柄铜勺三部分组成，因其只有组合在一起才能发挥其设计功能，为便于保管，应编一个总登记号，实际数量也按一件计算，可在备注栏内填方鉴1件、方尊缶1件、长柄铜勺1件，共3件；又如原状态保存的1贯铜钱，应编1个总登记号，实际数量也按1件计算，备注栏内可填1000个铜钱。

d. 成套藏品，组成部分不能独立存在的，必须按1件计，按整体编一个总登记号，其不可分割的组成部分可给分号，但在备注栏内应注明其组成部分的具体数量。如1双鞋子、1副四条屏，这些不可分割的就为1件。数量项和实际数量项均按1件计，给1个总登记号，其组成部分给分号。

（3）粘结或锈结藏品、液体藏品，若同一来源，分装于同一包装或同一容器中的，可编一个总登记号，数量项和实际数量项均按1件计，备注项内填该固态品的重量或液态品的容量。

7. 尺寸、重量

此栏指藏品单件的长度、面积、体积和重量。其计量单位一律采用国家计量总局公布的统一法定计量单位。长度以厘米为基本单位，特大者用米；重量以克为基本单位，特重者用千克；容量以毫升为基本单位，特大者用升。测量时一般精确到计量基本单位小数点后1位。

一件藏品一般量二至三个尺寸：或纵（上下）、横（左右），或长、宽、高，或高、口径、底径（口径、底径一律量外径）。

藏品形态多样，具体测量时，必须遵守一定的先后顺序，一般是量最长、最宽和通高，具体测量方法是：

（1）平面藏品：可先量上下（纵）、后量左右（横），写法为20厘米X20厘米。

（2）立体藏品：可先量上下，后量左右，再量高，写法为20厘米X20厘米X20厘米。

（3）圆形藏品：可量直径，写法为直径20厘米。

（4）椭圆形藏品：可量外口最长直径和最短直径，写法为最长直径20厘米，最短直径为10厘米。

（5）多角形藏品：量对角线，写法为对角线5厘米。

（6）不规则形藏品：可根据具体情况量其最长尺寸，如最长为20厘米。

（7）圆形立体藏品：可量高、口径、底径。写法为高100厘米，口径30厘米，底径50厘米。

书画类应测其画心的长宽度，画心即指字画、书札、信函的本身，不应计算

左右、天地等托裱部分；但如果书画托裱部分有名人题字，则还应量包括托裱部分在内的尺寸；如一件信函几页通裱于一轴或一卷时，则应分测各页长度、宽度；织品的通长也指其最长处。自然标本长度一般以直线距离取其最长处和最宽处。

对重要藏品的测量要求项目要更多、更具体些。

具体测量时，为了使尺寸准确，不损伤文物，一般要视藏品质地、大小等情况，选用不同的测量工具。如纸类、纺织类藏品可用软尺，以防划伤；小件藏品，可用直尺或三角尺；量立体藏品的高（平底、平口的），可在顶口上覆一横尺，旁边立一竖尺，以竖尺计高；量大件器物，在两旁各立一竖尺，上覆一横尺，竖尺计两面体高，以横尺计口径。一般藏品不用称重量，但贵重金属藏品、液体藏品、或有重大价值而又无法量尺寸的藏品，应称其重量。

藏品容量测量，可用蒸馏水灌入藏品内，再将所容的水用量器测量，测后须将藏品晾干（在一般情况下为保护藏品不受损以不测量为好）。

8. 质地

此栏指构成藏品的基本物质，一般可简要地注明，如陶质，瓷质，铜质，纸质等。一件藏品由多种质地构成，应择其主要质地写明，如铁、木质地。填写质地一栏，在能判定清楚具体质地的情况下，要尽可能写明具体成分。如铜有红铜、黄铜、青铜等，能判定清楚，就写红铜、黄铜、青铜，无法判定时就写铜又如纸质藏品，能分清宣纸、毛边纸、马兰纸、新闻纸等，就分别写明，否则写纸。

9. 完残情况

此栏指藏品的完整、损伤、残缺或污染等具体状况。

设立此栏对明确藏品保管的责任和妥善保护都很重要，因为藏品完残的具体情况，一方面直接关系到藏品的价值；另一方面藏品完整和残损情况的记载，也直接涉及到博物馆和库房保管人员的岗位责任问题。

填写藏品完残情况，从征集人员给对方开具凭证时，就应当面验明注清，这对保护藏品的完整性是具有法律责任的。

填写藏品完残情况，在卡片上和总登记账上可以用简明扼要的语言描述残损的部位和程度，还要注明其数量、大小和色泽等。由于藏品完残情况不同，填写时为语言规范起见，大体可按下列几种情况记载：

（1）完整。凡藏品现状没有损伤、残缺等情况，可写"完整"二字。

（2）残破。凡藏品的现状为局部破损，但不影响藏品整体和内容的完整，可写残破，如破洞（指局部破损，破处较大者）、破孔（指局部破损，破处较小者）、裂口（裂缝已裂开）、裂纹（裂缝未裂开）、磨损（摩擦受损伤）等。

（3）发霉。凡藏品因受潮遭霉菌侵蚀而发生变化，可写发霉，如霉点（零散小点的发霉）、霉斑（成块、成片的发霉）、霉迹（发霉物体经处理后，仍留有痕迹者）等。

（4）皱折。凡藏品因收缩或人为的揉弄而形成的条纹，可写皱折，如皱痕（皱折痕迹零乱者）、折痕（因折叠有所损伤的痕迹）。

（5）污迹。凡藏品被油、墨等沾染的污垢，可写污迹，如油污、墨污等。

（6）脱浆、脱线。凡藏品装订处的浆糊失去粘性或装订线断、接缝脱开者，可写脱浆、脱线等。

（7）生锈。凡金属质地藏品出现氧化，写生锈。如铜锈、铁锈、锈蚀（氧化腐蚀较重者）等。

（8）褪色。凡藏品年久或光照导致颜色变浅者，写褪色。

（9）焦脆。凡藏品年久变硬发脆者，写焦脆。

（10）残缺。凡藏品的现状缺某个组成部分致使藏品构件和内容不完整者，可写残缺。写残缺时，应将残缺部件、部位和残缺数量写具体。如将军罐，缺盖；衣服，缺纽扣2颗；布告，揉皱磨损第五行至第八行，字迹模糊。

各类藏品常用现状的术语如下：

a. 纸类藏品常用：折痕、皱折、折裂、起皱；撕口、破口、破洞、蛀洞、虫蛀、火烧洞、装订洞、针孔、挖补；污迹、水迹、墨迹、油迹、锈迹、霉迹；脱线、脱浆、脱裱；变色、褪色、补色、泛黄、返铅、烟熏、擦毛、焦脆、鼠咬、字迹模糊等。

b. 棉麻丝革等织品类藏品常用：污旧毛茬、污渍、汗渍、血渍、油渍、霉渍、板结、褪色、虫蛀、撕破、剪破、磨损、起毛、脱线、织补、补丁等。

c. 金属类藏品常用：锈蚀、粉状锈、裂口、裂纹、磨痕、划痕、磕伤、磕瘪、焊补、脱焊、铸孔、砂眼等。

d. 陶瓷类藏品常用：冲口、裂纹、炸底、崩口、磕伤、磨伤、磨釉、爆釉、釉裂、窑裂、窑伤、碎裂、剥落、脱落、粘补、开粘等。

e. 玉石砖瓦类藏品常用：绺纹、沁、土侵蚀、剥蚀、风化、漫漶、磨痕、磨损、划痕、凿痕等。

f. 漆木牙骨角等类藏品常用：爆漆、裂纹、断纹、微裂、干裂、炸裂、微翘、翘曲、抽缩变形、蛀洞、磨损、糟朽、修配、补嵌等。

总之，填写此栏应注意：第一，必须认真察看全部现状，包括附件的状况也应一一写明；第二，选用现状术语要贴切、简练。如“领口起毛”，既反映了藏品残破部位，又反映了残破程度。

10. 来源

此栏指藏品搜集的方式和来自何方（单位、地区、个人）。

藏品的来源广泛，因此在登记时，凡系搜集的藏品，一定要写直接来自的单位、地区或个人，并注明藏品搜集的途径，如"发掘"、"采集"、"收购"、"拨交"、"交换"、"有偿或无偿捐赠"、"旧藏"等。博物馆藏品搜集的途径尽管多种多样，但就藏品的来源而言，只有直接来源和间接来源两种；其中属直接来源的，一律写明来源单位（全称）、个人（姓名）、收购和捐赠情况，并在其后注明入馆日期。

凡系考古发掘品，则来源栏需要写明某年某月在某省、县、村镇出土，出土地如系有名的遗址、城址须将地址写全。如"1976年河南省安阳市殷墟妇好墓出土"；凡系购买的，则写某年某月某日购自何处。例如"1957年7月8日购自琉璃厂某文物店。此项填写虽简单。但必须准确，单位必须写全称，入馆日期也必须写全。如1957年7月8日，不得缩写为"57年7月8日"，以避免年久后，辨不出是1957年7月8日还是1857年7月8日。

11. 入馆凭证号

此栏指填写博物馆收入藏品凭证上的编号，如1974年第3批第5号。设立此栏主要解决入馆凭证与账册挂勾问题，因此各博物馆在建立、健全藏品总登记账的工作中，要准确地填写此栏，这样就能把入馆凭证与账上的藏品编号有机地衔接起来，保证了藏品查考的方便。

12. 注销凭证号

此栏指填写博物馆拨出藏品凭证上的编号，如（1985）拨字第1号，馆藏品外拨、交换、退还、损毁、处理或终止等，总登记员应填写上述各类支出凭证，并在藏品总登记账上注销。注销时，总登记员在该件藏品的各栏划上红线，在注销凭证号栏注明凭证号名称、编号、藏品注销原因和去处、并加盖私章。这栏主要解决支出与藏品总登记账挂勾问题，填写要及时、完整、准确，以避免藏品管理上出现混乱。

13. 级别

此栏指藏品的等级。按该件藏品的实际定级填，即一级文物、二级文物、三级文物、一般文物。

14，备注

此栏一般填写藏品的收购价格、捐赠奖金和上述各栏中需要补充说明的事项。

登记"藏品总登记账"是一项很严谨的工作，因为它关系到国家文化财产账的准确性和完整性，因此，《博物馆藏品管理办法》规定，必须指定专人负责登记和保管，并不得兼管库房文物。藏品总登记账登记满一册后，应将该册藏品总登记号的起迄号码、藏品登记的起迄日期，一一填写清楚，并由总账登记人、保管部门主管人、馆长签字盖章后，随即入档保存。

二、藏品的辅助登记账

（一）藏品分类账

藏品分类账不是国家规定的国家文化财产账，而是博物馆为加强藏品分类分库管理需要，按照藏品的不同类别，另立的一种分类账册，它是各库管理藏品的统计依据，其格式、栏目内容与藏品总登记账相同。此分类账由藏品库房的保管员登记和保管。分类账上藏品应与本库所藏藏品完全一致，藏品分类账其实质是库房保管员管理本库藏品的账册。藏品分类有变化时，各库之间就要相互转移文物，此时各有关库房的保管员应在各自管理的分类账上及时注销或增添。因藏品没有拨出本馆，藏品所有权不变。因此不必在藏品总登记账上更改。因为各种变化，必然带来分类账的不定期改动。所以它永远是库房的管理用账，起不到国家文化财产账固定不变的作用。因此以藏品分类账代替藏品总登记账，是不适宜的。

（二）其他辅助账册

博物馆为适应入馆文物、标本和入库藏品的管理，仅设立藏品总登记账和藏品分类账还是不够的，因为博物馆搜集的文物包罗万象，有藏品和非藏品。需要登记的各种物品有馆藏文物、资料、参考品、礼品、外拨品、照片和复制品等等。另外，馆藏进出原因也很多，仅收进文物，就有拨交、捐赠、收购、寄存、长期借用等多种途径。终止馆藏原因也有多种，如外拨、退还或注销等。为此要相应地设立各类账册，以反映整个博物馆藏品保管工作的全貌，使整个藏品登记工作形成一个以藏品总登记账为核心的完整的系统。

1. 参考品登记账

凡文物、标本（或资料）经过鉴选，不够馆藏标准，但又有陈列或参考研究价值者，可编参考品号，登入参考品登记账，其账面格式和栏目与藏品总登记账相同。但在账本封面上应写明某某博物馆参考品登记账。如果某件参考品外拨或转为正式藏品，应在此册上注明。

2. 借入文物登记账

凡属博物馆向外单位或个人借用的文物，因文物所有权归对方，借文物一方的博物馆只有利用权，无所有权，因此不能登入该馆的正式藏品登记账，只能编借入号，登入借入文物登记账。如按期退还或对方同意正式拨交该馆时，均应在此册上注明。其栏目有：登记日期（年、月、日）、借入文物登记号、名称、年代、数量、现状、来源、入馆日期、借入凭证号、保管人签收、退还日期（年、月、日）、退还现状、退还凭证、备注。

3. 借出文物登记账

凡借给某单位使用的馆藏品或参考品，均应登入此账。其栏目有：登记日期（年、月、日）、总登记号、分类号、名称、年代、数量、现状、来源、借出凭证号，经办人签收，退回日期（年、月、日）。退回现状、退回凭证、备注（应填写借出期限）。如有的馆借出文物不太多，也可不立此账册而以装成册的借出文物凭证来代替。但一定要保管好。

4. 重复品文物登记册

文物、标本经过鉴选，重复件数过多时，经馆内研究，在留够馆藏数量的前提下，其余的重复品可登入重复品文物账。其账面栏目有：登记日期（年、月、日）、登记号、名称、年代、数量、来源、入馆日期、收入凭证号、参考品号、保管人签收、备注。必须明确重复品文物性质仍是藏品，因此，仍须登记入藏品总登记账。不能因是重复品可以外拨就不在国家财产账上登记。凡拨出文物，须经一定的批准手续，方可拨交有关单位收藏。拨交情况要及时在此册上注明。

5. 复制品登记账册

凡属搜集入馆的复制品或本馆的复制品，均登入此册，以免与原件混淆。其账面栏目有：登记日期（年、月、日）、登记号、名称、年代、数量、来源、入馆日期、原件存何处、收入凭证号、备注。

6. 其他账册

凡不属于文物，或待处理品，或还有保留价值的图书资料，都应根据收入或支出凭证逐件逐项分别登入图书资料账、处理品账。如有收藏家或有关单位，愿将文物、标本寄存博物馆，应表示欢迎，同时，要建立寄存账册，以利管理。

上述各类辅助账册，各有其用处，各馆可根据藏品管理工作需要，选择建立适合自己工作方式的辅助账。

第三节　藏品的定级、分类、编目和建档

一、藏品定级

为藏品评定级别，以便对藏品进行分级管理，是博物馆藏品管理工作的一条重要原则。由于博物馆藏品数量大，质量参差不齐，在人力和设备等各方面条件有限的情况下，为了更好地保护文物藏品，就需要根据藏品本身的价值等诸多因素，划定等级，对不同级别的藏品采取不同的管理模式及保护措施，对于珍贵文物，进行严格管理和重点保护。

《中华人民共和国文物保护法》第三十六条明确规定："博物馆、图书馆和其他文物收藏单位对收藏的文物，必须区分文物等级，设置藏品档案，建立严格的

管理制度，并报主管的文物行政部门备案。"

根据《中华人民共和国文物保护法》和《中华人民共和国文物保护法实施细则》的有关规定，我国博物馆文物藏品一般区分为珍贵藏品和一般藏品；珍贵藏品分为一、二、三级。一级藏品为具有特别重要历史、艺术、科学价值的代表性藏品；二级藏品为具有重要历史、艺术、科学价值的藏品；三级藏品为具有比较重要历史、艺术、科学价值的藏品。一般藏品为具有一定历史、艺术、科学价值的藏品。

文物藏品定级，应当按照以上标准，并且考虑其存世量、分布、现状、功能、质地等诸多因素综合评定。

2001年4月9日文化部以政府令形式颁布的《文物藏品定级标准》，是我们藏品定级的重要依据。文物藏品定级是相当复杂、细致而又十分严肃的工作。应成立由各领域专家组成的专家鉴定委员会或鉴定小组。在定级过程中，必须坚持历史唯物主义和辩证唯物主义的观点，坚持实事求是的原则，充分利用社会研究成果，集思广益，通过认真分析研究后，做出结论。不可固执一说，偏听一家之言，尤其切忌凭个人好恶或褒或贬。有时文物藏品定级是否准确、适当，还将影响到国家有关法令、法规的执行，因此，文物藏品定级又是一项政策性很强的工作。

藏品定级是藏品分级管理的基础工作。因此，藏品必须及时、准确地评定级别。藏品级别确定之后，一般不宜轻易改动。但藏品定级也不是一劳永逸、一成不变的。随着科学技术的不断发展、鉴定水平的不断提高以及对藏品研究的不断深入，我们对藏品的内涵价值也会作出重新的认识和评价。在日常保管、利用和研究的过程中，也会对藏品有新的发现和认识。因此，藏品的级别也会随之发生变化，或升或降。另外，考古新成果的不断出现也会影响到藏品级别的划定、变更。如有的文物定级的时候，全国只有一、两件，是孤品，可定为一级，但在以后考古发掘中此类文物大量出土，其级别就有可能下降。也有的文物当时鉴定研究不到位，没能充分认识其内涵的珍贵价值，并没有定为一级品。随着研究的深入、认识的提高，或有了新的佐证，其重要内涵价值被揭示出来，因而，升级也是理所当然的。但是，藏品级别的变更，必须经鉴定（定级）专家的统一认定，确定后，必须上报主管业务部门，经批准后，方可变更手续，不得随意更改。一级藏品的变更必须报国务院文物行政部门审批。

为了更好地指导文物藏品的定级工作，2001年4月9日，我国文物行政主管部门颁发了《文物藏品定级标准》。其中将一、二、三级和一般文物的定级标准分别列出若干条，以便掌握。关于一级文物定级标准，在《一级品定级标准举例》中，列举了几十条实例，供定级时参考。

二、藏品分类

博物馆藏品分类，是根据藏品的特性，即构成每件藏品基本物质的自然属性和所形成的社会属性之异同，按照一定的分类方法，把藏品区分组合成类的过程。

藏品分类是藏品管理中的一项重要内容。它是检验藏品管理水平和研究水平的重要标志之一。为了实现藏品管理科学化、规范化、体系化和网络化，从而达到藏品管理安全有序和利用方便的目的，必须对藏品进行分类。

藏品分类又是藏品科学管理的中心环节，它不仅涉及到藏品保管工作的各个环节，并且直接影响到藏品的陈列展览、科学研究及其他方面的利用。只有对藏品进行科学分类，才能达到妥善、长久保存藏品的目的，才能充分发挥藏品应有的作用。但是，藏品分类必须建立在对藏品科学研究、确切鉴定的基础之上，这是科学、准确地划分藏品类目的前提。

（一）藏品分类的原则

藏品分类需要首先确定原则。藏品分类的原则，应取决于藏品分类的目的，即首先以有利于藏品保护为基础；其次是有利于展陈、科研等利用过程中的检索和提取。

因此，藏品分类应遵循以下几条原则：

1. 建立具有科学性和实用性的藏品分类体系结构。

2. 在有利于藏品的保管和利用的前提下，确定符合各博物馆藏品客观情况的藏品类目。

3. 藏品分类的基本原则，首先按照藏品的自然属性，即质地为主要依据，兼顾其社会属性，即性质和功用。该原则尽管有其不尽完善之处，或有待进一步研究探讨，但基本上适应当前我国博物馆的实际情况，并为较多博物馆所接受。

4. 全国性博物馆藏品分类，由于情况复杂，类目不宜太简，亦不宜过繁。主要是在大的体系和类目上力求统一，便于馆际间的交流。全国分类法不可能代替各馆分类。各馆可参考全国统一分类法的原则体系，制定自己的分类法。确定多少类目，要根据本馆情况。有的在全国虽不足以列类，在某一博物馆则可以。我们把这种关系可以理解为在原则体系和大类上求同，在各馆的细目上存异。这就是全国性分类与各博物馆分类的关系。

（二）藏品分类的方法

根据藏品分类原则，我们就能够制定分类方法。由于藏品的自然属性或社会属性的不同，可以有多种分类方法和标准。博物馆藏品不同于图书馆的图书，采用任何单一的分类标准都不能满足博物馆藏品分类的需求，因此，无论国内和国外都无统一的博物馆藏品分类法。

总结全国历史和艺术类博物馆的经验，归纳起来，大体上都是从保护文物角度出发，以质地、性质和功用三种方法进行藏品分类。有的以质地为主，有的以性质或功用分类，有的是以几者结合的综合性分类。

以藏品质地分类，有利于藏品的保护；以藏品的性质和功用或用途分类，有利于藏品的检索和利用。藏品具有自然属性和社会属性，按质地分类是按照藏品的自然属性归类，因其同一属性的物质保存的环境及客观条件基本一致；而藏品的性质和功用，应属于藏品的社会属性，是藏品本身在历史上逐渐形成的特点或体系，而被人们所接受。如书法绘画作品，就已形成了特殊的性质和体系，不宜按纯质地分类。又如货币和玺印，由于历史上的功用而自成体系，假如机械地按照质地分类，对利用则有很多不便之处。因此，采取以质地为主，结合性质和功用分类是适宜的、可取的办法。

下面列举藏品分类的几种主要方法：

1. 按藏品质地分：如金、银、铜、铁、玉、石、陶、瓷、丝、毛、棉、麻、皮、纸、骨、角、牙等。

2. 按藏品用途（或功能）分：生产工具、生活用具、文房四宝、兵器、货币、交通工具、乐器、礼器、家具、科学仪器等。

3. 按藏品制作（或产农）时代分：古代藏品分为旧石器时代、新石器时代、夏、商、西周、春秋、战国、秦、汉、三国、两晋、南北朝、隋、唐、宋、元、明、清。近现代藏品可以按照历史时期分为旧民主主义革命时期、新民主主义革命时期、社会主义革命和建设时期。再细分新民主主义时期还可以分为中国共产党创立时期、第一次国内革命战争时期、第二次国内革命战争时期、抗日战争时期、解放战争时期等等。

5. 按藏品的来源分：考古发掘品、传世品、采集品等。

6. 按藏品所属古今族别分：匈奴族文物、滇人文物、鲜卑族文物、突厥族文物、南诏文物、渤海文物、回纥文物、畏兀儿文物、契丹文物、女真文物、蒙古族文物、满族文物、维吾尔族文物、鄂伦春族文物、彝族文物、苗族文物、藏族文物、傣族文物、高山族文物等。

7. 按藏品所属国别分：日本文物、朝鲜文物、印度文物、波斯文物、大食文物、罗马文物、埃及文物等。

另外，近现代藏品可以按照事件或专题来分，如太平天国运动、五四运动、抗美援朝、高新科技、航空航天等；美术类藏品还可以按照绘画技法分，如国画、油画、水粉画、木刻版画等。

目前，我国博物馆通常采取的藏品分类，大多是复合分类法，即先分大类。

每大类下再分类、目，有的两层，有的三层。

以上藏品分类方法，主要侧重从藏品的保护和管理的角度考虑，这样，便于对藏品进行安全管理，并且有助于迅速提取、利用。如果进一步研究各个博物馆的性质和历史形成的藏品特点，参照有关学科的分类体系，使分类方法更具有科学逻辑性，以达到上述两项主要目的。

藏品分类应注意的几个问题：

1. 藏品类目的划分，要简明，类与类之间应界线分明。

2. 藏品类目多寡，要从本馆藏品实际出发，体现出各种类型博物馆的特点，不能强求一致。

3. 藏品具有多种自然属性和总会属性。在以质地为主进行分类时，对于复合质地的藏品，应从藏品保护的角度出发，确定类别。凡集品不宜散存，应保持其完整性。

（三）藏品分类体系结构

第一层：部。按博物馆藏品的来源划分。

（1）传世文物。流散于社会上，经搜集而得以入藏的文物，包括传世的历史文物和近、现代文物。

（2）考古发掘文物。经科学发掘、采集而得以入藏的文物。

（3）自然标本。经采集、整理而保持原形的动物、植物、矿物等实物标本。

第二层：类。以藏品质地为主，兼顾性质、功用的原则划分。

（1）传世文物划分30类，见表3-1。

（2）民族文物，一般按族别集中，可以入藏先后为序，参照表3-1分类。同样，外国文物，先以国别（或洲别）集中，参照表3-1分类。

（3）考古发掘文物。一般按考古发掘地区、墓葬、遗址集中，同时可参照表3-1分类。

（4）自然标本。一般有3种分类方法：按生物系统分类；按自然区划分类；按专题分类。

1. 按生物系统分类。它是生物类标本最基础的分类，生物分类所用的单位，并非是个体，而是物种。由相近的种集合而成一级比一级更大的单位。以下为分类等级、序列及名称：

（1）界（Kingdom）

（2）门（Phylum）

（3）纲（Class）

（4）目（Order）

（5）科（Family）

（6）属（Genus）

（7）种（Species）

以上所列的种种分类等级，在不敷用时，可于其间酌行增置。如纲与目之间的亚纲（Subclss），相近的科为超科（Subfamily）。同一种有与原种相异者，凡野生的，通称为亚种（Subspecies）。

2. 按自然区划分类

便于做区系分布、生物和环境的研究。例如按动物群或地区划分；古生物（尤其是古脊椎动物）习惯按动物群或者是地区来划分。动物群既表示当时该地区生活在一起的动物、植物的类型，又反映了它的地质年代。所以在分类上得到广泛的使用。

3. 按专题分类

各馆根据各自藏品的特点和需要，可设各种不同的专题。按专题收藏的标本：如植物病虫害，河北省植物志，有毒的植物等等；渤海湾水产资源，罗布泊地区的动物资源，寄生虫，珍奇、濒危动、植物，药用动、植物，观赏鱼类、植物，经济兽类，经济昆虫，中国的三趾马化石、恐龙、蝴蝶等。

岩矿标本中，矿物类包括金属矿物和非金属矿物；岩石类中包括岩浆石、沉积岩和变质岩；矿产类中包括金属矿产、非金属矿产和可燃性矿产等。岩矿标本应依据地质矿产学的科学分类原则划分。

表3-1　传世文物分类表

编号	类别	内容
1	石器	旧石器、新石器及以后历代石制工具、器物等；
2	石刻	碑碣、墓志、画像石、造像、经幢、法帖原石、石雕工艺品等；
3	砖瓦	建筑砖瓦、墓砖、画像砖、空心砖、水道管等；
4	玉器	历代玉器，包括翡翠、玛瑙、水晶、珊瑚、碧玺、青金石及各种宝石等；
5	陶器	各时期及历代陶器，包括唐三彩、辽三彩、陶俑、泥塑、陶范、紫砂器等；
6	瓷器	历代瓷制品及窑具；
7	铜器	历代铜器、青亩器，铜兵器、车马器、符牌、造像等；
8	铁器	历代铁器，包括铁制工具、兵器等；
9	其他金属器	历代金、银、锡、铅等铜、铁以外的金属及合金器具；
10	漆器	历代彩漆、填漆、雕漆等漆制品；
11	玻璃器	历代玻璃、料器等；

编号	类别	内容
12	珍琅器	掐丝法琅、画会琅、铜烧兰等;
13	织绣	丝、棉、毛织品、绛丝、各种绣品、服饰、鞋、帽等;
14	皮革	各种皮革制品和工艺品等;
15	竹木器	历代竹、木器及其雕刻品、匏器等;
16	牙骨器	象牙、骨、角、玳瑁、蛤蚌等制品;
17	甲骨简牍	甲骨、竹木简、牍、盟书等;
18	法书	历代法书、尽牍、写经、拓本、碑帖等;
19	绘画	油画、壁画、版画、玻璃画、火笔画、通草画等各种绘画及舆图等;
20	雕塑	石雕、泥塑等历代各种材质雕塑品;
21	文献	各种历史文献,包括文书、契约、书札、日记、笔记、照片等;
22	文具	笔、墨、纸、砚及其他文房用具;
23	货币	各种贝币,金、银、铜、铁、纸、布等质地货币及钱范、钞版等;
24	玺印	金、银、铜、铁、石、牙、玉、瓷、木、玛瑙等各种质地玺、印、章、印章石及封泥等;
25	徽章	纪念章、奖章、证章、领章、帽徽等;
26	邮品	历代邮票、封袋、明信片、印花、税票等;
27	武备	甲胄、马鞍、旗、刀、弓箭及各种枪、炮、子弹、手榴弹等;
28	音像制品	VCD、DVD、磁带、光盘、录音带、录像带等音像制品;
29	宫廷器物	宫廷典章文物、生活用具、佛殿堂陈设、珍宝等;
30	其他	凡不属于以上各类的文物如成翕、盆景、仪器、化学制品等。

需要说明的是,历史类、艺术类和民族民俗类、军事类的文物藏品比较复杂,并且随着收藏量的增加种类还在不断扩展,甚至独立形成一座专门博物馆,如军事博物馆或民族博物馆。因此,藏品的分类也必然会随之发生变化。一个分类法不可能一成不变。各博物馆藏品情况各有特点,因此,可在参照这个分类原则体系的基础上,制定出本馆的藏品类目。

三、藏品编目

藏品编目,简而言之就是编制藏品目录。是在对博物馆入藏的文物、标本进行最基本的、综合的鉴定、研究基础上,做出科学、准确而详细的描述,并编制成各种不同形式的目录,为陈列展览、科学研究等利用提供科学依据。藏品编目,是博物馆藏品科学管理、科学研究工作中一项关键性的工作。它既是藏品深入鉴定研究的过程，也是一定时期藏品研究成果的体现。

《博物馆藏品管理办法》第九条规定："博物馆必须建立藏品编目卡片，编目卡片是反映藏品情况的具体资料，是藏品保管和陈列、研究的基础工作"。《办法》明确指出了建立藏品编目卡是一项基础工作，是揭示藏品最基本、最具体的文献。为了藏品的科学管理和研究利用，必须对藏品进行科学编目，即在认识每件藏品的过程中，坚持马克思主义的认识论，

由表及里，深入地鉴定研究，对藏品做出正确评论。

藏品目录又分为公用目录和工作目录两种。公用目录是藏品保管部门对外提供检索藏品使用的目录；工作目录主要是供藏品保管部门内部工作使用的藏品目录。工作目录收录了本馆的全部藏品，包括部分由于某种原因不适宜对外提供使用、只存放于库房的藏品。它仅供藏品保管部门掌握全部藏品情况，进行藏品征集、管理、保护、研究以及解答咨询之用。

藏品编目基本工作有三项：编写藏品编目卡、编制藏品目录，建立藏品档案（单列一节）。

编目工作大体可分为两个步骤，第一步，编写藏品编目卡片；第二步，将编目卡片按照一定次序组成一个逻辑体系，编制成目录。

（一）编写藏品编目卡

编写编目卡是编目工作的基础。

藏品编目卡是藏品的缩影，它简要的反映了藏品蕴涵的内容及其外在特征，使检索者通过编目卡对馆藏文物情况有个大致的了解，为利用者提供选择的依据。编目卡不仅是藏品保管工作的重要资料卡片，也是陈列展览、科学研究的基本资料和重要依据，因此，藏品编目要在科学鉴定的基础上进行。

编目卡的项目编写，要求具有完备性、准确性和一致性。所谓完备性，就是要从不同的角度全面反映藏品的特征；所谓准确性，就是对每个项目的内容都要科学、准确地填写；所谓一致性，就是要做到标准化、规范化。以通过编目卡全面揭示藏品内涵的价值，包括其外在特征和历史的、科学的和艺术的价值，所以，藏品编目是一项科学、严肃的工作，绝不可掉以轻心。

藏品编目卡编制要求和说明：

1. 藏品编目卡要求规范化，采用统一格式（见表3-2、3-3）o

表 3-2　博物馆藏品编目卡（一）

总登记号		编目号		参考号		照片号	

来源		级别	

| 名　称 | 原名 | | 时代 | |
| | 现名 | | 作者 | |

质地		件数		照片
重量		尺寸		
简述				
方位		柜（架）　　　　层		

著录和文献：

款识、图记：

出土地点或产地：

鉴定意见：

现状：

备注：

审核人签章		制卡人签章		制卡日期 年　月　日

表 3-2　博物馆藏品编目卡（二）

登记号		原号		分类号	
名称				质地	
原名				数量	
时代		级别		入馆凭证	
尺寸					
重量					
附属物		底片号			
附件		图号			
入藏日期		拓片号			
来源		计算机序号		照片	
完残情况		库房			
备注					

制卡日期　　　　　制卡人　　　　　　　XXXX博物馆表

表3-3　博物馆自然标本编目卡

自然标本编目卡	学名（中文名）：	
	标本描述：	
	采集地点：	
	时代层位：	
	标本来源：	入藏日期：
采集人：	鉴定人：	负责人签章：

2. 藏品编目卡上的编写项目分为基本项目和鉴定项目两方面

基本项目要求填写齐全，鉴定项目要求填写准确，能够反映出藏品的基本情况。以3-2（一）表为例：

基本项目包括：总登记号、编目号、参考号、照片号、来源、名称（原名）、件数、重量、尺寸、著录和文献、款识、图记、出土地点或产地、备注、审核人、制卡人、制卡日期。

鉴定项目包括：级别、名称（现名）、时代、作者、质地、简述、方位、鉴定意见、现状等。简述一项类似于图书目录的提要，包括主要特征、评价、揭示藏品的内涵价值及有关历史背景。描述应简明具体，切忌流于形式。

3. 语言简练、准确、规范，字迹工整。

4. 编目卡片与"藏品总登记账"上相同的项目，在填写时要认真复核，发现问题及时修正和补充

填写总登记账的项目外，还必须填写鉴定意见、铭记、题跋、流传经历等。文字必须准确、简明，并附照片、拓片或绘图。其余项目填写说明如下：

a. 照片号：指藏品照片的底版（或电子版）编号。

b. 作者：填写制作者或使用者的姓名。一般不用作者的字、号、别名等。

c. 简述：主要概述藏品基本特征，如器型、纹饰、铭文和流传经过等，要做到简明扼要。

d. 著录和文献：指与该藏品有关的研究论文、著作，以及历史文献记载。要注明著作者、题目、刊名、期数或书名、版本等。

e. 款识、图记：必须按藏品的款署、印章、题跋原样抄录，不得随意删改。若图记内容过多，可节录主要部分，注明总字数。

f. 出土地点或产地：越具体、详尽越好。

g. 鉴定意见：指各种鉴定意见，包括肯定的或否定的。填写并注明历次鉴定的时间、鉴定人或单位名称，使用何种鉴定方法、仪器以及结论。

藏品编目卡全部项目填写完毕，检查无误后，再填写制卡人和制卡年月日。

（二）编制藏品目录

博物馆藏品目录的编制和功用与图书馆图书编目的原理相通，方法类似。我国传统的文物编目基本利用图书编目原理和方法。

藏品目录的编制，既要适应藏品科学管理工作的需要，又要适应对外提供利用工作，从不同角度揭示藏品，以满足管理、利用和研究需要。博物馆藏品的基本目录应包括：一级藏品目录、藏品分类目录和各种专门（题）目录等。目录从形式上分，一般有卡式目录、书本式目录、活页目录3种。

1. 卡式目录：博物馆藏品目录的主要形式，也是各博物馆普遍采用的一种形式

其最大的优点就是灵活性。可以随时增加或插入新的卡片，也可以减少或抽出其中任何一张。每张卡片都可复制数张，根据查询需要，供各种排列组合之用。如，按藏品年代（时期）排列组合的时期卡，按地区、作者、器物名称等各种专题排列组合的地区卡、人名卡、物名卡等。根据库房管理工作的需要，一般还有库藏卡（方位卡）目录，按藏品的收藏位置（柜、架）排列组合；顺序卡目录，按从1至8号顺序排列，以便掌握藏品情况。

2. 书本式目录：其特点是"一目了然"，便于使用，查阅方便，又便于保存

它可复制多份，装订成册。但不足之处是新入藏的文物，不便及时补入。此种目录适用于临时性专题藏品的利用需要。

3. 活页目录

具备了卡式目录的灵活性和书本式目录的方便性，但只适用于少量藏品的专题目录。

我国博物馆的藏品目录，多是采用卡（片）式目录的形式，编印成书本式目录还不多。有些博物馆虽编印有一级品藏品目录，但也多是简目。

博物馆藏品目录，虽然种类多、形式不同。但是，各种目录都是相互依存，互为补充的，充分反映了全部藏品的实际情况，也是藏品科学管理必不可少的重要检索工具。

各博物馆的性质不同，其藏品的种类也不尽相同，因此，编制目录应从实际出发，形成一套自己完整的目录体系。它不仅为检索提供方便，同时，通过目录体系，可以发现本馆藏品的空白、缺项，为制定征集计划提供重要依据，使藏品逐渐自成体系。

随着计算机和网络技术的日益普及，博物馆界也逐渐将其应用于藏品管理中。许多博物馆先后开发出适合本馆特点的计算机藏品信息管理系统，使藏品编目工作可直接通过计算机系统来完成，更加方便、快捷、灵活。

从博物馆事业发展的角度考虑，应在各馆藏品目录的基础上，编制全国性的

藏品联合目录，以促进藏品的综合研究，更深入地揭示藏品内涵的价值，为最大限度地实现藏品的社会价值，更好地保护好、传承好祖国文化遗产创造条件。

四、藏品建档

建立藏品档案是藏品编目工作的一个重要环节。

藏品档案是对藏品原始资料进行全面、系统的鉴定研究，经过整理后立卷的各种资料，是国家文化财产的重要组成部分。它是揭示藏品内涵、合理利用和科学管理藏品的重要依据，对考察藏品的使用价值具有十分重要意义。藏品档案内容详尽，是对藏品进行科学管理的历史记录和研究成果的体现，也为陈列展览、科学研究提供了重要科学依据。同时，也是对藏品的安全提供备查的证据资料。一旦藏品被盗或受损，则有案可查，避免造成重大损失。建立藏品档案，可以减少提取藏品的次数，在一定程度上缓解了"保"与"用"的矛盾。因此，建立藏品档案是博物馆藏品管理工作中一项不可或缺的重要内容。

藏品档案内容，应包含与藏品有关的历史资料、鉴定记录、修复记录、使用记录、研究著录及藏品的照片、拓片、器物绘图、检验报告等与藏品相关的信息记录。藏品档案的形成是一个长期的、逐渐积累的过程。实际上从文物征集入馆时起，藏品建档工作就已经开始，并且永远没有终结。藏品入藏时，将其入藏前、后的有关资料搜集整理入档，这只是藏品建档的第一步。在对藏品管理、研究、利用过程中，应随时注意收集有关资料，包括它的制作、演变、流传或出土、所有者的情况及学术界最新研究成果，入藏后的演变、动态等记录。这样，藏品档案得到不断积累、日臻完善。藏品档案既是为科学管理、藏品保护、陈列展出和研究等利用提供的依据，又是上述各项工作的成果反映，也是藏品本身运动的记录。所以，藏品档案的整理、立卷，也是一项科学研究工作，是科学管理重要的历史记录。

2005年12月22日文化部下令实施的《博物馆管理办法》第二十条规定，"博物馆应建立藏品总账、分类账及每件藏品的档案，并依法办理备案手续。"《博物馆藏品管理办法》第九条也规定，博物馆必须建立藏品档案。

《一级藏品档案》和《一级藏品目录》的格式由文化部文物局规定。

填写国家文物局统一印制的《藏品档案》册是建立藏品档案的一项重要工作。

(一)《藏品档案》册的内容及编写说明

第一项："藏品档案"封面、首页。封面要填写藏品（文物）名称、藏品（文物）级别、总登记号、分类号、档案编号、制档日期、制档人和年、月、日。首页栏目系藏品编目卡的全部内容，只多一栏"作者小传"，此栏要求注明作者姓名、生卒年、出生地、字、号、室名、生平简历、以及本人著作和有关史籍、论著等。

第二项：搜集（征集）经过。内容包括：藏品是如何搜集而来的，是拨交、还是捐赠、或收购，是如何得到线索的（直接或间接），在何年、月、日所搜集来，藏品与什么人物或事件有关系。所有情况都要有详细记录。

第三项：铭记、题跋。按藏品原件文字内容原样抄录，文字不可简化，要求书写工整，往往从序跋中可以看出当时的社会关系，以及对其藏品的评价。字数过多者可附照片或拓片。

第四项：鉴藏印记。此项要求写明印记的内容、书体，以及印记的数量、部位和形状。印鉴系钤盖的图章，表明某人所藏，钤盖有收藏人的名字、别号或室名等。印章有真伪，印泥有优劣，收藏章往往是鉴定真伪的旁证，并且可以看出该件藏品流传情况。凡印记有伪者，则应加以注明。

第五项：著录和有关资料（著录及有关资料书目）。藏品是否见于著录，见于何种著录？凡见著录者，书籍要写书名、页数、版本；杂志要写刊名、期数、作者姓名和论文题目等。对见于著录过多的，可择录其主要者。

第六项：流传经历。此项指藏品入藏前的流传经过，包括出土情况（出土报告，出土时照片和基色图等），收藏情况。记录越详尽越好。

第七项：鉴定意见、资料。此项是入藏的依据。要注明历次鉴定的时间、鉴定人及各种鉴定意见，肯定的或否定的都要详细记录。如有化验结果报告，在此项注明。

第八项：修复、装裱、复制记录。注明承制单位、时间及制作人。内容还包括历次修复工艺记录、修复前的现状和修复后的现状等描述，并附照片。

第九项：现状记录。指编写该档案时该藏品的现状。应注明年月日。

第十项：各种使用动态记录。指藏品提用的记录，例如，提取陈列、外单位借展、出国展览、编辑出版、个人查阅、临摹、拍照录像等，都要注明使用单位、使用人姓名、时间和经办人。此项还包括藏品受损、被盗、遗失等情况的详细报告。

第十一项：绘图（包括拓片）。摹绘局部展示图、器物构造图等。并注明制图（拓片）人、制图（拓片）日期及绘图（或拓片）与原物的比例。

第十二项：照片。藏品全貌和局部特写照片，尤其借出或出展藏品，应将残损部位特定拍照，作为凭据，以免责任不明、发生纠纷。并注明摄影人、摄影日期及照片与原物的比例。

第十三项：复制品、幻灯片、录音带、录像带、电影胶片等一并存档。

（二）藏品档案填写要求

《藏品档案》册如要复制，必须以国家文物局统一格式为准；其纸质必须便于书写和保存。

藏品档案必须用毛笔或钢笔填写，文字要求准确、精练，字迹要求清楚整洁。若表格内各栏填写不下，可在附录栏内续写，附录可根据实际需要另添加纸页。凡与藏品有关的各种材料，例如：接收凭证、单据、副本、修复记录和有关报告、级别改动报单、利用过程中有关文字记录、报刊摘抄、复印件和调拨、注销凭证、鉴定证明、化验单、幻灯片、录音带、录像带、磁带、光盘等都要与该表格一并立卷存档。

（三）藏品档案的管理

藏品档案要有专人负责专柜保管，并制订档案管理制度和查阅办法．

藏品档案建立之后，应按编号顺序保存，以便查找利用方便。建立"查阅登记簿"。档案只准在档案室内查阅，一般情况下不得借出，准备随时备查，防止遗失。如遇特殊情况需要借出时，须按规定报请有关领导批准后方可借出，并按规定办理相关手续。

各博物馆的《一级藏品档案》和《一级藏品目录》报本省、自治区、直辖市文物行政管理部门和文化部文物局备案。

藏品档案的填写可参阅1991年11月19日国家文物局印发的《藏品档案填写说明》。

第四节　藏品注销

藏品的注销和统计，是博物馆藏品保管工作中的重要内容，是加强藏品科学管理的重要环节。因此，文化部颁发的《博物馆藏品管理办法》中关于藏品注销、统计的原则、办法、手续等，都做了明确的规定和要求。

一、藏品注销

（一）藏品注销的意义

任何藏品从其收藏之日起，就已经孕育着它有可能不再作为该馆藏品而存在的因素。尽管由于主客观原因，有些藏品可以相对长久收藏，而有些藏品则只能相对短期收藏。因此，在强调博物馆应加强、重视藏品搜集以丰富馆藏的同时，认真研究藏品的注销以及藏品注销的原因、程序等，这同样是一件必要的工作。

藏品注销，顾名思义，就是指某件博物馆正式藏品，由于主观或客观上的原因，当它不再作为该馆藏品存在时，通过一定程序，将该藏品从馆藏档案中加以注销，终止其收藏。做好藏品注销工作是博物馆藏品账物一致的保证。如果对已经损坏、消失或转化、调拨的文物、标本，不及时从账册中注销，势必造成账物不符的现象，出现账目混乱，以致无法有效管理。

当然，对于注销藏品，我们不能把它仅仅视为消极的、被动的行为，而应当根据藏品注销的不同原因，作全面的理解。事实上，除了因藏品失盗、严重损坏等灾难性原因对藏品注销之外，其他方面的注销几乎都具有积极的建设性意义。

首先，国家从博物馆事业可持续发展战略考虑，利用调拨、交换等手段，可以有计划地拓宽博物馆事业的发展套路，既可筹建新馆，又可以扶植一些底子薄、藏品有缺环的博物馆，有利于早日建立和实现布局合理、品类齐全的有中国特色的博物馆体系。

2以互通有无、友好协商为指导的馆际之间的藏品交换，可以有效地调剂各博物馆藏品的品种，以丰补歉，使彼此间的藏品更加丰富齐全，从而为博物馆事业的发展奠定更坚实的物质基础。各地博物馆在发展过程中，有些还程度不同地存在经费困难或库房拥挤等问题。为此对原来搜集的藏品及时加以审核，把不再符合本馆收藏标准或大量重复的藏品采取主动注销，支援其他特别需要这些藏品的博物馆和部门。对注销的一方而言，可以使那些长年积存的藏品发挥其作用，使库房的藏品更趋合理，缓解库房拥挤状况、利于藏品保护；在受援的一方，既丰富了藏品的种类，又不需经费。这是一举两得的好事，是各博物馆之间应当积极开展的工作。

（二）藏品注销的原因

1. 上级主管部门调拨

2002年修订颁布的《中华人民共和国文物保护法》（以下简称文物保护法）第三十九条规定："国务院文物行政部门可以调拨全国的国有馆藏文物。省、自治区、直辖市人民政府文物行政部门可以调拨本行政区域内其主管的国有文物收藏单位馆藏文物；……国有文物收藏单位可以申请调拨国有馆藏文物。"

许多省、市、自治区博物馆筹建、改陈时，为了满足陈列的需要，通过上级主管部门调拨属下或其他博物馆藏品也是常有的。一般只提出调用藏品的种类，由调出藏品的单位根据本馆藏品情况，酌情调拨。这种调拨藏品的注销凭证，应包括批准文号、总登记号、名称、年代、数量等等。（见下表）

调拨藏品注销凭证

批准文号	总登记号	分类号	名称	年代	数量	级别	现状	销号原因或去向

接收单位（章）	馆（院）负责人	保管部	接收人
调出单位（章）	馆（院）负责人	保管部	经手人

2. 馆际之间或博物馆与其他部门交换

文物保护法第四十一条规定："已经建立馆藏文物档案的国有文物收藏单位，经省、自治区、直辖市人民政府文物行政部门批准，并报国务院文物行政部门备案，其馆藏文物可以在国有文物收藏单位之间交换；交换馆藏一级文物的，必须经国务院文物行政部门批准。"博物馆性质不同，搜集藏品的范围、重点也有差异。即使同样性质的博物馆，也会因地理环境、经费来源等条件的限制，导致其文物收藏的品类、数量具有很大差异。为了互通有无，以丰补缺，更好地发挥藏品的社会效益，彼此在友好协商的前提下交换某件藏品是非常必要的。馆际交换之外，某些部门出于科研、展览、宣传教育等需要，经过相关审批，请求博物馆支援或交换一些藏品，在这种情况下，藏品注销同样是在所必行的。

3. 经复查，由藏品降为非藏品

尽管各博物馆在搜集藏品时，都注意根据本馆情况掌握入藏标准，但仍不可避免地会有筛选不严的情况，或随着时间的推移发现某些藏品不再有保留价值，因而需要将这些藏品注销。

4. 严重破损，失去收藏价值

藏品破损既有人为过失造成的，也有自然损坏的原因。前者是人员在工作中不慎将藏品损坏，一般应将原定的藏品级别降低后保存，确实失去保留价值的再行注销；自然损坏是指限于目前我国的科学保护水平，对某些类藏品的非人为损坏尚难以从根本上加以防止，因而造成某些藏品失去保存价值，例如铁器、铅器的严重氧化、文献纸张的脆化及自然灾害造成藏品的损失等。但不论是什么原因，当藏品已经失去原来意义上的收藏价值而名存实亡时均需及时注销。

5. 失盗

博物馆的藏品除具有历史、科学、艺术价值外，同时也有很高的经济价值。因此博物馆藏品失窃事件时有发生，给国家造成很大损失。藏品失窃，经过公安部门的侦破，有些可以失而复得，有些则难以追回，或虽经追回但因破损严重，失去了保存价值，因而不得不将其注销。

6. 属于捐赠、收购的藏品被索回

接受捐赠、有价收购都是博物馆藏品积累的办法。其中有些由于某种原因又被捐赠者或出售者索回或部分索回，造成了藏品注销。如在物主不知情或遗产分配方案未定的情况下接受的捐赠、收购就属此例。

7. 博物馆性质发生变化，使某些藏品不再符合收藏标准的

因为博物馆性质、方针、任务的调整和变化，必然会涉及藏品调整与注销。有些省、市级博物馆，原为综合性博物馆，其收藏品包括历史文物、自然标本等，后来分为历史博物馆和自然博物馆，因而有必要将有些藏品划分出去。

8. 其他注销原因

除以上数种藏品注销原因之外，也还有一些意外发生的情况，如藏品被作为礼品赠送他人或藏品被某人据为私有或私自出卖等。这些都是违法的，不能允许的，然而违法的、不允许的并不等于不会发生。这些都将造成藏品注销。

以上藏品的种种注销原因，有些是出于国家宏观考虑的需要，有些是出于博物馆自身主观因素造成某些藏品的终止收藏，有些是来自博物馆以外的客观因素所致。有些注销是主动的，有积极意义的，如调拨、馆际交换等；有些注销则是被动的，具破坏性的，应力求防止，如藏品失盗、藏品损坏等。不管是哪种原因，但最终结果是一样的，即藏品总数量的减少。对于这些从博物馆档案中消失的藏品，都需要依据政策和规定，办理手续予以注销。

（三）藏品注销的办法和手续

由于藏品注销的原因不同，因而藏品注销的办法和手续也不尽相同。当藏品是在被动情况下进行注销时，如上级调拨、藏品失盗等，只要依据藏品注销的有关规定，履行注销手续即可。而对某些藏品要求主动注销时，就必须考虑到对这些藏品的处理办法。

需要强调说明的是，不管藏品由何种原因造成注销，也不管采取何种注销办法，在办理藏品注销之前，必须向上级申请，说明注销原因和注销藏品的去处。

2005年文化部颁布的《博物馆管理办法》对上列的第三、第四种藏品注销原因作了详细规定，其中第二十二条规定："博物馆不够本馆收藏标准或因腐蚀损毁等原因无法修复并无继续保存价值的藏品，经本馆或受委托的专家委员会评估议定后，可以向省级文物行政部门申请退出馆藏。退出馆藏申请材料的内容，应当包括拟不再收藏的藏品名称、数量和退出馆藏的原因，并附有关藏品档案复制件。"第二十三条规定："国有博物馆所在地省级文物行政部门应当在收到退出馆藏申请材料的30个工作日内，组织专家委员会复审。专家委员会复审未通过的，

终止该藏品的退出馆藏程序。专家委员会复审通过的，省级文物行政部门应当将有关材料在国务院文物行政部门的官方网站上公示30个工作日。期间如有其他国有文物收藏单位愿意接收有关藏品，则以调拨，交换等方式处理；期间如没有其他国有文物收藏单位愿意接收有关藏品，则由省级文物行政部门统一处置。处置方案报国务院文物行政部门批准后实施。处置所得资金应当用于博物馆事业发展。国有博物馆应当建立退出馆藏物品专项档案，并报省级文物行政部门备案，专项档案应当保存75年以上。"

应当指出，由于博物馆被公认为有承担搜集、保存、研究和展示人类文明进程中的物质创造及人类生存环境的见证物的责任。人们对它的职业道德要求很高。因此，注销藏品一定要十分慎重，切不可采取轻率不负责任的态度，否则很可能会引起舆论非议。一级藏品的注销，还必须报国家文物局批准。

关于注销藏品的档案备存要求，通常情况下应包括以下几点：

1. 上级调拨藏品的指示或请示藏品注销的报告和批示；

2. 填写注销藏品表格，作为库房藏品的出库依据和总账注销依据。

3. 在总登记账备注栏内盖红色注销章表明注销，并写明批准注销文号和藏品去向。注销后的原藏品档案和编目卡片应继续保存，藏品的档案材料要主动提供给接受单位。

二、藏品的核对和统计

（一）藏品核对统计的意义

统计学是一门科学，博物馆藏品的统计有其特殊性和重要性，博物馆藏品统计的意义是：

1. 为国家相关部门了解掌握文化财产提供准确数字

为博物馆的领导规划指导全馆的科研、陈列、展览、宣传等工作，提供准确可靠的藏品数据和信息。

2. 藏品总数的核对统计，反映一个博物馆的社会地位；藏品分级数字统计，反映一个博物馆藏品的质量高低

根据藏品分类统计可以有计划地安排征集所缺藏品，以弥补馆藏的不足，也便于使各类专题研究和举办专题展览建立在更扎实的基础之上，做到心中有数，有的放矢，从而提高决策的科学性。

3. 藏品增加数字统计，能反映出考古发掘、征购、捐献等项工作的开展情况

历年库藏数字的增加，是博物馆事业发展壮大的标志之一，对编写博物馆沿革史和年鉴也是不可缺少的数字依据。

4.藏品总数减少统计

出现此情况的原因多是属于责任性的（上级调拨、馆际调剂导致的藏品减少除外），应当及时总结经验教训亡羊补牢，防微杜渐。

5.藏品提用出库数字统计

能反映出各类藏品的提用率和它在科普宣传、科学研究中发挥的作用，使藏品能有计划、有目的地在今后博物馆公益化服务中产生越来越大的社会效益。

6.不同藏品的专题统计

可以为举办专题展览提供藏品数字依据，便于为分期分段的历史研究、为研究藏品不同时期造型、纹饰等提供相关藏品参考资料。

总之，藏品统计是博物馆保管工作中一项不可忽视的重要内容，就目前我国大多数博物馆的情况看，这一工作尚没引起足够的重视，因而其潜在的作用也未能有效地发挥。文化部《博物馆藏品管理办法》中规定："藏品总数及增减数字，每年年终应及时上报省、自治区，直辖市文物行政管理部门和文化部文物局。"这条规定只是国家和各级政府对藏品统计的最基本要求。博物馆保管工作中的统计，究竟应包括哪些项目和内容。完全可以从本馆实际工作需要出发，不必强求一致。

（二）藏品统计内容和格式

藏品统计的内容很多，包括：馆藏各类、各级藏品的实际库存数，藏品增加、减少、流动利用的核对统计数；出土文物、出土地点统计；传世文物来源统计；近代史文献、物品统计：民族、民俗物品统计；馆内外和国（境）内外展出藏品数字统计等。藏品统计表，目前国家还没有统一的格式，综合大多数博物馆的情况，基本可以分为6种格式：

1.藏品增减数量统计表。

2.一级藏品升降统计表。

3.年度藏品来源增减表。

4.历年（净增数）藏品统计表。

5.藏品提用出库数量统计表。

6.季度藏品增减提用动态表。

由于各馆情况不一，统计报表格式所包括内容也不尽相同。但无论哪种格式，都应符合文化部颁发的规定，其栏目内容，应以能反映各类统计所希望达到的目的为原则。

（三）藏品统计工作应注意的事项

1.藏品统计的根据是文物或标本的总登记账、分类登记账、出入库凭证、注销凭证做到账、物、卡相符，各库保管员要主动将发生在本库的藏品动态表格及时送登编科室一联，使之统计掌握全面情况，年终各种藏品变动数字应经过核对，准确无误方可制表上报。

2.藏品统计涉及藏品计件、计量问题

计件是藏品统计的基础，要求计件具体明确，应执行文化部颁布的《博物馆藏品管理办法》第八条第三款："单件藏品编一个号按一件计算。成套藏品按不同情况分别处理，组成部分可以独立存在的，按个体编号计件，组成部分不能独立存在的，按整体编一个号，（其组成部分可列分号），也按一件计算。在备注内注明其组成部分的实际数量，以便查对或统计。"计件的办法要前后一致，这样才能保证统计数字的准确。

3.统计报表上要有制表人、保管部主任、馆（院）领导签字盖章，以示对统计表上各项数字负责，并应注明统计日期。

年度库房藏品统计表

数量 藏品类 级别	此项可依据各馆的不同情况，对所分各类藏品依次划定格式
一级品	
二级品	
三级品	
一般文物	
合计	

（院）负责人：　　　　保管部主任：　　　　制表人：

库存文物动态表

上报单位

　　　　　　　　　　　　　　年第　　　　　季度

项目 类别 类目	年第季度库存数	年第季度增加数			年第季度减少数			年第季度库存数	陈列			借出			其他出库			备注		
		新收	其他增加	调入	调出	拨出	其他减少													
	合计	接收	捐赠	收购				合计	提陈	推陈	在陈	合计	再借	借出	推陈	合计	原出借	出借	收回	合计

第五节　藏品利用中的安全

藏品利用的方面十分广泛，如展览、拍摄、观摩、修复、复制、拓印等，这些利用藏品的过程中，都存在着一系列的安全问题，需要解决。如展陈前，要对展陈环境以及展柜、展具进行安全检查，展陈中要保证藏品安全入展柜，展陈布展工作结束后，要核实藏品情况，确保展柜全部锁好并加贴锁封。如有余下未上展藏品，应及时退库。藏品拍摄时，要检查拍摄用桌案、相架是否安全，灯光是否适宜。藏品观摩时，对于提看藏品的环境、设备要先期安排妥当。藏品展览，不论是出境展览、境内展览还是馆内展览，都存在藏品包装、运输的安全问题，等等。

我们在藏品管理中，应特别重视藏品利用过程中的问题，降低、杜绝藏品损伤事故。

一、藏品展览利用

博物馆藏品管理利用中的重要一项，就是通过举办陈列展览，向公众进行科学文化知识的传播，进行社会教育与服务。

博物馆展览可分为出国境展览、境内展览和馆内展览。国家文物局先后颁布了《文物出境展览管理规定》《出国（境）文物展品包装工作规范》《出（国）境文物展览展品运输规定》《馆藏文物出入库规范》《馆藏文物展览点交规范》。应严格按照以上规定、规范进行境内外展览工作，确保藏品安全。

（一）出境展览藏品利用程序

出境展览首先确定展览项目，之后进行展陈目录和协议草案议定，报省市文物局及国家文物局审批。其中一级文物展品由国家文物局报国务院审批。得到批准后根据批文及正式协议进行文物点交、包装、出库、运输等筹展工作，藏品点交包括文字点交记录及点交现场拍摄的文物多角度照片，文件（含文字点交记录文件及点交现场拍摄的照片刻录成的光盘）一式四份，点交双方各两份。中方的两份文件在藏品收藏单位办公室及保管部各留存一份。（根据展览中的具体情况，可酌情增加藏品点交单据及光盘的数量。）出境展览藏品点交、包装、运输标准规范详见《文物出境展览管理规定》、《出国（境）文物展品包装工作规范》、《出（国）境文物展览展品运输规定》、《馆藏文物出入库规范》、《馆藏文物展览点交规范》附录。

（二）国内展览藏品利用程序

国内的展览由文物收藏单位根据外借文物公函，上报主管文物局审批，待批准后与外借单位签订协议。双方协议签订后，由保管部根据相关法规

及协议内容进行藏品点交、出库、交接、包装等筹展工作。藏品点交包括文字点交记录及点交现场拍摄的文物多角度照片，文件（含文字点交记录文件及点交现场拍摄的照片刻录成的光盘）一式四份，点交双方各两份。文件在藏品收藏单位办公室及保管部各留存一份。（根据展览中的具体情况，可酌情增加藏品点交单据及光盘的数量）

（三）馆内展览藏品利用程序

馆内展览，由馆务会确定展览项目。展览部门与保管部进行藏品利用经办手续。藏品库房保管员同展览借展部门具体办理藏品借出手续，签署藏品出库交接单，签署方包括双方部门经手人、主任、主管馆长。单据一式三份，藏品总账组一份，部门备案一份，接收方一份。藏品点交包括文字点交记录及点交现场拍摄的文物多角度照片，

文物收藏单位在筹展时就要预先对展厅中的温度、湿度、空气质量、环境污染物，展柜中的相对温湿度、光照水平；以及展柜、展具的安全性进行前期测试。切不可因展览仓促上马，在条件不具备时匆忙布展，使藏品处于不安全、不合理的展出环境中。

各文物收藏单位，首先要将展陈中藏品安全视为展览工作的重中之重。展陈应使用本单位业务人员，不宜让外单位人员触碰藏品。如果使用展陈公司进行展陈设计、制作，要严格审核公司资质。

展陈中要保证藏品安全入展柜，展陈布展工作结束后，要核实藏品情况，确保展柜全部锁好并加贴锁封。如有余下未上展藏品，应及时退库。

展陈中一旦发现温度、湿度、展厅照度异常，藏品异常及时上报。如温度、湿度、展厅照度处于藏品保存标准的临界点，立即调试设备，为藏品提供安全的展陈保存条件。如上述各项标准数值低于藏品保存标准，应及时上报，撤展藏品，并将藏品送技术保护部门进行修复保护，并彻查造成藏品展陈事故原因。

二、藏品其他利用方式的程序

博物馆藏品除展陈利用外，还存在馆内拍摄、修复、复制、观摩、研究等利用方式。所有藏品出库首先须手续齐全。有提用藏品的正式文件，并经保管部主任和主管领导批准方能进行。同时，任何藏品利用方式，都要将藏品安全放在首位。

（一）藏品拍摄程序

在利用藏品进行宣传教育和对外文化交流过程中，需要对藏品进行影视、照片拍摄、扫描等。根据《中华人民共和国文物保护法》第四章第四十六条"复制、拍摄、拓印馆藏文物，不得对馆藏文物造成损害"和《中华人民共和国文物保护法实施条例》第四章第三十五条的规定"为制作出版物、音像制品等拍摄馆藏二级文物和馆藏三级文物的，应当报省、自治区、直辖市人民政府文物行政主管部门批准；拍摄馆藏一级文物的，应当经省、自治区、直辖市人民政府文物行政部门审核后报国务院文物行政主管部门批准"之规定，待各级主管部门批准拍摄后，经保管部主管馆长、主任批准，依照出入库程序进行办理。具体操作规程需按照国家文物局的《关于加强文物影视、照片拍摄管理工作的通知》进行。

（二）藏品修复、复制、拓印程序

《中华人民共和国文物保护法》第四章第四十六条规定，"修复馆藏文物，不得改变馆藏文物的原状；复制、拍摄、拓印馆藏文物，不得对馆藏文物造成损害。"《中华人民共和国文物保护法实施条例》第四章第三十二条规定，"修复、复制、拓印馆藏二级文物和馆藏三级文物的，应当报省、自治区、直辖市人民政府文物行政主管部门批准；修复、复制、拓印馆藏一级文物的，应当经省、自治区、直辖市人民政府文物行政主管部门审核后报国务院文物行政主管部门批准。"《中华人民共和国文物保护法实施条例》第四章第三十三条规定，"从事馆藏文物修复、复制、拓印的单位，应当具备下列条件：

（1）有取得中级以上文物博物馆专业技术职务的人员；

（2）有从事馆藏文物修复、复制、拓印所需要的场所和技术设备；

（3）法律、行政法规规定的其他条件。"《博物馆藏品管理办法》第五章第二十四条规定，"凡采用新的藏品保护、修复技术，应先经过实验，通过主管文物行政管理部门组织有关技术人员和专家评定鉴定后推广运用。未经过实验和评审鉴定证明可确保藏品安全的新技术，博物馆不得随意采用。"《博物馆藏品管理办法》第五章第二十五条规定，"藏品修复时，不得任意改变其形状、色彩、纹饰、铭文等。修复前、后要做好照相、测绘记录，修复前应由有关专家和技术人员制定修复方案，修复中要做好配方、用料、工艺流程等记录。修复工作完成后，这些资料均应归入藏品档案，并在编目卡上注明。"在各博物馆中不适宜展出时间过长的脆弱藏品，如纸质、丝织类藏品，为开发旅游产品、参观纪念品的时候，需要进行藏品复制。1989年国家文物局下发了《关于严格控制藏品复制资料的通知》。藏品修复、复制、拓印待各级主管部门批准后，保管经主管馆长、主任批准后，依照出库程序进行办理。藏品修复、复制、拓印，保管员与藏品接收方签署藏品出库交接单双方经手人、主任、主管馆长签字，交接单一式三份，总账组一份，保管员一份，接收方一份。

（三） 藏品观摩及研究程序

藏品观摩及研究性质的观摩，须填写藏品观摩提用单，主管馆长和保管部主任批准后，保管员依照出入库程序进行办理，藏品观摩提用单上应包括观摩原因，日期，文物数量、总账号、文物名称，观摩人单位或本单位部门、观摩人电话，观摩工作结果等内容。

藏品观摩需要馆内安保部门配合，维持观摩现场秩序，确保藏品安全。

三、藏品利用中的搬运

藏品的搬运分广义的搬运和狭义的搬运。广义的搬运指的是有一定距离的藏品运输、搬迁，狭义的搬运指的藏品包装和拆包时所需要的库房内搬运。当藏品从包装物中取出时，遇到环境条件的改变，或不当的操作都可能引起损害。如何避免搬运过程中的损害，需要我们掌握科学的操作流程。

搬运原则如下：

（一） 排除潜在危险

搬动藏品前认真仔细观察藏品现状及搬运环境。藏品在自然破坏因素的作用下，存在衰败、损坏的现象，如金属器物的腐蚀矿化、丝织物的粘连腐烂、竹木的干裂糟朽；还有的藏品经过修复，流、耳、柄等部位为粘合修复，这时藏品从包装中取出时的不当动作，就有可能对其造成破坏。藏品如果有多个部件，搬运之前要检查藏品是否有松动或易移位的部分。如果藏品部件与主体分开，可以单独搬动和运输。如果藏品为不可单独搬运的整体，要保证整体移动过程中的安全。应检查搬运环境是否存在潜在危险，如将要上展的藏品，须先对展台、工作台等环境进行观察，排除隐患，如展台、工作台不稳，就会对展品造成安全威胁。所以应在全部潜在危险排除后，再进行藏品搬运。发现安全隐患存在，应立即向现场负责人汇报，由负责人协调解决，保护藏品不受损害。在对藏品现状及搬运环境进行细致检查后，确认可以搬运藏品，此时要准确地了解藏品应搬向何地和怎样搬。应认识藏品的所有特性。大件藏品需多人协调操作，应提前沟通好搬运方案，协调一致地进行搬运，防止藏品因参与者工作不协调或沟通不够，在搬运过程中造成藏品损害。

（二） 搬运中人的因素

文物搬运中人是核心因素。首先是在岗保管员要在上岗前进行文物安全操作培训，使每个人在工作中方法得当，确保文物安全。文物安全不仅是保管部的职责，也是所有利用部门的工作职责。所有的藏品提用，如展览藏品修复，现场必须有人进行文物安全指导工作。工作时确保每个参与者服从指挥，认真踏实地进行工作。如果发现藏品安全隐患，应及时主动提出，避免藏品受到损害。

（三） 搬运工具

常规藏品搬运要佩戴干净的棉布手套。

搬运纸质、丝织类藏品，除佩戴手套外，须戴口罩。

搬运展品直接放入展柜的，须套好鞋套。

搬运容易滑脱的藏品或容易勾丝的藏品，如瓷器、玉器、累丝工艺的金银器、精雕细刻的牙角器时，棉布手套容易造成瓷器、玉器的滑脱，或累丝工艺金银器、牙角器尖细部分勾住手套的棉丝。可选择医用橡胶手套。

大件藏品如雕塑、造像，须借助手动或电动工具进行搬运，这部分内容将在藏品包装章节与大件藏品的包装搬运一并介绍。

（四） 搬运操作

藏品不论大小，要保证搬运安全。如小件器物，搬运时一只手托住物品下面，另一只手稳定物品，然后抬起。不要提梁携耳或只捏住藏品边缘；这些部位常常是最脆弱的部位。书画类藏品双手托举，不可一手操作。

尽可能地减少频繁搬运藏品。如藏品修复，可以将藏品放置于修复台中心，围绕藏品讨论修复方案，不要反复搬动藏品。如藏品上展，应提前了解展陈方式、展陈位置，争取藏品搬运一步到位，不要做不必要的搬运，对于非藏品操作人员，应制止其触碰藏品。

装载整箱藏品的藏品车，要徐徐推动，在搬运前，要将藏品放于囊匣等专用包装物内，每个包装物间要做到没有缝隙。确保每一件藏品搬运安全。

家具类藏品搬动前，先将大理石、玻璃、或相同材料的桌面搬开，用软绳将家具的抽屉和其他有合页或松动的部分固定住。搬运时不要搬动家具的把手或其他突起的部分。

四、藏品包装

藏品的包装、运输是博物馆藏品保管工作中的一个重要环节，关系到藏品安全。藏品在库房的静态存放中，放入囊匣的藏品搁置于柜架中，即便遇到低级别地震或其他自然灾害，损伤几率也不大。很多藏品损坏是在利用的过程中造成的，而这其中因包装不当，造成运输途中破损的不在少数。随着各国文化交流的频繁，各博物馆国内外展览机会的增加，并借藏品进行文化宣传。这种藏品交流展的频出访，既加强了馆际、国际间文化的交流，也扩大了本馆、本国藏品工作研究的信息量，对文博事业的发展具有促进作用。当然给藏品保管保护管理也带来了许多的工作。

（一）藏品包装的原则

藏品包装的目的在于确保迁移过程中最大限度地保持藏品的原有状态，防止因环境改变和外力等因素对藏品造成损害。因藏品的稀缺性、不可再生性以及藏品本身脆弱的保存状况，藏品的包装与普通商品及工业品的包装相比，在材料的选择，支撑结构的设计，包装容器的设计以及操作程序等方面，有着更加细致和更为严格的技术要求，以确保藏品的绝对安全。

20世纪末至21世纪初中国博物馆进入了现代化建设的新时期，不少博物馆新建的馆舍具备国际先进、国内一流的水平，藏品管理的科学化与专业化势在必行。现代化博物馆藏品管理的核心在于对工作现实资源的有效整合，通过整合达到藏品科学管理的目的。计划、组织、指挥、协调和控制等行动的专业化优质整合可以使其管理系统更加科学、更加标准。藏品包装运输是科学、安全管理藏品的重要环节，是藏品动态管理的主要内容，其标准化非常重要。

在国家文物局2001年颁布的《出国（境）文物展品包装工作规范》的总则部分强调，"为保证出国（境）文物展览包装工作规范化、科学化，保证文物赴国（境）外展出过程中安全无损，制定本规定。……展品包装工作的要求是：结构合理、坚固耐用、拆卸方便、复位容易、美观简洁、一目了然，适合集装箱（车、飞机）装载，适于长途运输"。

在《出国（境）文物展品包装工作规范》中"二包装单位和人员"的第五至七条对人员作了具体规定："举办出国（境）文物展览的单位，必须指定专门的从事文物展品包装工作的单位或由专人负责包装工作。国家文物局认定有能力的单位可以从事专门的文物展品包装工作。从事包装工作的人员，必须经过国家文物局（或由国家文物局指定的培训机构）举办的专业技术培训班培训，并经考核获得资格证书后，方能从事文物展品包装工作。"

（二）藏品包装及材料

1. 藏品内包装

（1）囊匣。囊匣的框架材料为纸板和复合板；内胆使用优质棉花、棉布或真丝；外罩面料为宋锦或全棉；所有用料在制作前应消毒。囊匣能防灰尘，防紫外线照射。还可以隔绝抵制消除各种微生物对文物的侵蚀和污染. 在室内环境下，囊匣能有效控制温度和湿度过大变化，又便于入库和提取、排架和防震。在长途运输过程中，能有效地防止物体的磕碰和挤压。我们在继承传统囊匣制作的基础上，要与时俱进，用囊匣的框架材料整体切割技术解决囊匣变形问题；将囊匣制作用料消毒和放置樟脑粉，解决虫蛀问题。囊匣对文物的保护作用是多方面的。每种囊匣，因内胆薄厚不同、内胆随形程度等等因素，抗震水平不一，要根据藏品具体情况选择囊匣。

（2）木制藏品箱。较重藏品和体积大藏品可采用木质藏品箱。木质藏品箱可做出底足，底足的高度以适宜现代化搬运设备（如叉车、手动液压搬运车）为准，木箱的两侧安装把手，方便藏品搬运。（如石刻、雕塑等体量巨大的藏品，须另制作内部有多个木质支撑的大型木质文物箱，此章节在后文藏品外包装中详述）

（3）其他内包装。书画类的藏品，除可放入囊匣外，因其自身形制的特点，还可采用织物类内包装进行包裹。具体可分为四种形制：画套、包袱皮、书包（类似于书包的形制）、夹板。对于小件书画类藏品，如手卷类可采用包袱皮，立轴类可采用画套，册类可采用书包，单张册页可采用夹板。包袱皮、画套、书包采用棉布衬里、真丝或全棉面料制作。夹板采用纸板内心，外部包棉布或真丝，内部贴棉纸。

2. 藏品外包装及包装方法

藏品外包装及材料。藏品外包装一定要选择对藏品无损害、无污染、减震效果好、可重复利用的材料。因藏品质地不同、体积大小有别、完整和破损程度的不同，包装方式也不同。具体的包装材料有：纸质类、织物类、木质类、复合材料类、其他类。

a. 纸质类材料有棉纸、宣纸、无酸纸。纸绢类、丝织类藏品进行包装时，可先用棉纸、宣纸，有条件的单位可采用无酸纸进行包裹后，放入囊匣或画套等包装中。如纸绢类藏品，在画心上附上无酸纸再卷起，可起到适当保护藏品画心的作用。丝织类藏品，如服装在叠放过程中，袖子需要折起时，将无酸纸卷成圆桶状，或购买由塑料充气的圆柱体外面包裹好无酸纸，垫入需要折叠的部位，可以减少折痕的产生，折叠后，整件衣服上再覆盖上无酸纸进行保护。

b. 织物类：有棉布和棉垫。一些有彩绘的塑像，在装入随形的包装箱之前，可用棉布或无酸纸进行整体的包裹，对藏品表面的彩绘进行保护，防止搬运途中的震动造成彩绘的剥落。棉垫是由双层棉布里填充薄棉制成的，与我们家庭中使用的薄被相像。在进行藏品包装时，填补藏品与囊匣或包装箱之间的缝隙使用，而且可以清洁，便于循环利用。

c. 木质类：主要有多层板和夹心板等，多用于制作藏品包装箱。"制作内、外包装箱均应使用目前国际通用的复合木质材料为板材，如多层板、夹心板等。禁止使用未经高温处理的原木为材料。"藏品外包装箱在考虑

藏品体积的基础上最好设计成长方体型，以便于大型化、集装化运输。为了拆卸方便，箱体由六块板构成，用螺栓多点连接固定。外包装箱应具有坚固性、

抗震性、抗冲撞性、抗压性和防水性。按照运输方式的不同，通常分为陆运和空运两种。外包装箱应注意板材的选用，应选用质地坚实、承重力强的板材。必要时可用经高温处理的木方作框架，以板材做箱子的板面。以避免发生包装箱变形，破损等现象。具体可参照国家文物局《出国（境）文物文物包装工作规范》、GB/T4892-1996《硬质直方体运输包装尺寸系列》、GB/T16471-1996《运输包装件尺寸界限》中的相关规定。

d. 复合材料类：主要有高密度吹塑板、高密度聚氯板（俗称黑海绵）、发泡聚乙烯珍珠棉（EPE）等。过去包装中曾出现的旧报纸、卫生纸、锯末、泡沫塑料在省市级大型博物馆中已很少使用。上述材料减震效果良好，在藏品使用做挖法进行包装时，依照文物的形状在上述材料中上做挖出凹槽，将器物放置其中，使之不移位。此时要注意接触面的包装，即在其接触藏品的层面上使用质地柔软的绵纸、无酸纸进行包装。其主要目的是对文物表面进行防护，防止文物与其他包装材料发生磨擦而造成表面损伤。

e. 其他材料：包括各种粘合剂，密封材料，防潮密封胶条等。紧固物有各种捆扎带、铁钉、螺钉、销钉等。标志物有各种标签。

外包装的包装方法有：

a. 悬空减震法箱内立支架，将展品置于支架上架空，然后固定于其上。

b. 捆扎法：先将两块多层板做成直角形框，将展品放置其上，用带子把展品捆扎在背板上。注意底板和背板均应粘贴较厚防震层，背板的防震层还应依照器物的形状做挖出大致凹槽，增大接触面，以便增加固定效果。

c. 点式固定法：在箱内壁选两组对称点，粘贴高、中密度吹塑板块，以使展品固定于箱内。

d. 紧压法：选定若干个受力部位，用包裹海绵或粘贴吹绒毡的木方将物体紧压、固定于箱体上。

e. 镰挖法依照展品的形状，在较厚的中密度板、海绵板上镰挖出凹槽，将器物放置其中，使之不移位。此种方法适用于小件玉器、瓷器、金银器，以及形状不规则的展品。

f. 卡位法：在对一些比较高且结构复杂些的文物进行包装时，可在其底部、腹部、肩部和头部等找到适合的位置，用PEP珍珠绵等材料将其卡住，以保持在包装箱内不动。比如彩绘天王俑、陶望楼等均适合用这种方法。

g. 悬挂法：将文物先装在一个囊盒或包装箱里，再用弹簧、绳索或绷带等，将其悬挂在一个大的包装箱内，以达到减震效果。这种方法适用于极易破碎的文物，如唐墓壁画就采用过这种方法。

h. 压杠法：把文物放入铺垫好减震材料的包装箱内，将包裹了海绵的木杠压在文物的上面或两边，并用螺丝钉固定在包装箱的边板上，然后周围填充减震材料，使其在箱内保持不会移动。这种方法适用于体积和重量都比较大的文物，如石刻、大型陶俑、大件青铜器等。"

　　藏品保护是为了更好的延长藏品的"寿命"，在藏品的利用工作中，最应牢记的是文物保护的十六字方针——"保护为主、抢救第一、合理利用、加强管理"。在利用中加强管理是核心。

第四章　博物馆藏品保护与复制

　　藏品保护是博物馆业务工作的重要内容，是评估博物馆现代化水准的重要标志，是博物馆学的重要组成。藏品保护科学技术属于自然科学范畴，是自然科学中一门研究人类文化遗产的质变规律，并对抗自然力对其破坏的科学。藏品保护不仅是自然科学各学科间的边缘科学，还是自然科学与社会科学间文理渗透的边缘科学。我国的文物保护技术历史悠久，经过长期的经验积累，形成了优秀的传统保护修复技术，不仅保护了大量的有形文化遗产，还形成了珍贵的无形文化遗产。藏品复制是为保护藏品，并保障博物馆开展陈列展示和科学研究的需求，而建立的特种技术工艺。

第一节　藏品保护

一、藏品保护科学技术

　　文物是人类文化的遗存物，是历代先人创造的物质财富的精华，是具有历史、艺术、科学价值的珍贵遗产。保护文物是历史的责任，应采用科学技术手段，使文物得以妥善保存，相传后世"子子孙孙永保之"。

　　人类历史上创造的文化遗物多已毁灭消失，保存下来的只是其中极小部分。究其原因，不外有三。

　　其一，人为破坏。人是文化资产的创造者，也是长期保存历史遗存的最大威胁者。无论是有意识或无意识的破坏行为，都可能造成严重后果，特别是时有发生的人为损害文物现象，往往不被重视，因而危害尤甚。如城乡现代化的建设中随意将古建筑拆毁，用新建筑物取而代之；因发展旅游，不适当地在名胜古迹区兴建机构、公路、桥梁、索道、饭店和人造景观，破坏了文化古迹的环境风貌，乃至毁坏了文化古迹；交通发达所引起的频繁震动，破坏了地质构造的稳定，削弱了地下文物的地壳基础；水利资源的发展，河流改道，波及到地下环境的改变，影响着尚埋在地下的文物保存；都市用水量的增长使得地下水减少，地基下沉，妨害文物安全；在博物馆、文物保护单位附近建工矿企业，烟囱林立，烟雾弥漫，污水废气任意排放，造成环境污染，腐蚀文物；旅游业发展观众倍增，由于观光旅游业者文化素养、道德风尚之不足，对文物随意触摸、涂刻造成危害；不合规范的考古发掘和文物出土后所采取的保护措施不利，而造成的损害；不适当的保养方法和修复工艺，给文物带来的损坏和后患；因管理不妥，疏忽失职而造成的损害等。

其二，自然力对文物的破坏。自然灾害的破坏力是迅速而惊人的，包括地震、火山爆发、洪水、潮汐、地下水活动、台风、雷电等。这种灾难性的巨大破坏力，往往难以预防。

其三，另一类自然力的破坏。这种自然力虽然不如自然灾害那样来势凶猛，但却经常持久、无时无刻不在侵袭着文物。这种破坏力量进行得缓慢轻微，但日积月累的破坏力则不可低估。一切文物虽属于宏观的静止状态，但始终进行着微观运动，在环境因素影响下，其微观运动不但使文物外观形态变异，且常引起质量的劣化，导致文物受损，失去其原有价值。

对于人为的破坏力，则是文物保护管理方面的问题。在全民族道德素养、保护文物意识日益提高和政策法律、规章制度逐步完善健全的情况下，人为破坏文物的现象是可以日趋缩小乃至基本制止的。而对抗自然力对文物的破坏，应靠科学技术。没有严格的管理制度，严肃的法律效力，先进的保护科学技术，就不能达到文物保护的目的。因此，健全和发展文物保护科学技术，是文物博物馆事业实现科学技术现代化的重要内容，是衡量博物馆现代化水平的标志之一。

人类对保护文物方法的探索，并非始于近代，数千年前的文化遗物能保存下来的事实，说明保护文物的技术是由来已久的，而且古文献里也有保护文物方法的记载。每个民族都用它特有的优秀传统工艺保护文物，如我国的青铜器修复、书画装裱、古籍防蛀等技术皆卓有成效。

随着人类社会的进步，文化艺术和科学技术的发达，对文化遗产的保护日益重视。在近代，文物保护科学技术在世界上得到较快的发展，通过文物保护科技工作者的勤奋工作实践，已产生飞跃的变化。它不再是简单的手工作坊操作，也不是各种实用技术的拼凑应用，更不是从属于其他科学的辅助性劳动，而成为一门独立的学科。

文物保护科学技术是自然科学中一门研究人类文化遗产的质变规律，并对抗自然力对其破坏的科学。即研究历代各种质地文物，在内外因素影响下的质量变化规律，应用科学技术手段，维护文物质量，对抗一切形式的质变，阻止控制延缓质变过程，对文物的劣化进行综合防治。文物保护科学技术的这个概念，是由其特有的研究对象和所承担的特殊任务而形成的。

文物保护科学技术是综合性的应用技术科学，他涉及的基础科学和专业技术知识很广泛。除化学、物理学、生物学外，微生物学、昆虫学、古生物学、药物学、气象学、环境保护学、建筑工程学、地质学、矿物岩石学及冶金、铸造、硅酸盐、纺织、印染、造纸等技术科学，都与文物保护科学密切相关。各学科的成就引进文物保护领域，充实完善文物保护科学技术。

文物保护科学技术属于自然科学范畴，但它又与社会科学领域的博物馆学、图书馆学、档案学、历史学、考古学、科学技术史等学科密切相关。因此文物保护科学技术不仅是自然科学各学科间的边缘科学，还是自然科学与社会科学间文理渗透的边缘科学。文物保护技术的鲜明特色，使之区别于自然科学与社会科学的任何学科，是不能被其他学科所取代的独立学科。文物保护科学技术的理论概念，为文物保护科学技术的全面发展明确了方向。

二、藏品保护原则

为了保护国家文化遗产，我国政府颁布了一系列法令法规，从宏观指导到具体操作都做了明确规定。2002年颁布的《中华人民共和国文物保护法》第四条中确定的"保护为主，抢救第一，合理利用，加强管理"的文物工作方针，是总结新中国建国60余年来文物工作正反两方面的经验，针对我国当前文物工作的现状提出的正确的指导方针。十六字方针正确体现了保护和利用的辨证关系，两者不是对立的，是统一的，是相互促进、相辅相成的。但是必须明确，保护是第一位的，保护是利用的前提和基础，"利用"必须受"保护"的制约。十六字方针是我国文物工作的生命线，是总的指导方针和思想。其他一系列的文物工作的法规、条例，均根源于这个总的指导方针。博物馆藏品保护原则自不例外。

根据新中国建国60余年、特别是近30余年博物馆工作的经验总结，藏品保护确定了以下原则：

（一）预防为主，防治结合的原则

博物馆藏品保护必须以预防为主，为藏品创造"绿色"的防潮湿、防干燥、防灰尘、防污染、防光辐射、防虫蛀、防霉菌、防腐蚀、防变色、防糟朽、防老化的环境。用积极主动的办法去阻止和延缓文物劣化变质。而文物藏品修复是被动的，是藏品受损之后不得已而采取的"救治"手段。要想使藏品得到长久保护的最有效的办法，就是把预防放在首位。要做到预防为主，则要研究构成藏品的不同材料。因为文物藏品的自然损坏，始于材料的劣化。要维护藏品质量、对抗自然力的破坏，首先要掌握构成藏品材料的元素组成、化学结构和物理性能。对古代材料的研究，可探索藏品质变的内因规律，从而采取技术手段，对抗劣化变质。保护藏品的实质就是保护材料，预防为主，就是采取积极手段预防材料劣化。

（二）"整旧如旧"，保持藏品原有价值的原则

构成藏品的原材料、制作工艺、形制、纹饰等，都具有珍贵的历史、艺术和科学价值。而这些信息，都是通过实物藏品这个载体而体现的。文物藏品的保护修复，就是保护这些信息。因此，藏品保护必须执行"修旧如旧"的原则，不能改变藏品原貌，否则就是"保护性"破坏。

（三）传统与现代文物保护技术相结合的原则

我国的文物保护技术，历史悠久。经过长期的经验积累，形成了优秀的传统保护修复技术。不仅保护了大量的有形文化遗产，还形成了珍贵的无形文化遗产，即文物修复技术和保养方法。对传统的文物保护修复技术，要系统地发掘、筛选、继承。同时随着科学技术的发展，将新技术、新工艺、新材料引进文物保护修复领域。传统技术与现代技术的结合，应是文物保护修复的发展方向。在贯彻实施传统技术与现代技术相结合的原则时，还必须注意，在修复藏品时要以原材料为主，分析检测手段应采用现代先进的测试设备，以对文物藏品无损为标准。对新材料、新工艺、新技术的采用应采取审慎态度，一般应采用经过一段时间检验、证明是可行的材料、工艺和技术，方可应用于藏品保护修复。

三、金属藏品保护

金属来源于性质稳定的矿物，经冶金从矿物提取纯金属，或再配制成合金，以此为原料制作器物和艺术品。金属受外界环境的影响，有恢复其原稳定化学结构的倾向，其状态从元素转化为化合物，金属返回矿物质的矿化现象，导致金属藏品的腐蚀。腐蚀速度取决于材料质地和所经历的空间和时间。

金属文物受地下埋藏环境和出土后环境破坏力的影响，已不同程度地被腐蚀，使其机械强度降低。出土时已存在变形、断裂、破碎、残缺、酥粉等劣化变质现象，有的成一堆废铜片，铁渣。发掘后的管理不当、保护技术措施不力，也使金属文物的毁损加剧。因此不论是刚发掘出土的还是馆藏传世的金属文物，均需经保护处理。

（一）首先应做好保护技术处理的前期工作

某件金属文物拟进行保护修复技术处理，从藏品库房或陈列室运至修复室后，首先要做好该藏品的信息调查采集和建立技术档案工作：

1. 检查登记

将该藏品的名称、时代、出土地点、尺寸、材料质地、完残状况、收藏经历、曾修复部位等项目，均做认真检查并记录在登记表或贮存计算机数据库。

2. 质地分析

对金属基体、腐蚀物和附着物，进行成分和结构分析，以此作为实施保护修复技术的主要依据。要尽可能采用不取样的无损分析检测手段，可在修复技术过程中选取自然产生的分析样品。藏品分析取样应按《博物馆藏品管理办法》的规定办理审批手续。

3. 摄影录像

对器物的形像资讯的采集记录方法是摄影、录像和绘图，包括 X 射线损伤、腐蚀部位局部放大拍照、腐蚀物和金属基体显微摄影、病害类型图等。

（二）在完成上述工作后，研究制订器物的保护修复技术方案

1. 青铜器保护

（1）整修复原。对残损破碎的青铜器首先需做整修复原处理，即将器物整体恢复原貌。

a. 整形。青铜器长期埋于地下或出土后流传期间，受挤压、撞击等外力的作用，而改变原有的外形。整形即用机械方法矫正变形。整形的方法要依据青铜基体质地、变形和腐蚀程度而选择不同的方法，包括锤打法、摸压法、工具法、加温法和锯解法。

b. 补配。青铜器的残缺部份，需制作与残缺件相同的配件，方能使器物整体复原。补配件的材料质地，可以用同体材料，亦可用异体材料如锡铅禅合金、环氧树脂等。补配方法有：打制法、铸造法、树脂法。

c. 錾刻。青铜器纹饰种类繁多，依纹饰的制作工艺有铸造纹饰、镶嵌纹饰和雕刻纹饰之分。运用各种特殊的刀具，将青铜器补配件上的纹饰雕刻出来的技艺，称之为錾刻或錾花。所錾出的纹饰，应与该器纹饰风格完全一致。

d. 固接。将残破青铜器碎片加固连接成为整体，是复原的关键工序，固接方法有焊接、粘接两种。固接前要拼合，将破碎青铜器的残片，依其形状、纹饰、色泽、碴口，找出连接处并注明记号，以备加固连接之用。

焊接法是破碎青铜器复原的传统常用方法，其设备简单、操作方便、易于掌握。所需焊接温度低，约在 250C 450°C 即可。焊毕应置于蒸馏水中，洗涤冲刷焊口，清除残留焊药，否则将导致青铜腐蚀。

粘接法是用粘接材料在残破青铜器碎片的接缝处涂布粘连，适用于铜质腐蚀严重的青铜文物。粘接材料有：漆片酒精溶液、502快速粘接剂、环氧树脂等。

e. 修饰。经上述修复工艺之后，青铜器的整体得到复原，但补配件及焊接，粘接处都与原器物的外貌明显不一致，因此要用各种颜料和粘接剂调成色料，施加于所需修饰的部位，以达到外观上完整统一。此工序亦称作旧、作锈或着色。修饰作旧所用的材料为虫胶漆片、酒精和各种矿物颜料。作旧技法有涂、弹、抹、点、画等手法。青铜器的表面修饰工艺，可在全部修复维护工艺完成之后进行，即在清除有害锈和防护处理之后，再修饰处理。

（2）除锈去污。腐蚀物覆盖层是复杂的，常见的腐蚀物有：暗红色的氧化亚铜（Cu_2O），灰黑色的氧化铜（CuO），蓝色的硫化铜（CuS），黑灰色的硫化亚铜（Cu_2S），深蓝色的硫酸铜（$CuSO_4 \cdot 5H_2O$），绿色的碱式硫酸铜（$CU4SO4(OH)_6$），绿色的碱式碳酸铜（$CuCO_3-Cu(OH)_2$），蓝色的碱式碳酸铜（$2CuC()3 \cdot Cu(OH)_2$），灰白色的氯化亚铜（$CuCl$），淡绿色的碱式氯化铜（$Cu_2(OH)_3Cl$），白色的氧化锡（SnO_2）等。

铜的氧化物、硫化物、硫酸盐、碳酸盐等腐蚀物，对青铜器是无损的，这种自然形成的稳定性矿化层，应原状保留。危害青铜器腐蚀物为灰白腊状的氧化亚铜和浅绿色的粉状的碱式氯化铜，氯化物是危害青铜器的根源，必须毫无保留地清除。

附着青铜器的有害物质污垢、泥土、硬结凝聚物、粉状锈要消除，覆盖青铜器纹饰、文字的锈层也可去除。方法多种，可选择使用。

a. 工具法。使用各种毛刷和窜刀、刻刀、不锈钢医用手术器械等，由修复技术人员直接在青铜器的锈蚀处进行机械除去锈垢。有条件者可在放大镜、体视显微镜下进行操作更理想。此法虽不能根除有害物质，但方法简便、易于掌握，是配合其他方法的有效手段。

b. 清洗法。即将青铜文物置于装满蒸馏水的容器中进行浸洗，可清除器物表面的污垢，也能溶除可溶性无机盐。以用冷热蒸馏反复清洗数次为宜，直至检测清洗液中无氯离子为止。

c. 超声波法。依据超声波振动原理制造的超声波清洗器、超声波洁除机，均适用于青铜器文物的除锈去垢。若将青铜置于超声波清洗器中进行清洗去污，可获得更佳效果。超声波洁除机的换能器工作头具有强烈的振动能，当工作头与锈垢轻微接触时，就很快将锈垢清除。该方法操作简便、效率高、选择性强，由操作者自行控制清除锈垢。特别是清除铭文、纹饰被锈垢覆盖的青铜文物效果更明显。在封闭的手套箱中或排风管处操作，可避免锈垢粉尘对工作人员的影响。操作中要以刷、吹、擦相配合。此法目前应用很广泛。

d. 喷砂法。利用喷砂机对青铜器的覆盖层做局部处理，可快速高效地清除锈垢，但操作者要技术熟练，不可将锈层全部打光。可调控不同的喷砂速度、喷砂量和喷砂材料。喷砂材料有石粉、核桃壳粉、玉米棒粉等。此法产生大量粉尘，故操作要在封闭手套箱中进行，工作室要有良好的通风系统。大型文物可在喷砂室内操作，修复人员身着防护服。

e. 药物除锈法。传统去锈方法是用乌梅或山楂为主要原料，调入其他配料，制成糊状物，粘覆于青铜器的锈垢处，经一段时间即可除锈去垢。乌梅的主要成份是柠檬酸、苹果酸、琥珀酸，山楂的主要成分是酒石酸、柠檬酸、山楂酸，说明传统的去锈手段是有机酸除锈的原始工艺。

用柠檬酸等有机酸配制的低浓度除锈液，在一定范围内可用。但强酸或食醋去除青铜器锈蚀物的方法不可采用。无论用任何药物清除锈垢后，均需用蒸馏水反复清洗，清除药物残留物。

f. 电化还原法。电化还原法可使腐蚀青铜器再恢复到原有状态，即复原其未经腐蚀的外观。但该法仅适用局部腐蚀层的去锈，不能通用于任何腐蚀青铜器的处理，因它将使青铜器的矿化层全部去除，改变了青铜器的珍贵历史面貌。

常用的还原剂是锌或铝，电解质溶液为10%的氢氧化钠。操作方法是将锌粉或铝粉与电解质溶液调成糊状，敷于青铜器需除锈的部位，反应结束后去除，若效果不佳，可重复操作若干次，最后用蒸馏水冲净。用电化还原法清除覆盖铭文的腐蚀层，效果良好，铜体受到阴极保护，字迹清晰光亮。

（3）缓蚀防护。保护腐蚀青铜器的关键是有害锈的防治，其途径一是将铜的氯化物转化为不含氯离子的稳定物质，一是将铜的氯化物用化学和物理的方法封闭起来，与空气中的氧气、水份隔绝，使青铜器处于稳定状态，达到缓解腐蚀防止病害扩散的目的。

a. 碱浴法。将腐蚀青铜器置于倍半碳酸钠［NaCO3-NaHCO3-2H2O］溶液中浸泡，溶液浓度为2%　5%，使铜的氯化物逐渐换转为稳定的铜的碳酸盐，青铜器上的氯离子被置换出来转入浸液中。该碱浸液需定时更换，直至浸液中再无氯离子出现为止。浸泡时若加温处理和使用超声波清洗效果更佳。碱液以加温到40℃-60℃为宜。碱液浸泡时间至少三个月，多者达一、两年之久仍未能将氯化物全部置换出来。置换后的碱液，用硝酸银法定性检验浸液中氯离子的浓度，若有白色絮状沉淀产生，说明青铜器中尚有氯化物存在，需继续浸入碱液中置换。碱浴后要将青铜器用蒸馏水反复清洗，除去碱液，干燥后封护处理。

这是一种传统方法，由于该法安全、方便，故被广泛采用。其缺点是：置换反应时间长，因氯化物不仅在锈层表面，而在器物锈层的深部，故氯离子的置换难于彻底，但对有害锈严重濒临毁坏的青铜器的抢救仍是一种有效的方法。如对1955年安徽寿县蔡侯墓出土青铜器的保护处理，结果成效显著。

b. 氧化银法。对斑点状局部腐蚀的青铜器，可选用氧化银封闭法。操作程序为先用机械工具剔除器物表层粉状锈和青铜病的根源白腊状的氯化亚铜，直至显露青铜器基体为止。再用丙酮擦拭孔洞，干后将由氧化银与乙醇调成的糊剂，填涂于孔洞处。然后将该器物置于调温调湿箱中，使氧化银和未除净残留的氯化亚铜充分作用，形成角银膜，覆盖于氯化亚铜表面将其封闭起来，使青铜稳定。如此反复操作多次，直至器物在相对湿度为90%的潮湿环境中，仍不出现鲜绿色粉状锈为止。

此法既控制有害锈蔓延，又避免器物整体颜色的改变，可维持器物外观不变。适用于不宜采用碱浴法的青铜器。但腐蚀严重且已大面积出现有害锈者，也不宜用此法。

c. 苯骈三氮唑（BTA）法。苯骈三氮唑是杂环化合物，与铜及其盐类形成稳定络合物，在铜合金表面生成不溶性且相当牢固的透明保护膜，使青铜器有害锈被抑制并稳定下来，防止水蒸气和空气污染物的侵蚀。

具体处理方法为：先用蒸馏水、丙酮等溶剂，清除青铜器表面的污物。然后将器物浸入经配制的BTA乙醇溶液中进行整体浸渗。亦可置器物于真空容器中，做减压渗透。BTA能充分渗入锈层内部，且成膜良好。若将BTA乙醇溶液恒温至60C，效果更佳。对大型青铜器或无容器浸渗者，可用毛刷蘸取BTA乙醇溶液，直接在器表反复涂刷，均可形成络合物保护膜。BTA乙醇溶液的浓度为1%至3%，以稀溶液为宜。

封护材料有：三甲树脂甲苯溶液、聚乙烯醇缩丁醛乙醇溶液、乙基纤维素乙醇溶液、有机硅树脂乙醇溶液、丙烯酸乳液等。

苯骈三氮唑处理后的青铜器，在外观质感上，未发生明显变化。仅颜色比处理前略有加深，基本上保持文物的原貌。BTA对铜有特效缓蚀作用被认识以来，被推荐为稳定青铜器的处理方法。

苯骈三氮唑是具有中等毒性的有机化合物，在使用过程中要采取防护措施。配制BTA溶液应细心，不可将细粉吸入人体；操作者要戴手套，不要使BTA乙醇溶液与皮肤接触；不允许BTA乙醇溶液蒸发至干，确保溶液不外溢；BTA决不允许加热到升华温度98℃以上；所使用的玻璃器皿要洗涤干净。在BTA的结构上，有引起可能致癌的疑虑，但未得出肯定结论。

上述三种处理青铜器有害锈的方法，是得到文物保护科技界公认的常用手段，与其他技术综合使用，为保护青铜器发挥着重要作用。由于这些方法尚存各自难以克服的缺点，如：处理后青铜器外观颜色有变异；清除氯离子的效果不佳；试剂具毒性或刺激性气味，危害人体健康；处理过程缓慢耗时过长等。故仍要探索研制一种高效、快速、无毒的除锈缓蚀剂，既不改变青铜器色彩，又可根治有害锈氯化亚铜。

d. 环境控制法。青铜器有害锈氯化亚铜在相对湿度为35%以下的环境中是稳定的，故干燥环境是保存青铜器的必备条件，在此环境中即使存在铜的氯化物，也不致扩散蔓延，故这是腐蚀青铜器防护的最有力措施。可根据条件分别控制陈列室、收藏库、陈列柜、藏品柜箱的微气候环境。

2. 铁器保护

（1）清洗去污。在金属文物中以铁器最易被腐蚀。铁的化学性质活泼，所生长的腐蚀产物结构疏松，因而出土的铁器常酥粉、断裂、鳞片脱落，甚至全部矿化。铁器腐蚀机理复杂，是化学、电化学和细菌腐蚀交错作用的结果。

铁器腐蚀产物有氧化物、氯化物、硫化物、水合氧化物、碳酸盐、磷酸盐、鞣酸盐等。对不同类型的铁器之腐蚀层的测试结果为，靠铁心的内层锈以屈2。3和 Fe_3O_4 主，中层锈以 $Fe_2O_3 \cdot H_2O$ 为主，外层锈多 $Fe_2O_3 \cdot nH_2O$ o Fez.' 和 Fe3（\的结构紧密、质地坚硬、化学性稳定，如铁器表面为这两种氧化物，则对铁器起作用。磷酸盐和鞣酸盐覆盖于铁器表面，亦可使铁器得到保护。 $Fe_2O_3-H_2O$ 和 Fe2（）3· nH_2O 为水合式氧化铁，其质地疏松，形成充满毛细管的多孔性表层，能吸附大量水份、污物和无机盐，会导致铁器加速腐蚀。

检查铁器腐蚀物是否有氯化物，是保护技术处理的关键。氯化物是铁器锈蚀的活跃因素，氯化物与铁器作用生成三氯化铁，潮湿环境中水份与三氯化铁作用，又形成氢氧化铁和盐酸，而盐酸又继续与铁作用，腐蚀加剧。因此必须清除氯化物。检查氯离子同样采用硝酸银法定性检验法，如溶液出现乳白色混浊，即说明铁器中有氯化物存在。

附着于铁器的污垢、沉积物、泥沙等应清除。表面的油污，用丙酮、石油醚等有机溶剂清除；泥砂用蒸馏水浸泡冲洗清除；石灰质沉积物，可在六偏磷酸钠水溶液中浸泡刷洗消除；石英砂粒，用机械法清除；氯化物用蒸馏水多次深洗清除，亦可用倍半碳酸钠溶液置换清除。

（2）锈层处理。对铁器应采用带锈保护法，在清除污物沉积层疏松锈后，需保留内层锈，稳定强化它对铁基体的保护作用。其后再用表面处理技术，增强防水性，提高抗腐蚀能力。如需要除去铁器的腐蚀物时，可进行除锈技术处理。包括机械除锈法、化学除锈法、电化还原法。

化学除锈法的原理，是使金属表面不溶性的腐蚀物发生化学变化，形成可溶性物质，溶解于溶液中。常用除锈试剂有：草酸、柠檬酸、乙二胺四乙酸及其盐类。对除锈剂的要求是能溶解腐蚀物，而不伤害铁基体，因此使用除锈剂要严格控制浓度，以低浓度5%以下为宜。在酸处理后，用碳酸钠、氢氧化钠稀溶液中和，并用蒸馏水洗净。

电化还原法对处于氧化状态的腐蚀铁器，能恢复它原有状态。利用金属活泼顺序在铁以前的金属，在一定的电解质溶液中与腐蚀铁器接触，达到还原铁器腐蚀物的目的。所选用的金属材料，通常是锌、铝等，它们做为原电池中的阳极而被溶解，铁器则为阴极，电解质溶液可选用碳酸钠、氢氧化钠的水溶液。如以锌为阳极为例，可将锌皮紧裹腐蚀铁器或用锌粒包埋腐蚀铁器，然后置于10%的氢氧化钠水溶液中，器物上即有气体溢出，表示还原开始。加热煮沸可加速反应进行，当气体停止发生，表明还原反应结束。将铁器用蒸馏水刷洗干净即可。当仅需做局部还原处理者，锌粉与氢氧化钠的水溶液调成糊状，敷于器物待处理的部位，同样在气泡停止时表示反应完成。

（3）表面防护。腐蚀铁器经清洗去污和锈层处理之后，铁仍有腐蚀的趋势，故应对其表面做保护性技术处理。包括应用缓蚀剂以形成保护膜、高分子材料封护等。能在一定条件下防止腐蚀和阻滞腐蚀的材料，称为金属缓蚀剂。用于铁器保护的缓蚀剂有：碳酸环己胺、亚硝酸二环己胺等，它们具有较高的饱和蒸气压，在金属表面形成微气候。

磷化处理可使铁器表面形成一层致密的保护膜。用磷酸水溶液浸泡铁器，可在锈孔沉积磷酸铁，增强器表层的致密性。六偏磷酸钠为多磷酸盐，能产生连续无定形的保护膜，是理想的铁器表面处理材料。鞣酸、铬酸也能与铁锈作用，形成稳定的保护膜，强化对铁基体的保护。

脆弱铁器使用环氧树脂等高分子材料，进行粘合、修补、加固。经过处理后的铁器，必须进行表面封护。表面封护和渗透加固所用的材料要具备如下条件：对铁质材料的附着力强；材料强度大，内聚力强，渗透力大，可渗入铁器裂隙；耐老化性能好；封护膜无色透明，少光；有可逆性，易溶解去除；处理工艺简单等。

传统常用的封护渗透材料是：微晶石蜡。高分子合成聚合物的封护材料有：聚乙烯醇缩丁醛、丙烯酸树脂、硝基清漆等。

3. 金器保护

（1）材质与劣化。由于黄金光彩夺目，且性能稳定，故人们除用其制作纯金制品外，还用黄金作为器物的装饰材料，不仅显示其高贵典雅，更因其具有良好的防腐蚀性能。饰金制品有错金、鎏金、贴金等多种工艺。

金的化学性质稳定，耐腐蚀，不与水和氧反应，也不与酸碱作用，但溶于王水。王水为强氧化剂，是浓硝酸和浓盐酸以1：3体积比制成的混合物。由于金的耐腐蚀性能，故纯金制品一般不会发生质变。但金的合金制品则不然。金的合金一般是在金中加入银、铜等成份，使其硬度提高、颜色丰富、价格降低。对黄金及其合金色彩的评定，自古有"七青、八黄、九紫、十赤"之说，即七成金为黄中透青；八成金为黄色；九成金为黄中透紫；九成九的纯金为黄中透红。金和铜、银的合金，呈淡黄色乃至带绿色，含银量超过20%的金银合金制品呈白色。金的合金制品长期在地下环境中，易劣化变质，含铜合金出现绿锈，含铁合金则出现红锈，有的腐蚀严重者，易变质成份已消失，仅留下艳丽的纯金簿层。

（2）修复技术工艺。a. 去污除垢。灰尘土垢清除可用软毛刷、羚羊皮拂试，注意防止机械损伤。金器表面的土锈和污垢，可用冷热蒸馏水浸洗法清除。发掘出土的纯金制品如被碳酸钙、碳酸氢钙等石灰质覆盖粘连，可用棉签蘸1%～5%的硝酸溶液清除。对有机质污垢，可用2%氢氧化钠溶液浸泡数分钟，待污垢松动，再用棉签去除。也可用乙醚、苯等溶剂或中性洗涤剂清洗，再用蒸馏水冲洗后烘干。

b. 机械除锈。对饰金膜层内金属胎体的情况不明的，可用机械除锈法，在放大镜下用小手工工具剔挑清除，待金膜显露后，可用1%硝酸擦洗表面，再用蒸馏水冲洗。小手工工具有骨签、竹签、刻刀、钢针等。

c. 粉状锈清除缓蚀。当饰金铜器出现粉状有害锈时，可按青铜器有害锈处理方法做除锈缓蚀处理。包括氧化银法、苯骈三氮唑法、倍半碳酸钠法等。

d. 残损金器的修复。

整形。对胎体簿的变形金器可用适当压力展平，胎体厚者压力加工恐易折裂，宜稍做加热回火处理再软化展平。

粘接。碎裂的金器，可用粘接的方法处理。粘接剂可用502粘接剂、环氧树脂等。

补全。对贴金、鎏金的金膜脱落者，可在腐蚀物及污垢清除后，经缓蚀封护处理。其金膜残缺处一般不再补全，必要时亦可采用鎏金或贴金技术将金膜残缺处补全。

e. 残缺胎体的补配。

对残损的鎏金铜器，应首先进行缺件补配。薄的配件可用铜片剪切打制，厚而大的配件则需翻模铸造。

f. 表面修饰处理。

经上述工艺后应做表面修饰处理，用装刀等手段，清除裂隙砂眼和粗糙不平等缺陷。但不可用锡焊，因开金烘烤时，锡即熔化。再逐步用铿刀、粗砂布、细砂纸、磨炭和布砂轮将配件磨细抛光。最后用10%的硝酸或有机酸溶液清洗，去除油污及腐蚀物。

鎏金工艺为有毒作业，特别是传统操作方式烘烤时汞蒸气散发至工作室，污染和毒害更为严重。应强化环境保护意识，改进工艺，注意工作室的通风和排气，以降低作业环境中汞的浓度，避免环境污染。同时，应注意汞的回收。

4. 银器保护

（1）材质和劣化。银的化学性质较稳定，但在贵金属中最活泼，在空气中表面能生成极薄的氧化膜。银虽然稳定性较高，但在潮湿且有硫、氯、氧等污染物的环境中，也容易发生腐蚀劣化，引起色变。在大气中银器极易受含硫物质的侵蚀而颜色变得晦暗，这是因为银与二氧化硫或硫化氢，均生成黑色硫化银的缘故。古银器表面多有一层薄而均匀并且有些发亮的硫化银黝色古斑，这种腐蚀矿化层是稳定的，且为年代久远的标志，应予保留。

银器埋藏于地下长期受土壤中氯化物的侵蚀，在器表形成氯化银，此腐蚀产物为微带褐色或紫色的灰色物质，软如泥土，用刀可切开，比重只有5.6克/立方厘米。如仅在表面生成一层氯化银薄膜，会呈现悦目的古斑色调，有时会被其他腐蚀物染成各种颜色，如被氧化亚铜染成淡红色，被碱式碳酸铜染成绿色等。这些古斑较稳定，且增加艺术魅力，一般也应保存。但腐蚀严重时，会逐渐向器内扩散，使器物膨胀变形，胎体酥松脆裂，导致损坏。

银的腐蚀还来自强光的照射，因光辐射中的紫外线可分解氧分子，产生活化态的氧，银吸收紫外线而转为银离子从而形成氧化银，故银器应避免光线照射。若银器材质为银铜合金，在地下埋藏环境中，由于腐蚀介质的作用，易发生电化学腐蚀，其中银受到阴极保护，而铜则受到阳极氧化，结果在银器表面形成铜锈覆盖层。

当环境湿度过高时，银器表面易凝结成水膜，腐蚀介质易在表面滞留并参与反应，加速银的变质。

（2）清除锈垢。对银器的保护应依据保持原貌的原则，轻微的腐蚀层，虽外观欠佳，却往往是稳定的，且对基体起保护作用，故一般不做洁除处理。但对有损器物的形貌，覆盖银器表面的纹饰图案和重要考古信息的锈垢，可用下述方法去除。

a. 溶除法

使用化学药物，将器物浸入药物溶液中，使银器表面的污垢锈层溶解去除。经药剂浸洗后，必须使用蒸偏水反复冲洗，清除残留器物上的药液。清除银器污物的化学药剂有：

氨水能溶解铜的腐蚀物，对清除银器铜锈斑很有效；硫代硫酸钠水溶液，可溶除银器上氯化银腐蚀物；硫脲为白色晶体，溶于水，加热可溶于乙醇，一般用5%的硫脲水溶液，可溶除银器表面厚积的氯化银；甲酸俗名蚁酸，为无色且具刺激气味的液体，可溶解铜的腐蚀物；用2%～5%的醋酸水溶液清洗，亦可除去银器表面铜锈；用5%的柠檬酸水溶液浸洗，可以溶除覆盖银器的腐蚀物；硫酸钾铝即明矾，将银器放入明矾水中加热煮，即可将银器表面的腐蚀薄层清除。

b. 擦拭法

使用去污材料涂布于银器表面，并用毛刷、绒布、棉签等，手工擦拭即可清除器表的污斑锈垢。可选用不含磷酸盐的精细去污粉擦拭；选用中性洗涤液或中性肥皂水，用毛刷蘸洗涤剂清除油污；选用牙膏擦拭，牙膏内含钛白粉、滑石粉等材料，故涂布于银器上，用软绒布擦拭，可起到机械去污抛光作用；用白垩粉（碳酸钙）和乙醇调成糊状去污剂，用绒布擦拭器表即可去除银器锈垢，更简易的操作方法，仅在白垩粉中加数滴氨水和乙醇，即可有良好清污效果。用棉签蘸30%的乙醇水溶液，沿同方向擦拭银器，即可清除污垢。

c. 还原法

对银器的腐蚀物，也可用电化还原法清除。其程序为，将银器和锌粉、铝粉浸入5%的氢氧化钠溶液中，直至银器上的污斑消失为止。取出银器后用蒸德水清洗干净，再用软布擦干。操作中注意观察，防止损伤器物。还原法适用于轻微腐蚀的银器。

（3）增韧整形。对变脆的银器，可用加热升温的方法使其韧性提高，强度增加。把器物放入电热烘箱中，温度从 $250°C$ 经 2 小时逐渐上到 $500C$，使其软化后，即可达到增韧的目的。若银器基体质地完好，不含盐类，可用电炉加热，温度控制在 $600°C$，操作中应温度偏低，加热时间稍长，其效果会更好。加温过高会导致银器的鎏金色彩变淡。银器含铜者，加热会生成黑色氧化铜薄层，此污斑可用5%硫酸溶液去除。

对受外界压力而变形的银器做矫正处理时，先加热增韧后再做处理。可用木材或锡锭，按照银器局部造型，制成模型做托垫，顶端衬羊毛毡或软牛皮，置于银器变形部位，使之缓缓矫正。亦可用锤具打压，恢复原状。但要注意尽量少用锤打法，更不能用钢砧为垫再用捶打，因银质软，用力过度反导致器胎伸胀变形，会增加整形的复杂性。

（4）缓蚀封护。银器受硫化物腐蚀形成的黑色硫化银膜，虽较稳定，但它的保护作用仅限于减缓银的硫化过程。在硫化物污染介质浓度高的环境中，银器的腐蚀仍会继续下去，严重者使器物变得又黑又脆，乃至银基体不复存在。对严重受硫化物或氯化物腐蚀而全部矿化的银器，用去除锈壳的方法已不可能，仅做局部清洗去垢，干燥封护后即可。可用高分子树脂材料，聚醋酸乙烯酯、三甲树脂等作封护剂。前述各种方法处理的银器，最后均做封护处理为宜。

采用药物除垢去锈，有损伤银器基体的危险，可加入减缓腐蚀速度的缓蚀剂，如苯骈三氮唑（BTA）、筑基苯基四氮唑（PMTA）等。由于BTA和PMTA能在银器表面形成致密的透明薄膜，有效地控制了腐蚀介质与银表面的反应，还能降低紫外线及氧对银变质的影响。

四、迁酸盐藏品保护

硅酸盐质地藏品是以天然硅酸盐为原料制成的器物或艺术品，如陶、瓷、砖、瓦、玻璃等。硅酸盐质地藏品，在环境因素影响下，会发生机械性、化学性损坏。

（一）陶瓷器保护

1. 材质和劣化

陶瓷器是以天然硅酸盐为原料，经过不同的加工工艺，制成造型各异的陶制品和瓷制品。

硅酸盐在自然界分布很广，是地壳的主要成份，如长石、黏土、高岭土、滑石、云母等矿物，它们是酸性氧化物和碱性氧化物相结合的产物。其化学性质稳定、硬度大，耐火阻燃。在环境因素影响下，会发生机械性毁损和材质劣化。

（1）陶器。陶器包括实用器、明器、陶范、陶俑、唐三彩、紫砂器等陶质制品。其原料为黏土，是地壳表层的黏性土，主要由占30%以上的粒度小于0.005mm的细小分散矿物细粒所组成。黏土中仅含少量的高岭土。其化学成份有：二氧化硅（$Si_。?$）、氧化钛（TiO_2）、三氧化二铝（$AI2O3$）、三氧化二铁（$Fe2（V$、氧化钙（CaO）、氧化镁（MgO）、氧化钾（優0）、氧化钠（Na_2O）等。陶器是以二氧化硅为主的无机混合物，经过配料、制胎、成型、干燥、焙烧等技术工艺，制成的器物和艺术品。陶器的焙烧温度一般为600～700°C，有的高达800-900°C，超过1000°C的情况也有，陶器表面一般无釉或施低温釉。

陶制品种类很多，大致可分为灰陶、黑陶、红陶、白陶、彩陶、釉陶等。它们呈一定的颜色与坯体原料和焙烧后期的火焰控制有关。彩陶是在陶器上用红、黑、赭、白等颜料绘制后，焙烧而成。用颜料绘制后，未经与坯体同时焙烧的，为彩绘陶，其色彩不牢，经水浸或擦拭即脱色。彩陶俑为陶质雕塑艺术品，同样以黏土为原料，经配料、雕塑、干燥、焙烧、彩绘而成。

陶制品胎质粗松多孔，敲击声不脆，具吸水性，一般吸水率为8%～10%，在地下潮湿环境中，地下水中的可溶性盐类及其他杂质均可深入到器物内部，其表面也会沾染污垢或覆盖凝结物。由于环境气候的变化，渗入器物内的盐类物质，会反复出现重结晶和溶解现象，使器物强度降低，易酥粉破碎，故出土时许多陶器已成碎片。

（2）瓷器。瓷制品是以瓷土为原料，经过配料、制胎、成型、干燥、焙烧等技术工艺，而制成的器物或艺术品。瓷土亦称高岭土（$AI2O3·2Si（）2·2$凡0），一般呈白色略带浅黄、浅蓝色，因最初发现于江西景德镇的高岭地区而得名，是花岗岩、片麻岩等各种结晶岩矿物破坏后的产物，是由铝硅酸盐矿物经风化而成。

瓷制品的烧成温度在1200℃以上。瓷胎烧结后，质地比陶制品致密、坚硬、光滑，无吸水性或吸水率极低，胎质色白，较薄的胎体具透明度，胎体坚实有一定的机械强度，叩之有金属声。瓷釉透明，呈玻璃质，不吸水，故盐份不易渗入瓷制品内部。胎釉经高温焙烧后，结合紧牢，不易脱落。

瓷土的采用，釉料的发明和烧结温度的提高，创造了瓷器。瓷制品种类繁多，造型精美，釉色瑰丽，装饰丰富，加之具易于清洗、热传导慢、经久耐用、吸水率低等优点，故自发明至今仍倍受人们喜爱。瓷制品的损坏多为机械性损毁。出土瓷器或传世瓷器，都以防震动、防挤压、防撞击、防摔碰为主，防止破碎是保养瓷器的关键。

2. 修复技术工艺

中国陶器的出现可追溯到一万年以前的新石器时代，瓷器的发明也有约四千年的历史。漫长的岁月，给后人留下丰富的古代陶瓷器。陶瓷器易破碎，故从陶器烧制使用，其修复技巧即相伴产生。甘肃出土的一件新石器时代的彩陶罐，在出土前已破损并经修复，破损残片的边缘均匀地排列着人工钻孔的痕迹，显然是先民曾对该器残片钻孔后，用纤维绳穿孔系扎固定复原的。虽工艺粗糙，但为原始修复工艺。

曾广泛流传于民间的铜接技术，即用铜铁制成的两端带钩的铜钉，将破碎的陶瓷片相结合的方法；用糯米浆、虫胶、骨胶等天然黏接剂的黏合技法等，则为早期连接破碎陶瓷器的基本修复工艺。20世纪40年代以来，民间修复技师始用化学试剂修复陶瓷器，仿釉技法萌生，能将破损痕迹覆盖，使全器色彩纹饰浑为一体。伴随高分子材料科学的发展，为陶瓷器修复技术开拓了广泛的材料源，经过文物保护科技人员的钻研探索，在充分继承传统工艺的基础上，使陶瓷器修复技术得到不断地提升。陶瓷器修复技术工艺包括：

（1）检测。运用现代分析检测仪器，对其胎体、釉料、颜料的化学成份、微观形貌、制作工艺、完残状况、修复痕迹和绝对年代，做全面系统的分析。特别是对残损待修复的陶瓷器，应先分析检测再做修复。如X射线荧光分析、电子显微微区分析等手段测定陶瓷器的元素组成；用X射线衍射分析测定陶瓷器的物质结构；用X射线无损探伤仪检查陶瓷器的内部微观信息，如修复痕迹、制作工艺等；用热释光技术测定陶制品的制作年代等。检测的信息数据，不仅为保护技术提供了科学依据，也为陶瓷器的鉴定提供了有力的佐证。

古代陶器的制作成型有捏塑法、板制法、轮制法、模制法、泥条围筑法和泥条盘筑法等。这些制作信息可通过肉眼观察、显微镜观察和X射线探伤技术，获得准确的答案。X射线探伤技术还能清楚地观察到器物胎体内部的夹杂物颗粒、孔隙形状分布、修复痕迹等。

（2）去污。陶瓷器表面的污物不仅影响外观，而且是导致器物损坏的有害因素，故对陶瓷器沾附覆盖的污垢层，应在不损伤器物的前提下，尽可能予以清除。

陶制品所吸附的可溶性盐类，可用蒸馏水浸泡的方法溶除。为使盐份逐渐清除，可在流动的水中清洗或定期更换新水。当陶制品的表面出现酥粉现象时，则不宜在水中浸泡，而用浸蒸馏水的滤纸、纸浆或脱脂棉，覆盖于陶器表面，使所含之可溶性盐份吸附于纸浆或棉花上，并反复更换。直至以硝酸银溶液，检测浸液或纸浆中再无氯化物等可溶性盐类为止。对彩绘陶制品，则不能用此法，因彩绘所用的颜料，是靠天然动植物黏合剂黏结在陶体上的，这些材料皆溶于水，会导致彩绘脱落。

对覆盖于陶制品表面的不溶性盐类形成的硬壳层也应去除。此硬结物主要是石膏质的硫酸盐、石灰质的碳酸盐和硅质的硅酸盐。这些物质将陶制品的纹饰遮盖乃至造型改变。在清除可溶性盐时，已将不溶性盐软化松动，可用超声波洁除机或手术刀、竹制工具精心剔除。对尚残留的部分，硫酸盐用热的饱和硫酸俊溶液擦洗清除；碳酸盐用5%EDTA溶液吸附于脱脂棉上，覆盖约15分钟后，用机械法去除。以往曾使用硝酸、盐酸、氢氟酸等无机酸清除硬结物，因这些强酸对器物有副作用，故不再使用。上述操作之后，都必须用蒸馏水将陶制品上的残留酸液洗净。

陶制品上的有机污物如油脂、漆、蜡等，可用热水、乙醇、乙醚、丙酮、甲苯等溶剂软化溶除，也可用中性洗涤剂浸洗刷除。陶制品上的黑色污垢，可用3%的过氧化氢溶液去除。生物污物如霉菌等以70%乙醇溶液擦洗，再3%过氧化氢除去。最后均以蒸馏水冲洗净化。

瓷制品的污垢一般用清水冲洗即可，当污迹用水洗刷不净时，可用中性洗涤剂或碱性溶液洗涤，并可用软布或棉球轻擦，绝不可用硬物打磨，以免瓷制品的釉面出现擦痕影响光亮度。

覆盖于瓷制品上的不溶性凝结物，是出土瓷器常见的物质，必须去除。硫酸盐、碳酸盐、硅酸盐的清除方法，与陶制品上的不溶性凝结物的方法基本相同。最后也必须将瓷制品浸入蒸馏水中，反复清洗，以清除残留于瓷制品的酸性物质。

海洋打捞的瓷器被海生物覆盖，其表面形成质地坚硬严密的外壳，主要成份为碳酸钙，不易剔除。由于海水是含盐量高的水体，各种可溶性盐的离子都进渗到器物内。瓷器出水后水分蒸发，可溶性盐会从器内或表面析出，形成盐类结晶，从而引起瓷器崩裂，釉层剥落。潮湿环境中，可溶性盐份再溶解，重新渗入器内，如此反复转移造成了对器物的破坏。故要对海洋打捞的瓷器做清除海生物覆盖层和脱盐的技术处理。可于出水后用超声波洁除机等机械方法，除去包裹瓷器的较松散的海生物覆盖层，再置于5%的柠檬酸溶液中浸泡，时间不超过96小时，覆盖层可全部消失。再用蒸馏水浸洗脱盐，每48小时换清水一次，直至洗液中无盐份检出。

（3）加固。酥粉陶制品的保护措施是加固，即将加固剂渗透至陶体的孔隙中，使脆弱酥松陶体的微孔变小或减少，质地坚硬致密，也是对清洗干净的陶制品的保养维护。

加固工艺是将树脂材料溶于溶剂中，树脂随溶剂渗入陶胎内部，溶剂挥发后，树脂形成加固保护层。常用的陶制品加固剂要具备可逆性良好，抗紫外线辐射，抗微生物，渗透性好，无色透明等特点。加固方法有：减压渗透法、浸泡法、刷涂法、喷涂法、滴注法等。

常用的加固剂有：聚醋酸乙烯酯乙醇溶液，聚醋酸乙烯酯乳液，丙烯酸乳液，丙烯酸树脂（B72）丙酮溶液，硝基纤维素丙酮溶液，乙基纤维素乙醇溶液等。

（4）粘结。陶瓷制品材质的特点是易破碎，故不论是出土文物或传世文物中的陶瓷器，因环境因素影响受损碎成若干残片者甚多，修复已损陶瓷制品的关键技术是粘结。

粘结工艺的前提是核拼，这是将破碎陶瓷制品的形体原貌得以恢复的基础。核拼是依据现存碎片断面的碴口，细心核对查明其相对位置的工序。核拼后的碎片断面要清洗干净，以备粘结。核拼的方法有：自上而下核拼，由下而上核拼和局部分组核拼，最后整体拼合成器。

粘结是将陶瓷制品的碎片和裂隙用粘结剂粘合牢固，使器形完整复原的工序。凡有良好的粘合性能，可将两个不同或相同的固体材料，连接在一起的物质，称为粘结剂。粘结材料一般为有机高分子化合物，有天然粘结剂和合成粘结剂之分。已在陶瓷制品修复中使用的粘结剂有：聚甲基丙烯酸甲酯、聚乙烯醇缩丁醛、a-氰基丙烯酸乙酯、丙烯酸树脂（ParaloidB72）、聚醋酸乙烯酯乳液、聚苯乙烯丙酮溶液、硝基纤维素、环氧树脂及漆片等。

聚甲基丙烯酸甲酯的粉状材料溶于丙酮中，所得的黏稠液即可粘结陶瓷制品，其化学性质稳定，洁净透明。聚醋酸乙烯酯乳液，俗称乳胶，为乳白色黏稠液，溶于水，固化后在潮湿环境时易吸水软化，可用于陶瓷制品的暂时性粘结。a-氰基丙烯酸乙酯，俗名502胶，是一种无色透明的液体，具有较高的粘结力，在空气中可快速聚合，可溶于乙醇和丙酮，耐水性能差，性脆日久易开裂，适用陶瓷制品的暂时性黏结。聚苯乙烯泡沫制成各种型材，在包装、充填、模型制作等方面应用很广，但又常做为废弃物处理，将其溶于丙酮或甲苯中，所得之黏稠液可粘结陶瓷制品。

环氧树脂具有机械强度高、粘结性能强、稳定性能高、收缩率低等优点，故在陶瓷制品的修复中应用普遍，但环氧树脂固化后不易溶除，可逆性差，应慎用。

环氧树脂种类繁多，常用的有二酚基丙烷环氧树脂，即6101树脂。

漆片为天然树脂材料，产于亚热带植物虫胶树上，是寄生于该树的紫胶虫的幼虫所产生的分泌物，将其收集加工后，即成紫红色、棕黄色、黄色和白色的片状物，故通称漆片，又名洋干漆、紫草茸、虫胶等，为天然动物性黏结剂。不溶于水，可溶于醇、酮等有机溶剂。通常将其溶解在乙醇中，即获得具有一定粘结力的粘结剂。漆片酒精是粘结陶制品的传统方法，但此材料日久易变脆，且色泽深暗。

另一种天然粘结材料是蛋清，当瓷器的断裂痕较整齐时，可用鸭蛋清来粘结。可先将鸭蛋打开，取出蛋清，放入容器中，然后用刷子沾蛋清刷涂于瓷片断面处，再按原状拼合扎紧后放置不动，两天后粘结牢固复原如初、裂隙处痕迹亦难辨认。

（5）补配。补配是依据陶瓷器固有的造型，将其残缺部分用另外的材料补齐，以保持器物完整的技术工艺。补配应以遵循文物原状为准则，不得任意发挥创造。补配的方法有下列几种：

a. 翻模补配。凡残缺部位的形状在该器物上仍保留有相同部位者，即可在其相同部位处打模，再翻制成所需的补配件，粘结在器物上。如缺足、耳及弧形器壁者，可用此法。补配件的材料最常用的是石膏，其优点是操作简便，取材容易，价格低廉。但其强度差，怕水浸。多见于陶器的修补。也有的在石膏中渗入细砂、石粉、颜料和纤维材料，用以增加配件强度。

以黏土为材料，翻制成补配件胎体，再经焙烧成陶质配件；以高岭土为原料，翻制成补配件的胎体，再经焙烧成瓷质配件，此为陶配陶、瓷配瓷的同体材料补配工艺。这是较理想的补配方法，但其工艺复杂，需准确掌握胎体烧制成型的收缩率、釉料配方、焙烧燃料及火候等相关资料，方能烧制出满意的补配件，故目前应用不广。

b. 充填补配。是将器物的残缺部位用填料补齐的工艺，多用于裂隙、孔洞、凹陷等残缺现象的补配。充填补配的材料为聚乙烯醇缩丁醛、502胶和环氧树脂等。补配时先将瓷片残损断面清洗干净，并进行加热烘烤，随即将黏补材料充填于缺陷处即可。

c. 雕塑补配。是用特制的可塑性材料，在陶瓷制品的残缺部位进行雕塑，固化后即可。塑性材料有：一为石膏、水泥和黏结剂的混合物，应用较广。另一种是以聚醋酸乙烯酯、聚丁酸乙烯酯、醋酸戊酯、丙酮、乙醇和二甲苯为配料，渗入瓷土和黄麻混合物，经过加工处理，则成不黏手的塑性面团。此塑性材料用于补配陶瓷器，使用方便，强度大于石膏，对器物无影响。

（6）修饰。经黏结补配后的陶瓷器，已恢复了整体外型，而仿色修饰则是陶瓷器维护技术的最后工序。对是否需此工艺，有不同的理念和做法。从器物的科学性考虑，则应将补配的部分明显地保留现状，不必做任何修饰，如很多博物馆展示的陶器，其石膏补配部分均保持其原色未作色修饰。若从文物的艺术性方面考虑，为了器物的整体外观的艺术效果则应作修饰技术处理。但修饰必须有充分可靠的依据，不能随意添加、创造、歪曲，着色必须与原器保持统一协调。

仿色是依据陶瓷器原件的色彩纹饰，对补配黏接部位进行做色修饰处理。仿色主要以摹绘为主，运用喷、刷、点、描等技法完成。亦可使用由空气压缩泵提供机械动力的微型喷笔，进行喷绘做色。

仿色修饰的颜料主要是朱砂、土红、石青、石绿、钛白、赭石、碳黑、藤黄、花青等天然颜料。也可使用人工合成的颜料，丙烯酸类颜料有较强的覆盖性，调合成适宜的颜色，可均匀地刷涂于补配处。

瓷器修补仿色彩绘后，表面无玻璃质感，需再进行仿釉修饰处理。仿釉材料主要是硝基清漆和丙烯酸清漆。硝基清漆由硝化棉、醇酸树脂、氨基树脂和有机溶剂调配而成，其干燥快、光泽好、耐久性强。丙烯酸清漆由丙烯酸树脂、醇酸树脂和有机溶剂调配而成，其漆模坚硬光亮，耐久性好。

陶器的抛光修饰材料，通常使用天然材料川蜡，这是一种白蜡虫在树枝上的分泌物，产自四川，涂川蜡后的陶器可恢复原貌。陶器在仿色修饰后，也可刷涂2%的B72做封护层。

（二）玻璃器保护

1. 材质和劣化

熔制玻璃的主要原料是石英砂。西方古代玻璃一直以钠钙玻璃为主，原料是石英、碳酸钠和石灰。中国古代玻璃以铅玻璃为主，氧化铅、氧化制的含量较高。

玻璃器易遭机械性破坏，还会出现粉化剥落、变色和炸裂、失去光泽和透明度等裂化变质现象。玻璃器的腐蚀与环境温度湿度密切相关，空气相对湿度或含水量过高，都会侵蚀玻璃。因此玻璃器要放在干燥低温的环境中，保持空气洁净无污染。

玻璃在常温下为刚性体，硬度高。二氧化硅是硅酸盐玻璃中玻璃结构的骨架，是它赋予玻璃高强度，故玻璃的硬度与二氧化硅含量有关。石英玻璃硬度最大，而含碱性氧化物的玻璃硬度较小，高铅硅酸盐玻璃硬度最小。而中国古玻璃器的材料成份以碱玻璃和铅玻璃为主。加之玻璃是脆性材料，故在收藏中应考虑古玻璃的脆弱性，防止挤压、碰撞、震动等机械性损伤。

硅酸盐玻璃一般具有良好的化学稳定性，其稳定性程度同样是二氧化硅在起决定作用。含二氧化硅量高达97-5%的高硅玻璃为石英玻璃，其化学稳定性最佳。硅酸盐玻璃中的碱金属氧化物氧化钠、氧化钾成份可降低玻璃的熔化程度，减少粘度，但使玻璃的化学稳定性降低。加入碱土金属氧化物氧化钙、氧化镁能增加其化学稳定性。以二氧化硅为主的钠钙玻璃耐酸而不耐碱，并易被氢氟酸和磷酸腐蚀。

玻璃的劣化变质，通常指在水、酸、碱等物质参与下，在玻璃表面产生物理化学变化的现象。玻璃表面被溶解，产生新表面的过程为化学侵蚀。而玻璃与大气中的污染物作用称玻璃风化。二者皆是在外界环境影响下，造成玻璃的毁损。

通常的概念，玻璃是耐水的。但保护科学家研究证实，水对玻璃表面具化学侵蚀作用。其机理是：水和潮湿气体吸附在玻璃表面，随之水向玻璃内部扩散，使硅酸盐玻璃中的可溶性组成硅酸钠、硅酸钾，被水溶解和破坏。在硅钠钙玻璃中形成氢氧化钠，而氢氧化钠与空气中的二氧化碳作用，生成碳酸钠聚集在玻璃表面。由于它具强吸湿性，吸收水份而潮解，形成微滴碱液。浓缩的碱液长期与玻璃接触，玻璃表面则发生严重的局部侵蚀形成斑点。

玻璃被侵蚀风化后，轻者玻璃表面形成雾状薄膜或点线状模糊物，失去光泽和透明度；严重时玻璃表面出现白霜、粉化脱落、炸裂成碎片，发生晕色、闪光膜，有时出现彩虹。·当玻璃表面含碱量过高，在潮湿情况下，玻璃表面能凝结水珠，俗称流泪玻璃。当硅酸盐玻璃中的氧化铅含量高时，也同样易风化，同属不稳定玻璃。风化玻璃还引起变色现象，如红玻璃中的显色剂为氧化亚铜，风化后则转化为碳酸铜，因而变成绿色玻璃。

从上述对玻璃质变机理的分析可知，保存玻璃器的基本环境条件应是低温干燥并保持空气纯净无污染。其环境相对湿度应在40%以下为宜，潮湿环境对古玻璃器的保存是不利的。

2. 修复技术工艺

（1）清洗去污。出土的古玻璃器常蒙有白霜混浊层，此为从玻璃中析出的碱性物质。清除此污物，可将玻璃器加热，然后用5%的柠檬酸溶液刷洗。器表污斑，可用5%的过氧化氢清除。再用蒸馏水反复浸洗，最后用乙醇浸渍，取出自然干燥。

流泪玻璃的水珠为碱性极强的碳酸钾，若不清除会加速玻璃腐蚀，而导致失去透明性。可采用2%硫酸溶液浸泡数日，取出后置于蒸馏水中浸洗，再用乙醇浸洗后，保存在干燥环境中。对虽经风化侵蚀但透明度下降程度较轻的古玻璃，可用2%的醋酸溶液擦拭，中和玻璃表面的游离碱，可使之恢复透明。对出现表面粉化、脱落、开裂的玻璃器，可用无色透明的丙烯酸树脂B72等高分子材料进行封护加固。操作可用刷涂的方式，避免喷涂强度过大损伤玻璃器。

（2）粘接加固。修复破碎玻璃的粘接剂，首选Q—氰基丙烯酸乙酯，即502快速粘接剂。该粘接剂不需加热加压，也不需固化剂，粘接玻璃的固化时间仅需20

30秒。

粘接程序为：用胶条从器物一端边拼合边粘连，至逐渐粘为整器。再用小钢针蘸502胶点粘于各碎片之间，使碎片连为整体。缝隙间用无色透明的树脂粘固，加固材料可用10%的聚甲基丙烯酸甲酯丙酮溶液。

（3）补配复原。玻璃器残缺处，可进行补配。补配材料用高分子粘接剂透明胶加填充剂。为使补配材料在色彩和质感上与玻璃瓶体保持一致，应在事先做配料调剂试验，选择最佳视觉效果的配方。补配时将配料用刀具补于残缺处并抹平，不能有凹凸现象存在，最后再抛光，达到恢复玻璃器原状的效果。

（三）砖瓦保护

1. 材质和劣化

砖瓦的原材料皆为粘土，不同之处为砖的原料是沙质粘土，而瓦的原料则为很少掺沙的黄土。在地质学上将粒径小于0.0039mm，细碎屑含量大于50%，并含有大量粘土矿物的沉积岩，称为泥质岩，又称粘土岩。其固结的为泥岩和页岩，疏松的称粘土。粘土中的晶体，主要是铝、铁和镁的层状结构硅酸盐矿物。粘土岩的平均矿物成分为：粘土矿物占58%，石英占28%，长石占6%，碳酸盐矿物占5%，氧化铁矿物占2%。

粘土具有可塑性、耐火性、烧结性、吸附性和吸水性等物理性能。由于疏松的粘土在自然界储量相当丰富，故为砖瓦制造提供了充足的材料源。砖瓦的制造工艺包括：原料采集、加水调合、入模成型和加热焙烧。即采集适宜的粘土，按比例加水搅拌成泥，再放入砖瓦模具中制成砖瓦的泥型，经干燥后入窑焙烧。砖瓦的烧成温度在900°C-1100°C之间。

砖瓦类藏品包括：历代建筑物的墙体砖、铺地砖、墓室砖、空心砖、画像砖、砖雕、板瓦、筒瓦、脊瓦、瓦当等建筑材料和建筑装饰品。

瓦是铺盖屋顶的材料，最早出现于西周初期，当时已有板瓦、筒瓦、脊瓦和瓦当。战国时期起，宫殿建筑的屋檐用圆瓦当。北魏宫殿始用琉璃瓦。唐代使用普通青瓦和色泽黝黑的青瓦。宋元宫殿使用各种色彩的琉璃瓦，明清宫殿则普遍应用琉璃瓦。

瓦当是古代建筑屋顶檐头筒瓦前端的遮挡，也是一种建筑装饰。部分瓦当饰有经压模而成的文字、动物、兽面、植物和几何纹等装饰纹，瓦当图案是中国古代装饰艺术的组成部分。

由于砖瓦有质地疏松、多孔隙、吸水性强等内因缺陷，故在自然环境因素影响下，受阳光、风沙、地下水、气候变化和大气污染等作用，很易出现酥粉、断裂等劣化变质现象。砖瓦用于建筑物之后多暴露在室外自然环境中，其劣化过程随之开始。古建筑的砖表面粉化者随处可见，风吹手拂皆可使砖粉脱落，严重者给古建筑的安全造成威胁。

环境气候的波动是影响砖瓦耐久性的主要原因。当环境温度降至零下，砖瓦孔隙吸收的水份则结冰，使水份体积增大，因而在孔隙孔间产生压力，使砖体产生细微裂缝。此种作用反复进行的结果，使其裂缝贯通，强度降低，乃致砖体酥粉。由于砖体表面最易渗入水份，故粉化从表面开始，剥去表层逐步向里延伸。空气污染物的作用也是砖瓦受损的因素。当气温降至露点温度时，空气中的水份即凝结于砖瓦表面，可将空气污染物二氧化碳、二氧化硫、硫化氢等酸性气体溶解形成酸液侵蚀砖体。

砖瓦基体内的可溶性盐类物质也是加速砖瓦劣化变质重要原因。空气污染物中的可溶性无机盐，如沿海地区含氯化钠的盐雾，吸附于砖瓦体表，随水份进入基体内部，当水份蒸发时，结晶即析出。如此无机盐在砖瓦基体的溶解与结晶相互交替作用，也导致砖材出现裂隙，最终导致粉化。砖材自身的可溶性无机盐混在砖体结构中，当水份进入砖体后，可溶性无机盐被溶解，并随水份向砖体各部扩散。而当水份蒸发则盐类在毛细孔中结晶，此结晶体会给毛细孔形成压力，同时造成砖材的劣化变质。

机械磨损也是砖体受损的因素，如向公众开放的古代宫殿、府第、陵墓、城垣等古建筑墁砖地面，无任何防护措施，而造成损害者处处可见。生物危害也是砖瓦受损的外因，在户外潮温环境中，霉菌、地衣、藻类、苔薛类等微生物和低等植物，会在砖瓦上滋生繁殖，并分泌酸性物质，加速砖瓦材质的劣化。

2. 修复技术工艺

（1）酥粉加固。砖瓦材质的劣化主要是酥粉开裂，对入馆收藏的砖瓦类藏品，首要的修复措施是加固，即将具粘接性能的材料渗入砖瓦基体，使其粘结固化，质地增强。加固工艺通常是将有机高分子树脂材料溶于溶剂中，树脂随溶剂进入砖瓦基体内部，待溶剂挥发，树脂则将其加固保护。加固的方法有：浸泡法、刷涂法、喷涂法、滴注法和减压渗透法。

常用的加固材料有：丙烯酸树脂类，如聚甲基丙烯酸甲酯、聚甲基丙烯酸丁酯、三甲树脂及B72等聚醋酸乙烯酯类，如聚醋酸乙烯酯乙醇溶液、聚醋酸乙烯酯乳液；聚乙烯醇缩丁醛；聚苯乙烯丙酮溶液；环氧树脂及有机硅树脂等。

（2）封护防水。对室外建筑物上砖瓦的保护，在清除伴随的有害物质后，要进行表面封护，防止砖瓦基体继续受环境侵蚀。常用的表面封护材料为有机硅树脂。

由于有机硅树脂可在砖瓦表面形成一层不连续的薄膜，不会堵塞砖瓦的毛细孔，不影响其透气性，且具憎水性，故自20世纪60年代即开始使用它做防水材料。有机硅憎水剂有水溶型和溶剂型两类，用于砖瓦封护者多为溶剂型有机硅材料。有机硅种类繁多，可试验应用。

有机硅憎水剂用于砖瓦的防水，并非是由于砖瓦的微孔或毛细管被有机硅材料所堵塞，也不是在砖瓦表面形成一层隔离膜，而是因有机硅材料与砖瓦表面发生化学反应，形成一层新的憎水表面。砖瓦的主要成份是硅酸盐类物质，其表面有硅醇基，在潮湿的环境下，有机硅憎水剂分子与硅醇基发生缩合反应，而使砖瓦表面结构与有机硅树脂相同，使砖瓦表面具性。

（3）耐磨抗冻。古建筑多用砖铺地，而游人踏踩所造成的磨损是令人惊心的。有的精美花砖已被磨平，砖地坑洼不平者甚多。为保护古代砖材，可在砖上涂布加固材料使古砖的耐磨性提高，并增强其抗冻性。生桐油是中国传统保护铺地砖的涂布材料，宫殿建筑物铺地的金砖，即用生桐油渗透砖材而得。聚氨基甲酸酯清漆（聚氨酯）是合成树脂材料，也具有抗磨能力强、耐久性能好等优点，故被选为铺地砖材的抗磨加固材料，用于涂刷砖材。

（4）砖雕修复。因砖雕有图案和色彩，对其修复需更加精细。对发掘出土的砖雕，在移入博物馆修复室后，要进行下述程序完成修复任务。

a.清除泥污。当砖体表面的泥土极度潮湿时，可先用竹签将砖雕上附着的泥土部份清除，适当保留1 3mm的泥土，待阴干后剔除。竹签可按操作者需要自行削制，要求厚薄适中，富有弹性，头端有刃口但不尖锐。操作动作要剔挑而不能削刮，并注意轻重适度，准确灵活，特别注意保护砖雕上的彩绘层。清除细部污泥时，先用竹签和毛笔扫除砖雕表面浮土，对于硬的土垢，可滴入乙醇，使土松动后再用小工具清除。

b.灭菌除斑。用2%的五氯酚钠水溶液，喷洒在麻纸上，晾干制成防霉纸。将此纸覆盖在砖体表面，可有效地抑制霉菌繁殖。对残留于砖体的黑色霉菌痕，可采用过氧化氢和乙醇的的等量混合液，用棉签蘸取药剂擦拭清除。

c.色彩加固。对有彩绘层的砖雕，可选用透明、无色、耐光老化、渗透性高的材料，达到渗透加固的目的。加固剂可选用丙烯酸树脂类材料等。

d.雕纹修补。由于砖材的劣化使砖雕的图案纹饰模糊、残缺，需要修补。除对断裂者用粘接剂聚乙烯醇缩丁醛等粘接加固外，对图案的修复有下述方法：①轻錾法。对仅轻度风化图案损失不严重者，可用錾刀稍做轻微加工，使图案清晰，并用砖材粉末水刷洗。②挖补法。对损坏严重者，可将被损部份以方块形挖除，再补磨出等大的砖块，并按原图案规律在其上雕刻。最后用粘接剂，将补配件粘贴于挖缺处。粘接剂可用环氧树脂、聚醋酸乙烯酯乳液等。

③堆塑法。使用塑性材料在砖雕残缺部位，按其原型进行重新堆塑。为了堆塑部位的色彩与青砖一致，可在塑性材料中加入青灰或适当的颜色。堆塑工艺操

作用雕塑工具完成。塑性材料有：麻刀灰、纸筋灰、水泥砂浆和石膏。其中麻刀灰是将经细筛生石灰粉加麻刀，再用适量水搅匀而成。纸筋灰是将生石灰加水搅拌成粘稠状，经过筛后制成石灰浆，然后在其中加入草纸纸浆搅拌均匀即可。经上述修复工艺的砖雕，可在其表面涂布一层聚氨脂清漆或其他清漆。

五、玉石器保护

人类使用最早的天然材料为岩石，俗称石头。玉石器是古代先民以自然界的矿物和岩石为原料，只需雕刻磨制机械加工，不必化学处理而创造的文化遗存。古籍称玉为"石之美者"，即以精美稀少的矿物岩石琢制而成的艺术品和器物，一般简称玉器。

中国古代玉器除宝石学和矿物学概念的软玉、硬玉外，还包括岫岩玉、南阳玉、青田玉、绿松石、玛瑙、水晶等矿物岩石。软玉是中国古玉的主要原料，有白玉、青玉、碧玉、黄玉和墨玉等。

玉石材料的特性是化学稳定性高，耐酸、耐碱、耐腐蚀、耐磨损，能防止空气中粉状砂尘的损伤。

（一）石材劣化

石材所含矿物成分多为硅氧化合物，质地坚硬，具有耐酸碱的特性。但出土的古代玉石器，由于数千年被埋在地下不同的环境中，而失去原有半透明的润泽感，颜色逐渐变黄、灰、白，此蚀变现象称之为受沁。通过扫描电镜观察其微观结构，受沁后玉石结构有变松趋向。比重和硬度均下降。不同环境会呈现不同的蚀变，铜沁呈绿色，水沁呈白色，血沁呈紫色，土沁呈黄色，水银沁呈黑色。

（二）修复保养工艺

1. 清垢去污

出土玉器上的土锈，一般用蒸馏水清洗即可。当玉石为碳酸盐或磷酸盐材质时，极易受尸体腐蚀，使玉呈既无光泽，又无质感的白色，对此可用中性软皂水或 5～10% 的氨水清洗。对器表凝结钙质外壳的玉石器，可使用超声波清洗器处理。

2. 粘接复原

破碎的玉器，可拼对、粘接、复原。先用丙酮清洗茬口，小件玉器以三甲树脂或502快速粘接剂滴涂粘结面，胶液不宜过多，用手挤压合缝严密，逐块粘牢，至整体复原。对材质劣化明显者，可先用4%聚醋酸乙烯酯丙酮溶液渗透加固，再以三甲树脂拼对粘结。

3. 玉器养护

传世玉器被精心保存，人为损坏的可能很小，尤其硬玉，色泽和光泽始终鲜艳，透明晶莹，硬而不脆，不易损坏，但要防止受重击，否则也会断裂。软玉的硬度较小，质地坚韧而不易压碎，但不能近火烤，也应避免与尖硬的器物磨擦。

六、漆器保护

（一）古代漆器地下埋藏环境

漆器工艺在中国有悠久的历史。1976年，在浙江余姚河姆渡新石器时代遗址出土的木胎漆碗，是目前发现最早的漆器，距今至少6000年。数千年前的漆器埋于地下，有的保存完好，有的腐烂糟朽。其原因在于地下环境起着决定性作用，地下环境的温湿度、地下水的酸碱度、土壤的化学成份、墓室内气体成份、杀菌抑菌能力等因素，都影响着漆器的寿命。漆器在地下已处于一个与外界隔绝的封闭状态，恒温、恒湿、缺氧、避光、抑菌的良好环境，使漆器得以保存。但封土剥离，墓室开启，漆器骤然转入大气中，地下相对稳定平衡的环境被破坏，会导致漆器出土时即产生的劣化现象。

马王堆一号汉墓中的文物，保存完好的关键，是在距地表16m的深处，修筑了一个与外界完全隔绝的密封墓室。在木椁四周及上部填塞着厚达30～40cm的木炭，木炭外又用厚度为60～130cm的白膏泥填塞封固。加上长沙地区的土壤主要为网纹红土，土层深达几十米，土质坚实，渗水能力差。这样的土层和木椁周围的木炭、白膏泥，创造了墓室封闭的环境。

（二）出土漆器的养护

漆器出土后环境突然变化，会因此而发生严重损坏。因此，首先要将漆器转入与地下墓室环境相近的空间，待养护修复处理。

泥土中埋没的漆器，要用竹刀、木刀、牛角刀，剔去器物四周的淤泥，再用坚硬的薄板插入漆器底部的泥土中，将器物托起，然后用含水泡沫塑料、塑料薄膜或湿布，将漆器覆盖，以免出土后干燥。同时要防止阳光直射漆器。在寒冷季节，还要注意保温，防止结冰。非水坑出土的漆器，不要用水泡，而要用保湿的办法处理，如用湿润的棉纸包起来，再用湿毛巾或塑料袋包扎，放在阴凉处。

从水坑中取出漆器时，要借助水的浮力，用木板、塑料板，将器物托出水面。然后用含水泡沫塑料、塑料薄膜或湿布包好，放入塑料袋内密封，然后装箱。装运胎厚的饱水木胎漆器，用含水泡沫塑料或湿布包好，放入塑料袋内密封，再装箱。箱内空隙用泡沫塑料或棉花填实，防止运输中震动。漆器质地脆，在提取搬运过程中，要严防人为的机械性损坏。

饱水漆器从发掘现场运至文物保护修复室之后，应将其全部浸入蒸馏水中保存，放置阴凉处待处理。

　　入馆收藏的漆器应特别注意其保存环境，并应经常养护，阻止或缓解其变质过程，尽力保持漆器的健康原貌。漆器的变质，就外表观察有变褐色、发脆、失去光泽、干缩、变形等。主要由于环境气候、光线辐射、空气污染等作用的结果。漆器在库藏和陈列过程中，都要维持一个良好的保存环境。漆器具有干缩、湿胀的特点，每当相对湿度升高，即吸收水份而使木质纤维、漆皮溶胀，致使漆皮破裂。当相对湿度下降，温度升高时，则水份蒸发木胎收缩，引起漆皮皱折、翘曲、脱落。因此调控恒温恒湿的环境，是保护漆器的重要因素。光线辐射给漆器带来的损害不可低估，故要绝对避免强光源的照射。已脱水的漆器要放在囊匣内保存，与外界隔离。

　　漆器的漆皮对胎骨起着保护作用，故需对漆器经常检查，发现漆皮开裂、翘曲、脱落者，应及时修复，免得木胎外露受潮吸水。裂纹可用漆片或其他材料堵住封闭，残断者可用环氧树脂粘接，并用生漆补色。漆皮脱落、镶嵌物脱落者，用粘合剂粘贴。漆器的断裂、残破部位，可用生漆和由生漆、瓦灰、糯米粉混合制成的粘结剂，进行粘结修复。

　　对于木胎残缺或已糟朽者，首先要解决胎骨问题，先将糟朽残余部分清除，用漆片将裂纹缝隙及断裂部位加固。再配制木胎，以用与原材料相同的木胎为宜，量好尺寸，加工配妥，将新补木胎与原木胎衔接，用鱼烧粘结。经修复完整的胎骨，用生漆粘一层细麻布，然后用环氧树脂将原漆皮按原部位粘贴。对卷曲的漆皮质地很脆不易复原者，可用蒸气加热，使漆皮软化，再用微晶石蜡和乳香胶混合剂，将漆皮粘贴。漆皮轻微损伤的漆器，用酒精漆片，在裂隙处灌注修补，待补妥后，用酒精棉球将缝隙两侧多余的漆片擦去。对素黑漆器漆皮卷曲、翘起、剥离者，可将漆片放在漆皮下，局部加热，至两者皆变软，立即将卷起的漆皮压平，待冷后就平整粘牢。修补粘结漆皮的粘合剂常用者有漆片、石蜡、环氧树脂等。

　　对漆器表层的泥土，应用软毛刷蘸蒸馏水洗净，用棉花迅速将漆器上的水份吸干，置阴凉处晾干。漆器上的污迹，可用丙酮、乙醇等有机溶剂清除。

　　（三）饱水漆器的脱水定形

　　地下发掘出土的古代漆器，其生漆膜层多是完好的，并未失去它的灿烂光辉。从大量的出土漆器的实例证明，生漆膜是优异的涂膜，它的成膜性，耐久性，抗腐蚀性，都很好。但漆器的胎体多已腐朽，这是因为漆器的胎骨以木、竹等有机质地为材料，属细胞结构的纤维组织，千百年埋于地下，历经了地下潮湿环境、地下水的浸蚀、各种盐类腐蚀和菌类的作用，使木质纤维组织遭到破坏。木材组织中能溶解于水的成份消失。一般木材含纤维素约占绝干木材的50%～60%，而古代饱水木材的大量纤维素已被分解。古代漆器在出土时多已吸饱水份，其含水率一般为100%～400%，甚至高达700%，因而造成胎骨的糟朽腐烂，甚至胎骨完全消失，只留下生漆膜。

漆器出土后，若任其所含水份蒸发干燥，将会发生收缩、干裂、变形、漆皮剥落等劣化现象，改变了文物的原貌，导致漆器的破坏。

对饱水漆器脱水定形的方法，有十余种之多，它含括两方面的内容。其一，设法将漆器木质胎体的过量水份除掉，同时要不改变器物原有的形状。其二，要选择适当的材料，充填加固器物，以提高漆器的强度，易于保存、陈列和研究使用。这两方面，往往需同时考虑，而以前者尤为重要，只要能使器物脱水定形，保护的目的即已达到，并非必须添加某种加固材料。从保持文物原状的角度考虑，以不添加新材料为最理想。但若器物已很脆弱，不得不使用加固剂时再用此办法。

饱水漆器脱水定形加固方法，不能千篇一律，而要因物制宜，对症下药。出土的古代漆器具有多样性、复杂性，漆器埋葬的地下环境、下葬的时代、漆器胎骨的材料质地、出土时的含水量多少、出土时的质变情况、漆料的填料成份、漆器的制作工艺等因素，都使器物各具特点。即使是同一时代下葬，同一地区、同一墓葬发掘出土的成组漆器，乃至同一器物的不同部位、同一树种木材的不同部位，也都各具特性。因此漆器的脱水方法，要因器物而异，每件器物的脱水方法要从研究试验入手，切不可简单生搬硬套。

任何脱水定形的方法，都要使脱水时的变化，始终与环境的变化趋于平衡状态，使漆器不致强烈的收缩变形，以保持漆器的原状。现将饱水出土漆器脱水定形加固的方法，分别做如下概述。

1. 自然缓慢干燥法

有些出土漆器可以在特定的环境中，极其缓慢地进行脱水。这个特定的环境应是相当稳定的，其相对湿度要比正常室内的湿度高，比饱和水蒸气环境又要略低些，即可以使器物中的水份缓慢地蒸发出来。自然干燥法是根据水份挥发越慢，脱水效果越好的原理。漆器在地下饱水后，与其所处的环境是平衡状态。出土后漆器仍继续浸入水中的目的，也是使它继续处于平衡状态，不发生破坏性变化。欲使漆器脱水，将要打破平衡状态，自然缓慢脱水法，则要使平衡状态极为缓慢地改变，漆器中的水份逐渐地挥发，最终达到脱水目的。

脱水前的准备工作。先用蒸馏水将出土漆器进行清洗。对难除去的污垢，可用5%的过氧化氢溶液处理。洗净后，用软棉纸拭干器物表面水珠，再称重、测量尺寸、拍照，记录脱水前的原始状态。待脱水处理。自然缓慢脱水方法，依其所创造的特定环境之不同，有以下几种：

（1）干燥器封闭脱水法。对体积小的器物用此法，将待脱水的漆器放置于玻璃干燥器内，密封，进行缓慢自然脱水。经常观察器物的变化情况，定期检查、测量、记录漆的重量、尺寸和色彩的变化情况，同时将器物表面和干燥器的水珠擦干，继续放入干燥器中脱水干燥。如此反复至器物恒重，即告脱水完成。为防止干燥速度过快，引起器物变形收缩，可在干燥器的下部，放水少许。脱水处理后的漆器要检查记录其重量和尺寸，并拍照储入文物技术档案。脱水后的漆器应放入囊匣收藏或装入有机玻璃盒中陈列，以防环境因素的影响。

（2）塑料薄膜封闭法。体积稍大的器物，玻璃干燥器放不下，可用塑料薄膜包装严紧，再放入密封的空间内，每月打开一次，拭去脱出的水份，经一、二年的时间，器物可全部脱水。

（3）高湿度控制室脱水法。将器物置于一个相对湿度很高的环境中，缓慢脱水。如湿度终年稳定的地下室，其相对湿度约在95%左右，是一个特定的自然干燥环境，经1～3年的缓慢脱水，而干燥定形。这种方法的成功率和漆器的材料质地密切相关，木胎材料多为杉、楠、楸、梓木，其结构致密、胎质坚实，故易于成功。

（4）掩埋脱水法。用棉纸或宣纸将漆器包裹二、三层，然后掩埋在含水的湿砂或潮湿的锯木屑中，定时测定砂或木屑中的含水量，并更换含水量递减的砂或木屑，以控制环境湿度的变化，使漆器能缓慢脱水。这是古代漆器脱水的传统方法，但成功率不高，且要采用防霉剂，杀虫剂。但对器形很大的漆器，如漆棺可考虑用此法。

（5）恒温脱水法。将漆器置于密封容器内，如恒温恒湿箱中，温度恒定在32°C，每隔4小时将器物取出，将其在蒸馏水中浸泡10分钟，再放入恒温环境中继续脱水，如此反复经数月即可完成。

（6）甘油喷涂法。为了使漆器在自然干燥的过程中，控制漆器表面的湿度，使表面水份的蒸发速度在极慢的情况下进行，可在漆器的表面喷涂水溶性的高分子化合物，如丙三醇（甘油）、聚乙二醇、聚乙烯醇等。将50%的甘油水溶液涂刷于漆器上，每隔周涂刷一次，由于甘油具吸湿性，故彩绘漆器表面保持着潮湿状态，且能缓慢地将水份蒸发。

（7）硅胶脱水法。硅胶为蓝色胶状体，是常用的吸湿剂，通常情况下，每1Kg硅胶可吸水0.4～0.7Kg，饱水的硅胶经烘干后可再生使用。将硅胶应用于漆器脱水，操作简便，用费低廉，不必对器物进行药物处理。先将漆器表面擦干，称重。将器物用纱布包好，放至洁净的干燥器内。依次向干燥器内置放数量不等的硅胶，以逐渐改变干燥器内的相对湿度。随着硅胶更换次数的增加，漆器则渐渐脱去水份。当硅胶不再变色，标志漆器的重量已恒定，即告脱水过程完成。

自然缓慢干燥法是饱水漆器脱水方法的一类，综述以上七种具体方法，虽操作步骤、所需条件各异，但总的特点为简便易行、经济适用，对器物没有副作用，保持了文物的原貌，因此是适用的脱水方法。其缺点是，脱水速度慢，费时间，一般需一年或若干年。对杉木胎、夹纻胎、绸胎及木胎上涂有漆炭质地坚实的器物，用自然脱水法较安全。在干燥的过程中，对有的器物要施行一定的加固、定形操作工艺，以防止器物收缩变形。

2. 真空干燥脱水法

是用物理方法进行漆器脱水的工艺，使饱水漆器在真空环境中，脱去水份而干燥定形。其条件是需要真空干燥设备。具体方法有以下几种：

（1）真空干燥法。将漆器清洗、称量、拍照记录等准备工作完成后，将器物置于真空干燥器内，进行抽真空，使器物内的水份脱出。当干燥器内真空度抽至700mmHg之后，就关闭真空系统，停止抽真空。待真空度降至500mmHg后，再继续抽空脱水，如此反复直至器物恒重。用该法脱水，真空度高的要比真空度低的效果要好，真空度太低，不仅脱水时间太长，且易变形。

（2）加热真空干燥法。在真空干燥过程中，漆器内部水份向外移动，当漆器内部温度上升，水份与胎体的附着力减小，则漆器内部的水份易产生移动。在漆器内部温度与外部平衡时，开始减压，使漆器内部与外部存在压力差，器物内水份外移；由于减压，漆器表面的蒸发量突然增大，水份则自内部向外移动。处理过程是，先进行清洗，称量、拍照，记录等预备工作。为防止变形，对器物应做好加固工作，可用石膏翻模将器物固定，防止在脱水过程发生收缩、漆皮起泡现象。翻模时器物表面要贴宣纸保护，将漆器置于石膏模中，进行脱水处理。一般器物只需12~24小时，即可达到恒重。脱水时间的长短与器物的大小和含水量成正比，与温度及真空度成反比。脱水完成，要待冷却后再将器物从石膏模中取出，以防漆皮开裂、起泡。此法操作简便，值得推广。

（3）冰冻真空干燥法。漆器木胎中的水份在低温下被冻结成冰，转入真空环境中则升华，而达到脱水的目的。这是一种处理饱水漆器较有前途的方法。用固态二氧化碳、液态氧，都可使木胎冻结。但直接冰冻的方法，会使木材发生一定程度的开裂。为防止冰冻过程中出现的冻裂现象，可用叔丁醇代替木胎中的水，再冻结，其效果为佳。用低分子量的聚乙二醇400水溶液，浸泡漆器后再进行冻结真空干燥，其效果亦好。因聚乙二醇在冷冻时体积反而缩小，而水在冰冻时体积要膨胀。如此两者可抵消，防止木材开裂。

此方法的关键是具备确保低温和良好真空度的设备。在低温冰箱或盛干冰的容器内，快速冷冻，冰冻温度为-20℃，再将冷冻后的漆器放入真空干燥箱内，进行真空干燥，直至器物恒重水份脱完。对漆膜粗糙、木胎较厚、残破糟朽的漆器可用此法。处理后的器物重量轻较脆弱，可选用适当的树脂溶液渗透加固。

3. 溶剂联浸置换法

当漆器浸泡在某种与水互溶的有机溶剂中时，由于渗透作用，有机溶剂能渗透到漆器内，漆器中的水就渗透到有机溶剂中。如此反复联浸置换，有机溶剂就把漆器中的水份代替出来。这是一种经典的脱水方法，曾用这个方法成功地处理过许多饱水漆器，效果较好，特别适用于小件的、薄而均匀的器物，此法的脱水速度快。

（1）醇醚法。此法是先用醇代替木材细胞中的水份，然后再用乙醚替换醇，再使乙醚挥发，木质纤维组织的水份即被脱去。既能与水互溶，又能与醚互溶的有机溶剂，曾试验了多种，以其对漆皮的影响为选择的重要依据。其中以甲醇、异丙醇、乙腈对漆皮的影响最小，效果最好，其次为乙醇、叔丁醇等。但甲醇的毒性大，对工作人员有害。乙腈虽效果很好，但价格较贵。因此，异丙醇、乙醇等被采用，又由于乙醇的来源较广，且价格便宜，故应用最多。

漆器脱水前，先将器物从溶液中取出，用清水洗净，再用吸水纸将器物表面的水珠吸干。经称量、照相、记录。细心地用该器物翻制石膏模，将器物置于石膏模内，用绳子捆扎，准备脱水。为加快溶剂的渗透速度，可在石膏模上钻若干孔洞。

脱水程序为，将器物顺次放入浓度由小到大，逐级递增的乙醇溶液中，开始用低浓度溶液，后逐步增加。一般经30%、45%、50%、70%、85%、95%、无水乙醇溶液，至完全脱去水份。脱水的时间，一般以器物大小而异。在置换水时，必须将漆器中的水份置换彻底。在醇水交替置换后，将器物投入50%、80%、100%的醇醚溶液中，进行醇醚替换，直至乙醚完全置换乙醇为止。

将饱含乙醚的漆器，置于真空干燥器中，减压快速干燥。亦可在常温下自然挥发。乙醚沸点很低，挥发极快，故在乙醚挥发时，应将漆器固定住，防止变形。乙醇、乙醚皆为易挥发液体，乙醚蒸气有毒，操作过程应在通风橱内进行。

脱水效果与器物的质地有关，质地坚实，器形完整，含水量少，用手指轻敲声音清脆者，脱水效果好。此法并非绝对可靠，对胎质较差、胎体已轻度腐朽者，脱水后则不同程度地出现漆皮开裂、起泡、收缩等现象。这些劣化现象，多发生在高浓度溶液处理时，因乙醇的渗透力强，乙醇浸入快，水份除去也太快，使材料的收缩变形。故应按不同浓度渐次脱水。为防止漆皮受药物突然影响，在浸入药液前，先在漆器表面涂一层石蜡或蜂蜡做保护层，以减少漆皮与溶剂的接触，蜡层可与漆膜牢固结合，不被溶剂浸蚀，且易于除去。

若木胎质地脆弱，可在最后一次乙醚溶液中溶入树脂，使树脂浸入木材中，待乙醚挥发后，树脂则存留于木胎里，起加固作用。由于乙醚具有非常低的表面张力，当它挥发时，不会使脆弱木胎的细胞壁发生崩溃。是否应充填树脂，视器物而定，若软如豆腐状者，应添加树脂，以充填木胎的孔隙。树脂可选用达玛树脂、松香、乳香胶等。

漆器上的漆膜是高分子薄膜，任何有机溶剂，对漆膜都会产生溶胀作用，使漆膜膨胀、起皱、变异，而失去光彩。这是此法的不足之处。

（2）乙腈乙醚法。乙腈对漆器的脱水效果最好，且对漆皮基本没有损伤。乙腈置换漆器中的水之后，对细胞起着支持作用。处理程序为，将清洗、擦干、称量、照明、记录后的漆器，浸入依次为50%、80%、100%的乙腈溶液中。当漆器中的水份全部被乙腈置换后，即可将漆器浸泡在逐步递增的乙腈乙醚溶液中，直至100%的乙醚为止。漆器中的乙腈全部被乙醚置换后，将漆器放在真空干燥器中或自然挥发，脱水即告完成。对小而精的漆器可用此法。

4. 渗透加固法

用无机材料或有机高分子材料，渗透至木材内，填充木材的孔隙和细胞。当新材料固化后，对细胞起着支撑的作用，防止了纤维的收缩，这是处理饱水漆器定形加固的一个途径。处理方法有以下几种：

（1）明矾法。明矾，即硫酸钾铝，它在热水中溶解性能极好，能自由地溶解在沸水中，而在室温时，却溶解度很低。明矾法的原理，是利用某种物质随温度的改变，而发生聚集状态转化的特点进行的。高温时明矾的水溶液，可取代漆器木胎组织中过量的水，而温度下降，则明矾冷却结晶以固体状态留存于木材组织中，起到加固作用。

此法的优点为价格低廉、处理方便，具可逆性。缺点是，明矾为酸性物质，对木质纤维有一定的损害，使木材强度下降。漆器经处理后其颜色加深，重量增加。

（2）高分子材料渗透加固法。利用高分子材料渗透到木材细胞组织中，起到充填加固作用。这是目前使用较广的一类漆器脱水定形加固方法。①单体渗透聚合法。将高分子单体渗透至木材中，再使单体在木材组织中聚合，使木材组织固化。如乙二醛法。

将预先处理妥的饱水漆器，浸入乙二醛水溶液中，使其充分渗透。再将其放入烘箱内加热，或在室温状态下，使漆器内水份蒸发至一定程度，乙二醛即聚合。因乙二醛能溶解于水，故在渗透聚合后，需用树脂封护。此法操作简便，脱水后漆器色泽光亮正常，收缩率小，且具有可逆性。②非水溶性高分子材料渗透加固法。首先用有机溶剂置换漆器中的水份，再将非水溶性高分子化合物渗透至漆器内。前已述及的醇醚树脂连浸法，即属此类。当乙醇将水份全部置换之后，在醚与醇置换的后期，将漆器置于乙醚与树脂的溶液中，待乙醚挥发，则渗入漆器的树脂固化。所用树脂有达玛树脂、乳香胶等。③水溶性高分子材料渗透加固法。将水溶性高分子化合物渗透至漆器木胎的细胞组织中，置换出木材中的水份，并使其固化。已试验应用的此类高分子渗透加固材料有：聚乙二醇、服醛树脂、酚醛树脂等。

聚乙二醇（PEG）由乙二醇聚合而得。纯净的聚乙二醇其蒸气压低，对热稳定，不易起化学变化，为一种较稳定的水溶性高分子材料。聚乙二醇的分子量高低不等，由200至6000甚至12000o低分子量的聚乙二醇为可流动的液体，随着分子量的增加，变为黏稠状、凡士林状、石蜡状。即随分子量的递增，聚乙二醇由液态转化为固态。通常分子量在600以下，为黏粘稠态，分子量在1000时呈石蜡状，平均分子量为4000，就呈固体。

当聚乙二醇溶液与木质接触，PEG即向木材纤维的腹腔渗透，木材中的水份子沿着纤维边缘向木材表面膜层穿透，而进入PEG溶液，然后PEG与木材内渗出的水份子相溶，PEG溶液再沿膜层孔隙再渗入木材细胞，如此反复进行。木材纤维腹腔中的水份被PEG置换，使纤维细胞腔壁得到高分子材料的支撑，而不致收缩变形。

聚乙二醇分子量的选择。当分子量小时，对木材的浸渗速度加快，有利于脱水定形，但易吸潮返潮。分子量大时，向木材内的浸渗速度降低，不易渗入木材内部，但机械强度增加，且不易返潮。故最初选用的PEG分子量在600～1000，溶液浓度为PEG含量的20%～55%。

处理操作程序为：将器物清洗，称量、拍照、记录后待处理。将配制的溶液在器物上喷涂，使器物全被溶液覆盖，待表面呈干燥状，再喷涂。约十天递增一级溶液浓度。经数月后，可用分子量为1000的PEG溶液。此方法工艺简便，价格较低，无味无毒，不易燃烧，不引起空气污染，对工作人员无害。因PEG稳定，器物脱水定形后一般无变化，但所需时间较长，一般需半年至1年。器物表面呈黑色，且常有蜡状层，也会有吸潮返潮现象。

保护文物的技术措施，应注意保持文物的原状，包括文物的原材料，因此在古代漆器中充填现代的新材料，也并非上策。只有当漆器糟朽，实不得已时再使用充填加固的办法。

七、书画保护

（一）材质和劣化

中国书画是在纸或绢上书写作画，故亦称纸绢画。其所用的基本材料是纸、丝织品和颜料。书画经装裱后，增加的辅助材料还有粘合剂、木材、黄明胶、明矾、象牙、牛角、玉石、金属、珍琅、瓷等。这些构成中国书画的主要材料，是有机纤维质地材料，这是中国书画不易保存的原因所在。保护中国书画的实质是保护纸和丝织品。

用丝织品做书写作画的材料，是对人类文明史的贡献。湖南长沙马王堆汉墓出土的帛书、帛画，就是书写、绘画在绢上的实物例证，是古代帛画、帛书的杰作。书画所用的丝织品，包括了绢、绫、罗、绮、纱、锦等，它们只有织造结构、花纹图案、经纬密度之区别，其质地都是蚕丝。绢为没有图案花纹的白色平纹丝织物，在中国书画中以用绢居多。

丝织物主要是丝素纤维。因此丝素纤维的性质，决定着丝织物的性能与质变。丝素纤维具有吸湿性，蚕丝吸湿后，水分子进入纤维内部，纤维强度下降。丝织品与水接触，或在空气中吸收水分，造成其体积膨胀，重量增加，强度降低。丝织品保存环境的潮湿，会造成丝织物的机械性损坏。丝素纤维对光的作用亦很敏感。日光对丝织物的影响也很大，导致其泛黄、变脆、断裂。丝素的另一性质是发生霉烂变质，这是由于微生物的分泌物作用的结果。酸和碱都会促使丝素水解而使其破坏，丝素对酸的抵抗力比植物纤维强，而对碱的抵抗力比对酸的抵抗力弱。丝素对氧化剂的作用亦很敏感，经氧化破坏后，丝素的性能受到影响。从上述丝素纤维主要性质得知，防潮湿、防光线、防污染、防霉菌等，是保护丝织品，防止丝织质量变的根本措施。

造纸术的出现为书画提供了更丰富的材料来源，促进了书法、绘画艺术的繁荣。我国古代常用的造纸原料为天然植物纤维。

纸的质地以麻最坚韧，树皮次之，竹较脆弱。不论麻纸、皮纸或竹纸皆为植物纤维。纤维素的分子结构，决定着纸张的强度、耐久性和其他性能。当环境湿度大，纸张纤维则大量快速地吸收水份，对纸张的耐久性和寿命产生很大的影响。纸张纤维吸潮，给纤维素的水解及其他破坏性化学反应创造了条件。纸张吸水发生溶胀现象，纤维之间的距离增大，空气污染物便于侵入破坏纤维，加速化学破坏作用。纸张潮湿又遇光线，纤维素易遭到光氧化反应，纸张会迅速破坏。纸张潮湿也容易霉变和虫蛀。潮湿还可使水溶性的色彩渗化扩散、变色褪色、字迹模糊。纸张容易吸水变潮，是纸张纤维的分子结构决定的，故纸张必须要防潮。

纸在制成时含有一定的水份，在相对湿度适宜的环境中，纸仍保持同样的水份，这时纸张柔和、不霉变、耐久性佳。纸张过于干燥会受损而脆裂。可见，保持纸张环境的相对湿度，对纸张的寿命是很重要的。

（二）书画保养

书画易于毁损，但收藏得当可以千载相传。相当数量的两晋、南北朝、隋、唐、五代、宋、元、明、清时代的书画精品，完好地珍藏至今的事实，是前人长期探索书画质变规律，总结收藏经验，并采取有效保存措施，精心养护的结果。

保存书画应创造适宜收藏环境，即做到：防潮湿、防干裂、防污染、防光照、防虫蛀、防霉变。古人在当时的条件下，摸索的保存书画传统经验，至今仍有实用价值。现代的博物馆，完全可以创造比前人更为优越的保存条件，防止书画的损坏，延缓书画的自然老化过程，让古代书画永久地珍藏下去，留传后世。

（三）书画装裱

书画装裱技术不仅为书画作品的艺术效果增辉，更重要的是便于书画收藏、流传和欣赏。装裱是修复书画的特有手段，那些糟朽破碎、糜烂成团，残缺蛀蚀的书画，经精心装裱补缀，可使古老艺术品，再现光辉。书画经装裱，其本身再不是纸绢单片，而在其背面和四周用宣纸、绢、绫保护起来，增强了画心强度。书画装裱的形制有挂轴、手卷、册页等。

出土书画或旧书画的修复，首先要清除画面经多年熏染积有的污物，包括污痕、霉斑、油污、泥垢、蝇屎等。需经去污、揭旧、托补、全色、品订裱式、彻1光上杆等多道工序。

装裱书画的绫绢须经过调色托染。染制色彩要根据画面色彩的浓淡、繁简及用途来选择。装裱书画均用宣纸，装裱用糊，稀则有利画平，古人说"良工用糊如水"。制糊要弃去面粉中的面筋，煮糊用火适中。天杆地杆，选用干燥的松木或杉木可保挺直。书画珍品，用檀木或樟木制画杆可避虫蠹。

八、纺织品保护

古代纺织品是以天然植物纤维麻、棉和动物纤维毛、丝为原料，经纺纱、织造、染整等工艺，而制得的生活用品。

（一）材料质地

古代纺织品的原材料皆为天然纤维，即自然界存在和生长的并具纺织价值的纤维。麻纤维属韧皮纤维，双子叶植物大麻、芒麻、亚麻、黄麻的草本茎杆。棉纤维属种子纤维，是棉花胚珠上表皮的细胞伸长的部分，为棉铃开裂后，成为银白色的细长绒毛。

植物纤维的主要化学成分是纤维素，还有果胶、蛋白质、蜡质、脂肪等物质。这些纤维素伴生物的含量，也决定着植物纤维的物理和化学性质的差异。动物纤维属蛋白质纤维，蛋白质是含氮的有机高分子化合物，而组成蛋白质的基本单位是氨基酸。毛纤维的组成为角朊蛋白质，蚕丝纤维的组成为丝朊蛋白质。

纤维的特点之一是具有吸水性，吸水后使纤维膨胀。膨胀的纤维有时当水分蒸发干燥后，又会恢复原状，但有时超过某一膨胀限度时，则不能再恢复。毛和丝在长期膨胀之后，在常温时，还可以恢复以前的状态。而植物纤维能大量吸收水分，膨胀也更严重，则不一定能恢复原状。

纺织品的另一主要材料是染料。对纺织品进行染色加工处理，在中国已有悠久历史。染色是将纺织品材料用染浴处理，使染料和纤维发生化学或物理化学结合，或在纤维上生成不溶性有色物质的工艺过程。染料在纺织品上应有一定的染色牢度，即具有耐水洗、摩擦、日晒等性能。常用的植物染料有：栀子、藤黄、蓝靛、槐花、橡实、红花、茶叶、茜草。

（二）劣化变质

纺织品的劣化变质，主要是纤维材料发生的老化降解，表现为腐烂、酥脆、断裂、碳化等现象。在出土的古代纺织品中以丝织品的劣化程度最为严重。

丝纤维的原料蚕丝的主要成分是丝素和丝胶，均为蛋白质。加工后的丝织品，已除去大量丝胶，丝素则为丝织品的主要成分，所以丝素决定着丝织品的性能，其劣化变质的原因也与此密不可分。

丝素纤维具吸湿性，吸湿后水分进入纤维内部，使丝素纤维结构中键的结合力减弱，强度降低。吸湿后致使纤维体积膨胀，重量增加。当丝织品保存在相对湿度大于50%的环境中时，其机械性能随PH升高而迅速下降。伴随温度和湿度的升高，还加速丝织品变黄，霉烂变质。高温高湿引起的生物劣化使丝织品霉变和虫蛀。故潮湿对丝织品具强大的破坏力，导致丝织品损毁。温度也会对丝织品造成伤害，因温度高时会引起丝素纤维的水解，更会加速丝纤维中有害物质的活化作用。环境温度过高，易使纤维材料中原有的水分蒸发，造成干脆断裂。温度的剧烈变化，使纤维的热胀冷缩产生相互磨擦而降低强度。

丝素纤维是光敏性物质，对光辐射的作用很敏感，耐光性最差，在光线作用下丝素会分裂，纤维结构中的氢键裂解，并促进光氧化作用。日光中的紫外线在氧和水蒸气存在的条件下，导致出现丝素纤维强度降低、酥脆断裂、色泽变黄等劣化现象。

酸碱均会使丝素纤维造成损坏，丝素纤维对碱的抵抗力小于对酸的抵抗力，丝素纤维对酸的抵抗力还大于植物纤维。蚕丝纤维完全不能耐碱，若将毛织物放在碱性水溶液中煮沸，毛织物将变成浓稠的糊状物。丝素对氧化剂的作用也极为敏感，经氧化破坏后丝素纤维的性能会降低。

（三）修复技术工艺

1. 发掘现场保护

古代纺织品在地下埋藏数千年，强度很脆弱，断成碎片，有的粘结成块状物。在潮湿环境或浸入水中者，吸饱水分后重量增加，依其自身强度难予从水中取出。

故对纺织品的保护工作，首先应从考古发掘现场做起。丝织品在墓中有服装、被褥、包袱、丝袋，也有完整的丝织品匹料。

（1）服装被褥的提取。服装、被褥在棺内保存较完整者，若棺液较多，可先用无菌虹吸导管将棺液吸出，用无菌容器收集。将棺内丝织品连同内棺一起运至修复室内再进行技术处理。取出棺液的目的是避免运输过程中因震动而损伤丝织品。

如墓主人遗体保存尚好，其服装不能脱除，只可用剪开法提取。剪开的部位视具体情况而定，一般应从服装的左右外侧剪开。剥离丝织品的工具为薄竹刀和牛角刀。将提取的丝织品分别装入较厚的塑料薄膜袋中，袋内放一团饱浸蒸馏水的脱脂棉，以保持袋内环境的湿度，以防丝织品快速脱水干燥。封存后修复处理。

（2）包装物的提取。以丝织品用做物品包装袋的，提取时要保留袋口的扣结原状，袋内的物品可通过破损处取出，内盛物取出后应放入适量的白绵纸团，以支撑袋壁防止粘连。然后放在托板上固定并放入塑料薄膜袋中，其袋内也应放置饱吸水分的棉团，以维持袋内的湿度。包装袋完整者，可整袋连同内装物一并放在托板上，装入塑料薄膜袋内密封保存待处理。

只剩下的丝织品残片者，可小心提取用玻璃片夹封。对干燥卷曲的丝织品残片，可喷水雾使其回软展平，再用玻璃片夹封。对紧密贴覆在青铜器表层的丝织品残片，一般应原状保留不宜剥离，连同器物一起用绵纸包装运回室内。

2.清洗去污

出土的纺织品，由于长期埋藏在地下，受到周围物质的作用和污染，如土壤中酸、碱、盐类化学物质的污染；腐败生物体的污染；腐蚀金属氧化物锈斑的污染等，都会使纺织品污迹斑斑，不仅遮盖纺织品的原貌，而且由于污物附着于纺织品上，还会使其材质加速劣化。故清洗纺织品是首要的工序。

纺织品的清洗应根据纺织品纤维的种类、组成、结构和性质而定，也与织物的颜色和污染斑点的性质有密切的关系。其清洗的方法可分为湿洗法和干洗法。采取何种方法，视待清洗的纺织品的质地、颜色、污斑的性质等条件决定。

（1）湿洗法。a.水洗法。去除泥土和一切水溶性污物，通常以蒸馏水做溶剂。不能直接用自来水洗，防止自来水中残留的氯或次氯酸盐对纺织品产生侵蚀和漂白作用。水洗之前，先作试验，检查是否能水洗和脱色。

具体做法是：把纺织品放置于浅而平的容器内，先浸泡一段时间后，即可看到有一部分污垢溶去，再换新水或采用缓缓流动的水，污垢继续被水溶解掉。不溶解的砂砾物质，可待纺织品浸泡一段时间后，用手指轻轻地敲叩，也可除掉。待清洗完毕后，将水排去，再将纺织品放入空气流通、温度适宜的房间进行晾干，必要时可采用电热吹风的方法来加速干燥。

糟朽不太严重的纺织品，可将其平放在塑料纱网上，纱网之下垫以滤纸或干净而易吸水的棉布，平放在玻璃板或塑料板上，用软毛笔或软毛排笔蘸蒸馏水轻轻地在织物上揉刷，使洗液渗入，后再用35C左右的温水刷洗，边刷洗边移动位置，以便滤纸或棉布吸去污水。此法一般适用于小块织物或小面积的去污。

纺织品本身已经相当脆弱，不能用水洗时，可改用水蒸汽流来除灰尘和泥污。把纺织品放在滤纸上或白布片上，当通以蒸汽流时，污泥会很快地被吸收到下面的滤纸或白布上。也可用脱脂棉制成薄片作底垫，把需要清洗的纺织品放在这种薄片上之后，再通以蒸汽流，这样做的效果更好。

b. 溶剂法。对用水洗法不能清除污物者，可用溶剂法，即在水中加入适当的去污溶剂，达到清洗目的。清洗有颜色的纺织品之前，应先在局部做些点滴试验，判断溶剂对它的作用及颜色的牢固程度。油脂类污斑、汗渍、果汁、动植物汁液、烟灰、蛋白质污斑等污染物，一般不溶于水，仅仅用水清洗，达不到预期的效果，可在水中添加去污洗涤剂去除。此洗涤剂通常是碱性的，可与酸性污染物发生中和反应，变成溶于水的盐或碱金属化合物等而被洗去。

一般采用具表面活性作用的合成洗涤剂。清洗溶液的PH值为中性时，清洗效果最好。PH值过高时，对植物性纤维虽影响不大，但会使动物蛋白质纤维发生变质。对纺织品上的金属腐蚀产物，如铁锈、铜锈等金属氧化物污斑，可采用酸性溶剂来处理。为防止酸对纤维的损害，通常使用低浓度的醋酸溶液。

对纺织品上某些特殊难溶的污迹可分别情况做特殊处理：含钙、镁、铁等离子的硬结污斑，可用六偏磷酸钠去除；纺织品上的白斑、动物凝胶、食物残渣等皆为蛋白质污斑，用水和一般洗涤溶剂不能去除者，可利用酸的作用使其分解。因在适宜的条件下，酸可促使蛋白质加速分解为氨基酸，可溶于水而达到去污的目的。通常用木瓜蛋白酸溶液清除污斑。

纺织品上沾染有色污斑为外来颜色，可通过漂白剂氧化还原作用来减轻或消除。常用的漂白剂为氯漂白剂，它适用于植物纤维的麻织品和棉织品，不适用于动物纤维和丝织品和毛织品。动物纤维的丝毛纺织品，常用过氧化物做漂白剂，如过氧化氢等。

（2）干洗法。纺织品上的许多污斑不能用水洗，且用水处理还会给纺织品带来副作用。此时可用有机溶剂来处理。适用于干洗法清除的污斑有：油脂、蜡、树脂、焦油、虫胶、油漆、涂料、合成粘结剂等。许多天然的油脂类污迹，使用干洗溶剂清除更为安全有效。

常用作干洗的有机溶剂有：乙醇、丙酮、苯、甲苯、三氯乙烯等。乙醇等醇类溶剂，可清除纺织品上虫胶、树脂等胶类污斑；苯、甲苯、二甲苯等有机芳烃类溶剂，可清除油脂、涂料等类污斑；丙酮、醋酸乙酯、醋酸戊酯等酮、酯类溶剂，可溶除粘合剂；三氯乙烯为含氯有机溶剂，不仅可清除纺织品上污斑，还有防虫作用，但用三氯乙烯的洗浸时间，不能超过30分钟。

使用有机溶剂干洗时，应对纺织品做应用试验，确实证明该溶剂对纺织品不褪色，不破坏其纤维结构，并有效除污斑后，方可使用。此类物质具低沸点、易燃、易爆的性能，应采取防火、防爆措施。

3. 加固修整

纺织品的加固修整复原方法有：

（1）托裱加固法。对脆弱的古代纺织品匹料或残片，可在其背后托裱粘糊一层或多层手工纸，使纺织品得到加固，以利于其保存。

（2）树脂涂布法。是将高分子树脂材料，涂布于纺织品上，使脆弱纺织品得以加固复原的方法。曾使用的高分子材料有：甲基丙烯酸酯类、丙烯酸胺、N-羟甲基丙烯酸酰胺、丙烯氰类、醋酸乙烯、羟甲基尼龙、聚乙烯醇缩丁醛、甲醛树脂、聚对二甲苯、有机硅类、松香等。其涂布方式有浸渍、喷涂、刷涂和真空渗透等。

要求树脂材料为无色透明；对纺织品无副作用；涂布后的纺织品质地柔软手感好；耐老化而且其老化产物不致影响对纺织品的再处理；具实际操作的逆性。

在纺织品上施加任何树脂材料，无疑对纺织品起到加固作用。但这种加固效果是暂时的，无论采用何种材料和工艺，均不能妥善解决加固问题。因高分子树脂材料的老化期是有限的，而对文物保护的期限要求则是永久的。树脂材料的老化将导致纺织品纤维的损坏，反而影响了纺织品的保存。因此，在纺织品上施加任何高分子材料都是不妥的。20世纪50年代，曾使用甲基丙烯酸甲酯加固北京明定陵出土的部分丝织品，当时是有"立竿见影"的加固效果，但20年后，树脂老化丝织品失去光泽、柔性和弹性，变的硬而脆以致断裂，此教训深刻，不能重演。

（3）丝网加固法。在蚕丝网上喷涂聚乙烯醇缩丁醛乙醇溶液，制成蚕丝树脂网，再通过加热压合工艺，使该网粘附于待加固的纺织品上，达到对脆弱槽朽纺织品加固复原处理的目的。蚕丝树脂网具有重量轻、厚度簿、手感好、透明度良好等优点。由于在树脂液中添加了防霉剂，且未使用淀粉糊，因而具防霉功能。此法用于脆弱纺织品的加固复原有一定功效。

（4）夹衬固定法。用普通平板玻璃、有机玻璃、树脂胶片或无酸纸板等材料作夹衬物，将脆弱残损纺织品夹于两页上述材料之间固定保存。陈列的纺织品可用截紫外光玻璃或添加紫外线吸收剂的有机玻璃等作夹衬。

九、皮革骨角制品保护

（一）皮革制品保护

1. 材质和劣化

古代皮制品是以动物的皮为原料，经鞣制、染整等工艺而制得的生活用品和工艺品。

（1）毛皮制品。毛皮又称裘皮，是由带毛哺乳动物的皮，经鞣制加工而成的皮制品。在尚未出现纺织品以前，兽皮是中国古代先民用来挡风御寒的主要材料。用皮缝制衣服的历史，可追溯至旧时器时代北京周口店山顶洞人，当时已用带孔骨针缝合兽皮制成衣片。

自古以来，人类所使用的毛皮种类繁多。以毛皮原料的来源分野生和家养两大类。一般以野生动物毛皮为贵。野生动物毛皮有：虎皮、豹皮、熊皮、水獭皮、紫貂皮、水貂皮、狐狸皮等。家养动物毛皮有：羊皮、狗皮、兔皮等。毛皮以其毛质可分为刺毛和棉毛两类。

毛皮经鞣制加工后应力求：柔软、有弹性、无异味、无损伤、光洁艳丽、蓬松丰满。对刺毛更要求其毛的长度要平坦整齐、颜色匀称光泽适当、抚摸毛有弹性、毛尖挺直且无焦断。当代已将保护野生动物列入国际法规，人类衣着野生动物皮的裘皮服装永成历史。

（2）皮革制品。皮革是除毛或无毛动物的皮，经加工而成的皮制品。皮革的主要原料是牛、羊、马、猪、鹿、鹿等动物的皮。经过鞣制、染色、加脂、整理、涂饰后的皮革，即可提供使用。

旧石器时代，人类就用刮削石器和尖状石器来剥取动物的皮，并为人所用。但存在着湿皮容易腐烂，而晒干后又变硬的难题。为此，古人利用野兽的骨髓、油脂等涂于生皮表面，经揉搓等机械作用使之变软，生皮干后即可柔软，这是原始的制革技艺。古代先民在漫长的实践中，创造多种制革法：烟熏革柔法、树皮鞣法、明矾鞣法、发汗脱毛法、灰碱脱毛法、粪便软化法、麸糠软化法等。

（3）劣化变质。皮革主要是由网状组织的蛋白质纤维构成，它是一种胶质状的长链结构，除蛋白质外，还有大量维持皮革弹性的水分和脂肪等物质。故皮制品具有结构紧密，又能透气、透湿的优点，制成的服装既能挡风御寒，又穿着舒适。

当皮制品在长期的保存中失去水和脂肪时，就变得僵硬脆裂。皮制品的损坏与光线、温度、湿度和微生物有关，高温会使皮革纤维干枯发脆或变成胶状物，过分干燥易变得脆弱，过分潮湿不仅易生霉菌，且使皮质纤维受损伤，拉力下降。

在制革工艺糅革、加脂、涂饰等工序中，要使用多种材料，这些添加材料包括：糅革工艺使用的植物胶；加脂工艺使用动植物油；涂饰工艺使用含有蛋白质和奶酪素的涂饰剂，这些材料均为微生物营养基。这是皮革易霉变腐烂的内因。而收藏环境的温度和湿度，则是导致皮革霉变的外因，当霉菌砲子沾于皮革表面，在环境适宜微生物生存繁殖时，砲子则迅速萌发滋生，同时会分泌出多种水解霉和有机酸等物质，而加剧皮革的劣化。皮革蛋白质被不断分解，使皮革老化失去光泽，产生皱褶，进而糟朽腐烂。

虫蛀也是皮革制品劣化变质的主要问题。出土的皮制品数量较少，这是因其极易腐烂所致。

2. 修复技术工艺

（1）防治生物劣化。皮制品容易霉烂、虫蛀，防治霉菌、害虫所导致的生物劣化现象，是保护皮制品的关键。严格控制收藏环境，是防止生物危害的首要措施，低温对保存皮制品是有益的。

在皮革制品杀菌灭虫方面曾使用的化学药剂有：对位硝基苯酚、五氯苯酚、溴甲烷等，但无论是以喷雾或自然挥发形式进行杀虫灭菌处理，都不能使药剂与皮制藏品接触。

为避免皮板受潮生霉，应于雨季节之前检查皮制品有无霉菌斑点，并应及时晾晒，但忌曝晒和久晒并避免阳光直射，而以通风散湿为宜。强烈的阳光可使皮革中的油脂加速酸化，导致发热褪色，皮质硬化，毛皮的毛面褪色、毛绒卷曲。晾晒冷却后，可在其收藏环境中放置防虫剂。

（2）清洁去污。裘皮不宜水洗，以免硬化至破损。对其油腻脏垢，可用下述方法去污：将裘皮放在大容器内或工作台上，用拧干的湿热毛巾蘸少量中性洗涤剂，顺毛擦拭即可去污；亦可用软毛刷或棉球蘸汽油或酒精，在皮毛上擦拭去污；还可用湿布滴数滴氨水擦拭去污。忌用含苯有机溶剂擦试。擦拭时不要弄湿皮板，经处理的毛皮应挂起来通风晾晒，并可拍打去掉残存污物。刷具不宜用塑料制品，以防产生静电。

还可将滑石粉撒在皮毛上，用手揉搓，经揉搓后滑石粉末会变脏，而毛皮则净化，已脏的滑石粉可换掉，再加新滑石粉，重复操作，直至干净为止。

皮革上的污垢可用由表面清洁剂、对皮革保护有特效的渗透剂和脂肪醇等组成的去污膏，亦可用蒸馏水加洗衣粉配制的洗液或中性肥皂水在皮革上擦拭去除污垢灰尘。清洁后的皮制品要进行糅革保养维护。

（3）糅革保养。对已变得干硬、脆弱的皮制文物，应先防止其继续劣化破裂。可用甘油、羊毛脂、菌麻子油等进行糅革保养维护。糅革保养的操作工艺很简单，可先用湿毛巾或湿海棉将皮面擦拭一遍，对褶缝处尤要注意，然后用糅革材料进行擦试。在革柔革材料中，羊毛脂可浸透至皮组织内，使之润滑，蜡可留在皮面上使酥化的部分凝固。

（4）脱水定型。水浸的皮制品，忌用火烤、曝晒等加热方法脱水，因会造成皮质变硬发脆。一般的湿皮可用干布擦去水渍，自然阴晾干燥。但水浸后乃至饱水的湿皮制文物，若立即自然干燥，则会完全失去韧性，难以复原。对此类饱水的皮制文物脱水定型的方法可用熔蜡法、聚乙烯醇法、聚乙二醇法。

（5）加固修整。a. 糟朽加固。对糟朽脆弱的皮制品，可在皮面的背面裱褙一层帆布或亚麻布，使之得以加固，并在粘结剂中加入防腐剂。

b. 复原展平。对褶皱的皮制品，可先浸润，再压于玻璃板下，当皮已回软，可适量加压，待皮革干后，撤去重物即展平。起皱的皮革制品，也可用电熨斗，温度控制在65C左右，烫时用薄棉布作衬烫布，并不停地移动熨斗，即可展平。

c. 皮毛复原。对皮毛有粘结状时，可用肥皂水洗，也可用水以涂刷或喷雾法使毛润湿，然后边晾晒边用竹片、藤条从顺、逆、横不同方向轻轻拍打，使其蓬松复原，解除粘结状。裘皮的皮毛被压弯卷曲变形后，可使用湿毛巾将皮毛擦湿，再用竹藤工具轻轻拍打，经晾晒后即理顺还原，皮毛恢复如初。

d. 防止粉化。空气中的二氧化硫侵蚀皮革，会使皮革变红乃至粉化，为防止此劣化现象的发生，用乳酸钾溶液擦拭皮革即可。

e. 藏养护。皮制品忌挤压，毛皮制品受压后出现塌陷、扭曲和变形等劣化现象，故收藏时最好用衣架挂在藏品柜内，以保持其原形。若要平放也要放在抽屉式藏品柜内，以确保皮革免受挤压。皮制品在藏品库内保存绝不能捆扎、压叠或在塑料袋内长期封闭。

裘皮制品每件要分别收藏，毛面向内翻用棉布包好，再放入藏品柜、箱内，并放樟脑避虫蛀，避免损坏毛丝。失去光泽的皮革，可用皮革上光剂养护。涂布保革材料，能将油脂渗入皮革面层，使革质柔润不裂，防止水分浸入，同时在革面结成薄膜，亦起防尘作用。

（二）骨角制品保护

1. 材料来源

人类自远古即以动物机体的坚硬部位骨、牙、角、甲、贝等为原料，制成生活用具和工艺品，统称骨角器。

（1）骨制品。以牛、羊、猪、鹿、马、狗、鱼等动物的骨骼为原料，经打磨和雕刻而成的器物和艺术品，称骨制品或骨器。骨和石是人类最早采用的天然材料。骨虽然没有石材坚硬，但骨材具有比石材重量轻、易于获取、加工简便、打制的骨片尖锐锋利等优点，故在人类活动的早期，即被广泛应用。在北京周口店山顶洞旧石器时代遗址，出土有以鱼骨为原料打磨钻孔的骨坠、骨针，距今约数万年。新石器时代的骨制品，造型规整，刀工流畅，磨制精细，手艺灵巧。

中国古代骨制品的种类可分为：生产工具、兵器、生活装饰用具、占卜用具。

（2）角制品。以鹿、牛、羊、犀牛、羚羊等兽类的椅角为原料，经磨制和雕刻而成的器物和工艺品，称为角制品或角器。在距今1.4万年的贵州兴义猫猫洞遗址出土的角铲，为旧石器时代晚期的制品，是将鹿角截断经磨制而成。至新石器时代，中国已用兽角制成生活用品和工具。唐、宋、明、清各代的犀角为原料雕刻的器物和艺术品，则更具特色。酒杯外，尚有碗、钵、盅、盒、炉、鼎、瓶、笔架等犀角器。

（3）牙制品。利用动物的牙齿为材料，制成的器物和工艺品为牙制品。古代所采用的动物牙齿来自象、海象、獐、鹿、猪、河马、鲨鱼等，但以象牙雕刻制品为主。中国最早的牙雕艺术品是出土于浙江余姚河姆渡文化遗址的牙盅、牙匕等。河南安阳殷墟出土的象牙制品有：杯、碗、碟、筒、尊、梳和饰片等，其中妇好墓出土的象牙杯最为珍贵。

（4）甲制品。爬行动物的外部硬壳，称为甲。人类采集使用龟类甲壳的历史也很久远，前已述及，商代殷墟发现的甲骨文，所用的材料为龟腹甲、龟背甲。玳瑁为海龟科动物，其背部甲壳质地坚韧厚实，表面光亮呈半透明状，黄地黑褐色斑纹明显，为制作工艺品的珍贵材料。

（5）贝制品。软体动物的贝壳，是由软体动物的外套膜分泌的钙质和有机质形成的硬壳。从海洋到河川、湖泊，从平原到高山随处可见到贝壳。人类采集贝壳，对其进行雕刻、打磨或堆塑，而制成的器物和工艺品，称贝制品。旧石器时代的北京周口店山顶洞人，就以海蛆壳作装饰品。新石器时代将经加工的椭圆形小贝壳作货币使用，称贝币。河南濮阳仰韶文化遗址出土的龙虎图，即由贝壳堆成的贝塑艺术品，距今至少有6000年的历史。

（6）珊瑚制品。珊瑚是海洋腔肠动物珊瑚虫所分泌的石灰质骨骼形成的堆积物。中国古代的珊瑚制品大量出现在清代，其种类有：雕刻、佩饰、盆景和镶嵌等等。珊瑚的色泽有红、白等色，以红色珊瑚较广泛，其形状各异，但其性脆，很容易断裂。

2. 材质劣化

骨角制品的原材料是由无机物和有机物组成的复合材料。无机物组分主要是磷酸钙，还有碳酸钙，磷酸镁和氟化物。有机质组份主要是骨蛋白和油脂类物质。用此类材料制成的器物，外观虽很坚实致密，但却很脆弱，来自人为破坏力的机械碰撞、挤压、摔击和水浸、火烧等均会使其严重受损。而环境因素的自然破坏力，也使其材质受侵害，出现龟裂、酥解、腐朽、粉化、褪色等劣化变质现象。

骨质物的基本组成为骨胶原纤维，它是一种矿化物，其基本成分包括羟基磷灰石和约15种非骨胶原蛋白，羟基磷灰石是构成骨质物的主要无机成分，而骨蛋白的含量至少约占骨质物总重的30%。按骨质物组成的不同，可分为松质骨和密质骨，有多孔质脆的结构特征，很易受酸碱浸蚀。

牙质物的主要成分为磷酸钙、磷酸镁、碳酸钙和有机质，其材料坚韧而致密，有纹理，硬度为2.5莫氏度，故牙雕成为工艺品的主要门类。牙制品主要原料是象牙，是象的上腭两颗门齿，有非洲象牙和印度象牙两种，以前者为主，印度象牙色泽比非洲象牙白。

兽角有实心角和空心角之分。牛、羊为空心角，由骨质和角质素构成。犀近于实心角，全由角质素构成。其成分和骨质物相同。贝壳的主要成分是碳酸钙，易被酸分解。

骨角牙材料的显微组织结构各异，骨质物截面的纹理较粗糙，并有特征胞隙。象牙截面的条纹从中心向四方辐射，这些条纹互相交错，形成极细微的网状组织。骨角质材料都是各向异性的，皆有其方向属性。故在环境气候有突变时，如温度或湿度的骤然剧烈波动，因其各方向的伸缩率不同，而出现翘曲、裂解等劣化现象，而多从纵向开裂，此为骨角质器物的常见病害。

如骨角器长期埋藏于地下，受地下水和酸、碱物质的作用，会导致骨角质的劣化变质。水蚀作用的结果，使骨角质材料变成一团海棉似的饱水物质。故有的骨角器在出土时，看似很完整，但完全无机械强度，解之即碎。这是其基体材料中的有机质消失，无机质变质的结果。由于骨质材料的多孔性，故地下水中的碳酸盐、硫酸盐、卤化物等可溶性盐类，会随水而渗入骨角器的基体中。当环境温湿度交替变更时，则盐类物质也随之出现结晶和溶解的交替作用。盐类结晶则使骨角基体膨胀，对孔隙四壁产生作用力，而盐类溶解则作用力消失，如此反复，则导致骨角酥粉开裂。

骨角器结构中的有机成分，在地下水和细菌作用下，易与埋藏环境的土壤发生一系列化学和物理变化，形成坚硬的覆盖层外壳。骨蛋白等有机物易受霉菌侵蚀，而使之消失，但留下难除的霉斑。疏松多孔的骨角器，还易于被埋藏环境中的其他物质污染，变为黑、黄、绿等颜色，如四川广汉三星堆遗址出土的象牙，由于在地下与青铜器共存，铜的腐蚀物浸入象牙基体，而呈绿色。

骨角器在埋藏过程中，骨质中的有机物逐渐消失，而被土壤中的二氧化硅、碳酸钙等无机盐所取代，骨质呈矿化状。含碳酸钙较多的矿化骨，则更易变脆酥粉。随埋藏时间的增加，骨内原有的钙、磷含量下降，而硅等元素的含量则随埋藏时间而增加，二氧化硅成为骨角器的主要材质，则为化石化。

骨角器在地下埋藏过程中，还会在其表层沉积有水垢覆盖层，其垢层主要成分为：钙、镁、磷、铁、铝、钠、钾等物质。

3. 修复技术工艺

（1）去污。出土的骨角器多覆盖有泥污、霉斑及碳酸盐、硫酸盐垢层等，为防止它们继续伴随器物而加速其劣化，必须予以清除。但骨角器上呈现有天然古色古香的黄色，是器物岁月久远的标志，更具自然的艺术效果，应保留。去污的方法有：手工刷除法、机械去污法、冷水浸洗法、温变胀缩法、洗涤剂清洗法、溶剂干洗法、酸液清污法、碱液清污法、EDTA络合法、离子交换树脂清污法。

（2）整形。变形的骨角器，若尚有弹性，可放入浓度为3%～5%的醋酸溶液中浸泡。待软化后用蒸馏水冲洗，并放入预先准备好的模具中，干燥定形。骨角器材质脆弱者，应在蛋白胶液中浸煮后再整形。变形严重者，需逐渐整形，以免造成断裂。

（3）加固。对质地脆弱酥松乃至粉化的骨角制品，可选用高分子材料进行加固处理。加固剂可均匀地从器物表层渗透到基体一定深度，以增强器物基体的机械性能。对产生龟裂现象的骨角器，其缝内一般不必填加固剂粘合修复，因热胀冷缩、湿胀干缩的作用，会导致器物再出现开裂。

常用的加固剂有：三甲树脂丙酮溶液、聚醋酸乙烯酯丙酮溶液、聚乙烯醇缩丁醛乙醇溶液、B72丙酮溶液、硝基纤维素、改性有机硅树脂、石蜡等。渗透加固的方法有：滴渗、注射、涂刷、喷雾和减压渗透等，其中以减压渗透的效果为好。

（4）粘接。对断裂的骨角器需进行粘接处理，常用的粘接剂有三甲树脂、聚胺酯漆、硝基清漆、聚醋酸乙烯酯乳液、502胶等。

（5）补配。对骨角器的残缺部位，进行补配复原处理的材料有：蜂蜡、乳香胶、松香的混合剂、聚醋酸乙烯乳液和石膏调和剂等。为使补配部位与骨角器基体的色调一致，可在上述补配材料中加入适当颜料，以获得较好的修复效果。

（6）保养。骨角器的保养主要是严格控制其收藏和展示环境，做到预防性保护。

第二节　藏品复制

一、藏品复制的原则

（一）基本概念

1. 复制品

依照文物原件的原状进行重新制作的技术工艺，称为文物复制。其制品称为复制品或复制件。

2. 仿制品

依某文物的原件做具体的参照物，以其外观、造型、规格、色彩等资料，用塑形等工艺手段模仿制作，而并非从原件翻模制得，其尺寸与原件不等大。此类制品称仿制品。

3. 仿古工艺品

此类制品看似古物，但并非以某件古物为具体参照物，在造型、规格、图案、纹饰、色彩等方面根据古物的资料，经归纳、摹仿和创新制作的。通称为仿古工艺品。如依据古代绘画的图案制成丝织品，以现代合金材料制成仿古青铜器等。

4. 辨伪

文物的复制品、仿制品和仿古工艺品，不论其制作的精确度和仿真性如何，凡标明为复仿制品或仿古工艺品者，均不能以赝品论处。而将文物复仿制品或仿古工艺品，以某时代某文物命名者，则为赝品。

（二）复制原因

1. 历代复仿制古物的原因

中国的文物复仿制技术有着悠久历史和丰富经验，仿制古物之风始于宋代，迄今千余载久盛不衰。其根由可归纳为：帝王提倡崇古，官僚显贵、豪门钜贾、文人墨客也随之追求附庸，致使仿制古物之风盛行。宋、元、明、清的宫廷投入了相当的人力、财力、物力，极力仿制古物，将复仿制古物技艺推向高峰。在国泰民安的和平时期，民间百姓生活安居乐业，为提高自己的文化修养和品味，兴起收藏鉴赏古物之风，使古物复仿制品有广阔的市场需求。复仿制品几经转卖，有的混入古物以假乱真，经营者从中牟取暴利。在博物馆的藏品中，保存着不少前人的文物复仿制品，如宋摹晋唐书画，宋仿商周秦汉青铜器、玉器等。由于时代久远，工艺精湛，这些文物复仿制品已成为历史文化遗物，被博物馆收藏。

2. 现代复仿制文物的原因

随着人类社会的进程，文物复仿制技术也日臻成熟。现在对青铜器、铁器、金银器、玉石器、石雕、石刻、陶瓷、漆器、家具、纺织品、书法、绘画、文献、牙雕等各类文化遗存都能复仿制。不仅继承了古代各类文物复制的独特工艺，而且与现代科技手段相结合，使传统复制工艺得到弘扬和发展。博物馆进行文物复制工作的主要原因可归纳为：

（1）文物原件已严重受损，虽经保护技术处理，仍难长久保存的和濒临毁坏且具珍贵价值的藏品，需进行抢救性复制。

（2）文物未完成或暂不能完成对其保护技术处理，为使观众早日见到藏品，可用复制品展出。

（3）博物馆的陈列展览环境不佳，为避免文物因展出而受损，亦可用复制品代替文物原件做展品。

（4）博物馆为充实丰富本馆的陈列内容，需要展出非本馆的藏品，也可用复制品代替。

（5）国有博物馆馆际间文物调拨者，调入馆将原件复制品回赠原馆，以供陈列。

（6）私人收藏家将自己的珍藏捐献给博物馆收藏者，博物馆则应将复制品回赠原主，以资纪念并可陈列。

以商业为目的制作的文物仿制品和仿古工艺品，在当代市场上随处可见，其高质量的仿制品和仿古工艺品，能以假乱真，给文物鉴定者出了不少难题。

（三）复制原则

1. 复制文物精品必须遵照文物保护法规的相关规定，办理审批手续后，方得复制。

2. 对文物原件残缺，而又需要恢复原状的复制品，对其补配必须有科学依据，不得随意创造。

3. 复制品必须忠于文物原件的原状，应具有真实性，保证复制品的质量

对普通的复制品，要求在造型、规格、纹饰、文字、色彩、质感、风格、完残等方面，均与原件保持一致，使复制品与文物原件在外观上难辨真伪，这类复制品适用于博物馆陈列。对高标准要求的复制品除保持外观的一致夕卜，在材料质地、化学成份、物理性能、重量、硬度、音响、手感等方面，也要与原件基本相同，能以假乱真。

4. 文物复制工艺的全过程，必须确保文物的安全无损

未经科技鉴定的文物复制新工艺，不得任意采用。

5. 文物复制品应有注明标志，单独登记建库保管，避免真伪不分，造成混乱。

二、复制的方法

（一）青铜器复制

青铜器复制工艺包括翻模、铸形、修饰等主要工序，即直接用模具材料在器物原件上翻制模具，制出石膏形、蜡形，再对纹饰细部进行修正，然后用与原材料相同或不同的材料进行浇铸，制得与原件相同的器型，再进行精细的雕镂加工和表面修饰处理，使之与原件色调风格达到完全一致的复制品。

模具材料有胶泥、石膏、硅橡胶等。由于硅橡胶的性能优于石膏，具重复性

可多次使用，能翻制器形复杂的器物，故得到推广使用。青铜器复制品的基体材料，可用与原器物合金成分相同的青铜，也可用熔点低便于熔铸的锡、铅、镮合金材料，还可用石膏、环氧树脂等异体材料代替。就质量而言，以同体材料为佳，但用石膏或环氧树脂等材料，则成本低，且工艺简便。

中国青铜器复制技术成就显著。湖北随州战国曾侯乙墓出土的青铜编钟的复制品，共65件，用青铜5000千克，采用硅橡胶翻模，以与原钟材料成分相同的青铜合金为复制品基体，使复制品达到形似、声似的高水平。商代司母戊鼎是目前为止发现的我国青铜时代最重的青铜器，体现我国殷商时期青铜业的技术水平，已采用传统与现代相结合工艺，复制出原大的司母戊鼎。西汉透光镜的复制品，可在光照下出现铜镜透光的影像。明代喷水鱼洗的复制品，达到发出清脆悦耳的音响，喷水效果良好。

（二）陶器复制

陶器复制的方法有两种，一是模拟器物产生时代的生产工艺进行复制，即在坯料组成、釉料成分、原料粒度、坯料制备、成型方法、生产工具、坯烧设备、烧成温度等方面，均与原器制作时基本一致，使复制品在外形、纹饰、硬度、重量、色泽、音响、手感等方面，达到与原器一致或相近的程度。这种复制方法难度大、成本高、时间长、质量高，复制品的真实性强，是复制文物的最好方法。山东蛋壳黑陶的复制，即是选用大汶口人和龙山人在当时所用的陶土原料和制作工艺进行复制的，其成果显著。

另一种复仿制方法是部分地或全部采用现代工具、设备、烧制工艺来制作。首先选择陶土并研磨加工成泥，再按所需塑形制胎，入窑焙烧1 2天，其烧结温度为1000℃左右，再涂色釉入窑焙烧4 5小时即告完成。用此种方法复仿制的器物，仅在外观上与原器物相似，如唐三彩的复仿制就是依照出土唐三彩的实物造型，翻模成型或临摹雕塑，经制模、印坯、修胎后再进行烧制，经过素烧和釉烧，最后做表面修饰处理制成的。陶器复制品还可用石膏为基体材料，表面做修饰处理，保持外貌与原器相似。陶器仿制品的修饰，不仅外观陈旧，还要胎体酥粉，曾使用酸浸法、汽蒸法、掩埋法等手段。

复仿制陶器的地域较广，由于陶土原料取材方便、制作工艺较易掌握，故不论是甘肃彩陶、山东黑陶，还是河南、陕西的陶俑、唐三彩等，其复仿制品不仅数量多、且质量也均可达到高仿水平。这些产品是以工艺品进入市场的，但被收藏机构和个人错以文物购入者也有之。

如河南洛阳郊外的北邙山，自东周以来即是帝王贵族殡葬的风水宝地。清晚期在勘探陇海铁路路基时，曾意外发现色彩斑斓、形态各异的釉陶随葬品。当地农村在耕地作业中，也不时翻出唐三彩、彩陶俑等陶质制品。由于受贩卖古物可谋取暴利的引诱，盗墓之风盛为猖獗，北邙山岭上的墓冢已多被盗空。20世纪初，北邙山一带农村已有民间工匠艺人，以修复出土残损的唐三彩、彩陶俑等为生。由于该地区自汉唐即为陶器生产地，近代农民在继承使用古老传统制陶工艺的基础上，成功地掌握了陶器的仿制技术，并逐渐形成生产的规模化。至20世纪末该地区农民已有民间仿古陶器生产作坊百余处，仿制陶器产品的年产量近百万件，其全国同类产品市场占有率为80%。由于其仿制技术高超，有的已瞒过鉴定者，而被辨认为是文物真品。

陶器复制品以文物原件翻模者，为数不多。较大量的是以文物的照片资料塑形而得的仿制品。也有一种纯属"创新"的造型，其外观看似古代陶器，但在已出土的陶质文物中并无此造型，也有人将此物列入新发现，如将坐姿狼狗造型的陶俑，称为某朝的镇墓兽。

（三）瓷器复制

瓷器复仿制由来已久，且后代仿前代制品、民窑仿官窑制品已成规律，如元仿宋瓷，明仿元瓷，清仿明瓷等，由于仿制技艺很高，有的已被收入博物馆做为藏品保存。受仿制古瓷器能获高额利润的刺激，在近现代仿制瓷器的技术更加精深，历代名窑的各类瓷器都能做出高仿精品而混入文物中，蒙骗鉴定者和收藏家。

瓷器的复仿制则以历代各窑口产品的遗物为依据，剖析其瓷胎、釉料、色彩的化学成分和物理性能，探索历代制瓷工艺流程和技术设备等，在此基础上，制出古代各名窑的瓷器复仿制品。通常的瓷器鉴定是掌握瓷器在造型、款识、纹饰、胎质、釉色、釉质等特征规律，以此来辨识瓷器真伪。而现代的瓷器复仿制者，不仅掌握了上述鉴定的要点，还对历代瓷器做了深层次的研究，包括瓷土成份、釉料成份、坯料制备、制胎工艺、炉窑结构、焙烧工艺、烧结温度等均有相当研究。在此基础上经反复实践，复仿制出可以乱真的仿古瓷器。若再仅用观察其色泽、开片、纹样、气泡等外观和用手触摸釉面的粗细，扣听其声音等常规手段，已不完全奏效。当然低水平粗制滥造的仿制品，仅从胎质、釉色、釉质等外观就能确定其为现代制品。

瓷器仿制的瓷面作旧方法有：化学腐蚀法、自然腐蚀法、烟熏消光法、茶水浸渍法、机械打磨法等。

（四）丝织品复制

我国绿丝织绸已有五千多年历史，在江苏、浙江、湖北、四川等省至今还保留着织绸、织锦的传统技术工艺。古代丝织品不断出土，带来丝织品保护的诸多问题，因其材质极易出现脱色、碳化等劣化现象，故必须对丝织品进行抢救性复制。

复制古代丝织品，首先要对该丝织品的丝料品种、经纬结构、纹饰图案、色泽、染料成分、加工技术、织造工艺等进行探讨。再选用传统丝织设备和工艺进行复制。如明定陵出土的两件万历丝织龙袍，已碳化破损，其复制品即按明代舆服制度设计，龙袍料用真金线、孔雀尾羽、五彩丝绒装饰纹样，通幅织制而得。古代丝织品复制品，不能选择结构先进的现代化织机，而首选传统纺织中的木织机。中国历史博物馆与苏州丝绸博物馆合作复仿制了从商、战国、西汉、东汉至唐代的丝织绢锦复制品共9件，达到与原文物既形似又又神似的高水平，且均织或绣上复制品的标记。

（五）书画复制

中国书法、绘画的复仿制方法有：人工临摹法、珂罗版复制法、木刻水印法、照相复制法等。人工临摹法为常用的书画复制法，要求临摹者忠于原作而不能创作发挥，临摹者要精通历代画家的绘画技巧和特长，掌其要领，方能绘画出与原件逼真的书画。珂罗版复制法的优点在于能表达原画的浓淡层次，使复制品保持原貌，适复制单色或彩色绘画。复制书画的材料，包括纸、绢、颜料、墨等，要求与原件相近。

（六）文献复制

文献指载有文字的纸质文物，如手稿、档案、书籍及各种印刷品。常用的复制方法有：手工描摹法、珂罗版复制法、照相制版复制法、光电誉影法、锌版制版法、木刻版印法、检排铅字重印法、人工描摹刻版法等。文献按文图构成可分为：手迹件、油印件、石印件、铅印件、打印件、木刻件、印痕件、复写件等。各种文图构成的文献，均可用照相制版复制法进行复制。此法先由原件拍摄出底片，再用底片制成金属印版后进行印刷，其优点是文图逼真，不失原神。

为取得更好的复制效果，对各种文献的复制要注意选择适宜的方法，选用与原件相同或相近的纸张。手迹件所用铅笔的颜色、硬度及钢笔墨水的颜色、成分等，均需与原件一致，才不失真实感。

第五章　博物馆藏品向展品转化研究

第一节　基于展陈前提下的藏品的研究

为了更好地适应陈列展览，优化对藏品的利用，博物馆应该对相关文物藏品的内涵及外延进行充分的研究。

一、藏品的概念及范围

藏品是构成博物馆的主要部分之一，是其各类业务展开的前提和基础，博物馆的定位也取决于其藏品的特质、数量、质量。是以一个博物馆如果没有藏品将成为无源之水、无本之木，有关博物馆的一系列社会活动如展陈、教育等都无法开展。并不是任何物品都可以被挑选成为博物馆的藏品，它需要满足一定的条件。有关博物馆藏品的概念随着人们认识的改变也一直在不断的变化和更新，从"无限制的文物标本"到如今的"反映人类和人类环境的具有历史、艺术、科学价值的实物"。总的来说，现今认可的关于藏品概念主要包括两个限定的条件：一是根据博物馆相关规定，履行入藏程序；二是可以透物见证人类和人类环境。这些限定条件也是博物馆藏品与其他机构组织收藏不同的根本特点。

对藏品的认识影响着博物馆之后的保护、研究、利用工作。随着博物馆与人和社会关系的越来越密切，这也促进了博物馆对藏品问题的重视，也使藏品概念有了越来越多的实践意义，能更好地发掘和认识藏品背后的文化内涵。随着时代的发展，对于藏品概念的认识一定也会发生相应的新的转变，我们要做的只是分析当下的研究情况。

二、博物馆的收藏功能与展示功能

关于博物馆的功能不同时期有不同的侧重和变化，2006年我国正式实行的《博物馆管理办法》中规定了博物馆的基本功能，由此可见收藏和展示是博物馆的两大重要功能。那么这两者分别是从什么时候开始出现在博物馆中的，这也涉及到博物馆功能的演变过程。

（一）收藏功能

不论在世界各地，博物馆最早都起源于对珍品的收藏。所以相应出现的最早的职能就是其收藏功能。在中国古代，至少从商代开始就已经出现了收藏这种行为。不仅统治阶层注重对收藏品的保护，民间也存在这种保存收藏品的机构。博物馆收藏功能也是在不断的发展，其范围更是不断的扩大。以我国为例：在古代博物馆收藏功能就是类似纪念馆的作用，多是名人宗庙祠堂等。到19世纪中后期，随着近代与西方接触，博物馆收藏功能也受到影响，收藏种类增加（收藏范围可以有世界性）、范围变广（古今中外的都可以收藏），藏品是三维实物，当时并没有非物质文化遗产的概念。在西方，从公元前古希腊罗马时期就有了博物馆的古代形态，当时的收藏为秘藏，具有封闭型。到18、19世纪随着自由资本主义政治民主化的影响，博物馆部分的向公众开放，出现了展示功能的雏形。这阶段直到20世纪中期，收藏功能比重下降，并为展示功能、教育功能服务。这种观点延续到了如今，博物馆收藏应体现"以人为本"的精神。

博物馆的收藏功能总的来说收藏范围不断扩大。收藏范围的扩大，体现在不局限于"古物"，从对奇珍异宝的到现在收藏方方面面的东西，包括现今存在的可能对后世有价值的实物。这种范围的扩大还包括收藏时限的扩展，和收藏品形态的拓宽，如包括很多非物质文化遗产。同时收藏的趋向性随着时代的发展也不断在变化，其背后有着不可忽视的政治、审美、意识上的影响，而一直都存在的是从收藏中反映国家历史，获得民族、文化的认同感。

博物馆功能一直存在多样化的特点，今后也会出现越来越多的功能，但是其收藏功能将一直都存在，因为保存文化、保存一段历史或记忆不论在哪个时代都是十分重要的。只不过其侧重点和趋向性发生了变化，收藏从"以物为本"到"以人为本"，更加重视观众的需求和体验。

（二）展示功能

博物馆藏品从何时起作为展品开始出现在大众视野中，这就要提到博物馆的展示功能。这是伴随着博物馆功能的扩大而带来的。文艺复兴以来，随着科学的不断发展，博物馆的另一种职能随之应运而生，即科学研究职能。1812年在伦敦的埃及厅已经采取系统的方式来组织展览，这种展示功能也是博物馆教育职能出现的前提，博物馆有计划的向观众展示藏品、进行教育，这一点同时是博物馆迈向现代化进程的新特征。用美国学者玛格丽特·霍尔的话说就是展示功能的发展逐渐"平民化"。十九世纪中后期，这种现象就发生了重大的改变，收藏与陈列分室进行，藏品转化为展品，成立了展览厅。在我国的表现就是清末"西学东渐"的过程中创办博物馆，目的是"开民智"。在这时期为了方便科学研究，博物馆藏品的陈列摆放就应用了一定的分类体系，已经不是杂乱无章的了。但是这时期的收藏和参观并没有分开，都是在库房进行。

博物馆展示功能的发展就是一个公共性逐渐增强的过程，从在宝塔上只允许少数人如贵族、学者参观，到从圣殿上下来向社会上所有的人开放，如今世界上更是有很多博物馆免费向公众开放。我国自2008年之后部分博物馆实行免费开放政策，鼓励观众前来参观展览。

博物馆的展示自出现开始就带有其目的性，初期模糊不清，如今是为了文化教育、科学研究、国际交流等等。因为博物馆对展示功能的逐渐重视，由此而引发了方方面面相关的研究。如展示手段日趋丰富，有叙事式、体验式等等。还有展示风格的发展，博物馆得以长久保持活力的原因之一就在于其很好的适应性，可以随着时代的发展改变其展示方法、手段。早期展览的展示风格多讲究对称居中放置，20世纪初展览为了更好地讲述故事采用了蒙太奇手法，"以一定的顺序放置陈列品以表达有机的流动"20世纪70年代后又出现了唤起式的风格，到如今风格多样且不断发展。除此之外还有对不同的展示类型的探索与分类。

三、藏品信息研究

藏品信息研究是展陈工作开展的基础，博物馆在展陈之前要对馆藏现状有一个了解，在充分了解藏品信息的前提下才能对藏品进行合理的组合搭配，使其可以表达某一主题。藏品信息研究包括藏品的内涵信息和外延信息研究。

（一）藏品内涵信息研究

藏品的内涵信息是指通过对文物本身研究可以获得的信息，也就是一些最基本的信息。例如一件瓷瓶，它的内涵信息就包括其时代、窑口、胎釉纹饰、器型、款识、工艺等。藏品的内涵信息是基础，只有在充分全面地了解内涵信息的前提下才能在此基础上继续深入发掘藏品的外延信息，所以搜集研究这些信息是一件十分重要的事情。这要求工作人员在藏品整理时做好工作，这需要做到"制度健全、帐目清楚、鉴定确切、编目详明、保管妥善、查用方便"。我国1986年颁布的《博物馆藏品管理办法》中就提到要建立关于藏品的编目卡片，并需要用准确的语言反映藏品的基本情况，反映其价值与内涵。藏品档案除填写总登记帐的项目外，还必须填写鉴定意见、铭记、题跋、流传经历等。文字必须准确、简明，并附照片、拓片或绘图。

例如故宫博物院在这方面就成绩斐然，截至到2010年故宫博物院已经完成了5次藏品清理工作，对其库房进行了全面的整理。不仅解决了部分类别文物的交叉管理的问题，而且实现了文物帐务分离。

藏品内涵信息的研究是在博物馆对藏品进行鉴定、定级、定名、分类之后进行。信息一定要保证真实可靠，而且要不断的补充，因为这不是一劳永逸的过程，因为信息的搜集和研究是一个不断积累的过程。

（二）藏品外延信息研究

进行藏品信息研究工作，仅仅局限在对藏品本身的研究是不够的，还需要研究藏品的外延信息。藏品的外延信息研究是指对文物环境信息的研究，即藏品所处的时代、地域等对文物的影响。例如刚刚所谈到的一件瓷瓶，它的外延信息就包括这个瓷瓶与它同时出土的器物组合的关系、这个时期该窑址生产瓷器的特点、当时社会风尚对该时期瓷器风格的影响等。这就需要进一步了解与藏品有关系的社会背景、经济状况、文化、语言、风俗习惯，即形成一种"实物+背景资料"的研究。搜集甚至研究藏品本身并不是目的，为的是见证一段历史、揭示一段关系，最终作用于人。一件文物藏品的意义可以是多样的，它可以与很多主题或者内容有着或多或少的联系，这就需要更好地进行藏品外延信息研究，发掘其多层的涵义，这样才可以在展陈主题的选择与藏品的挑选上有更多的可能性。

藏品信息研究所带来的信息丰富程度与价值直接影响了藏品向展品转化这一过程。因为藏品本身都是孤立存在于博物馆库房的，只有对其进行内涵与外延研究，深入了解藏品背后的信息，才能在展陈时将藏品与相应的主题契合，挑选同类型有相互关系的藏品，最终组合并确定展品。由于现代博物馆是欧洲理性主义时代的产物，所以对文物藏品的信息研究多着眼于科学性，随着近年来人文主义、以人为本等思想的影响，对藏品外延信息的研究要更多地关注文物背后的情感和故事，这样也会使藏品研究有更广阔的空间。

四、藏品利用现状及思考

我国2002年修订《中华人民共和国文物保护法》时增入文物保护方针"保护为主"。2017年又把加强博物馆藏品管理，健全文物藏品档案管理制度，建立全国可移动文物藏品信息备案系统纳入章程。向着达成良好的博物馆藏品资源共享和优越的馆际交流机制而不懈努力。这要求博物馆对于其藏品应该在保护的前提下更好地研究与利用，以求得可持续发展。因为博物馆内的藏品并不只是为了一时一世的保存，它是为了更长久的存在。

（一）藏品利用现状

当下我国博物馆对于藏品的利用率明显不足，2014 年在国家文物局"加强文物合理利用工作交流会"上局长励小捷指出"对央地共建中的 9 个博物馆馆藏文物展出率进行了统计，其中最高的不足 5%，最低的仅 1.2%，平均不足 2.8%，通过上述数据可以看出博物馆藏品除极少部分展出外，其余都被搁置在库房内，造成一定程度上资源的浪费。如故宫博物院共收藏文物 180 余万件，但实际展出的藏品还不足其库存的 1%。虽然近年来展出量在不断增多，但与其藏品总量还有着不小的差距。我国藏品的不能充分利用是由多种原因造成的，从博物馆自身而言就有多种原因，例如：展示面积不足、受博物馆的理念制约、受博物馆藏品保存条件限制、修复水平不成熟、相关研究人员的缺乏等因素导致的。

早在 2003 年乔根·韦杜姆（Jorgen Wadum）在《文物保护处于十字路口中》就曾引用过玛莉·波杜科（Marie Berducou）的观点"最成功的保护文物的方法不是将文物'秘藏'起来保护它们，而是更多地利用它们，因为这样人们会重视它们"。这个观点直到今天仍被广泛地认可，有效的利用藏品是对其更好地保护，博物馆应处理好保护与利用的关系，提高藏品利用率可以从多方面进行。

（二）优化收藏结构

对于今天藏品利用的现状和未来发展前景，我们应该思考怎样才能更好地推动藏品资源的利用，更好的为社会发展做出贡献，这需要博物馆创建合理的收藏结构与系统。一方面为未来征集文物藏品，拓宽藏品来源，丰富藏品数量。另一方面也要确保文物藏品的品质，优化收藏结构。

首先博物馆要树立为未来收集文物的意识，2012 年《博物馆事业中长期发展规划纲要》就提出：要加强现代文物、二十世纪遗产、当代遗产等方面的收藏工作。博物馆在藏品征集时不应只着眼于收藏"古物"，而应该适当关注我们当下的生产生活，我们需要为未来收集藏品。另外，博物馆不能只重视文物藏品本身的历史科学艺术等价值，同时也应该关注文物在生产、使用、流传等更广泛方面的问题，可以关注不同方面的优秀文化，各种生产生活方面的细节问题等等，将这些有典型性、有特点的珍品纳入到博物馆的收藏之内。

优化博物馆收藏结构不仅要提高博物馆文物藏品的数量，提高文物藏品的质量刻不容缓，因此就需要对博物馆的收藏取其精华、去其糟粕，对于一些不是文物的藏品及时剔除。另外，博物馆收藏还应该考虑到馆藏条件等具体因素，文物藏品的收集最好还要能够体现地域特色。对于那些不符合本馆性质或者没有能力将其良好保存下去的文物藏品也要及时进行转移，物尽其用。

第二节　博物馆展品研究

为了合理组织与利用展品，使陈列展览更好地切合主题。在陈列展览设计计划过程中应充分进行展品研究。

一、展陈主题选择与展品的选择

在展陈计划的过程中，展陈主题选择与展品的选择是很重要的环节。因为在展览选题时需要考虑主题的选定是否具备足够的展品支撑和与展品相关的学术支撑。

（一）展品的定义

博物馆的展品是围绕展陈主题进行挑选组合，并最终在陈列展览中向公众展示出来的对象。展品的陈列是博物馆陈列展览中最重要的部分，是观众来参观的聚焦之所在。展品的挑选尽量要满足一些标准，如具有典型性、易于观赏、保存状况良好（也就是适合展出），虽然没有具体的相关规定，但是根据这些特点挑选出来的展品能更好地融入整个展览，最终形成好的陈列展览，给观众带来更好地参观体验。

展品是由藏品转化形成，二者的联系密不可分，同时也有一定的区别。就像不是所有的文物都可以称之为藏品，也不是所有的藏品都可以称之为展品，只有经过挑选符合陈列展览主题的才能进入展厅成为展品，进入观众的视野。

根据表现展陈的程度可以将展品分为重点展品、一般展品、辅助展品。这些展品和它们的组合形式也一起构成了整个展览的格调。

（二）展陈主题选择的影响因素

展览策划中一个重中之重的工作就是展陈主题的选择，所有的展览都是以主题选定作为起点，只有成功确定选题才能继续开展下一步工作。展陈主题的选择受多方面因素影响，需要对其进行研究与评估。具体影响因素包括博物馆本身的类型和价值取向、展览的传播目的、观众的需求等。只有综合考虑这些影响展陈主题选择的因素，博物馆才能准确恰当的选定展览的总主题。

1.博物馆定位及类型影响主题选择

博物馆陈列展览的类型可以按时间长短、内容属性、传播目的等多种方式分类。不同时期，博物馆展陈指导思想不同，所以展览定位不同，展品的侧重点也会有不同。博物馆展陈尤其是基本陈列的定位，要与博物馆本身的定位相适应。

例如20世纪50年代中国历史博物馆的展览定位就是"要按马克思主义的历史观，用文物组织，展示中国历史"，国家文物局80年代出版的《中国博物馆学概论》一书在陈列的基本原则中第一条就是以马列主义、毛泽东思想为指导。现今我国博物馆分类的主要依据，是博物馆的藏品、展出、教育活动的性质和特点。而得出的博物馆类型众说纷纭，但不论存在什么类型的博物馆，其定位都影响了陈列展览主题的选择。比如自然类博物馆就不适合举办艺术、历史等类型的展览，尤其是专题类博物馆只适合举办与其相关内容的展览，如果不合时宜的举办展览，就会使整个博物馆显得不伦不类。

2. 主题选定要切合展览传播目的

博物馆展陈主题的选定要切合其展览的传播目的，因为不同的展陈有着各自不同的传播目的，包括教育性、宣传性、文化性等，具体讲包括认知目标、情感目标、体验目标等。任何展览都应该先明确其传播目的，也就是究其根本展览想告诉甚至影响观众什么。所以使展陈主题的选定与其传播目的相适应，这样可以使陈列展览更好地达到传播效果。同时展陈主题在设计时需要具有脉络化，这样可以更好地揭示主题，更好地向观众传播展览内容。

3. 主题的选定要适应观众需求

一个好的博物馆展陈选题要能站在观众的视角进行考量，提前搜寻观众的兴趣点，所以在考虑展陈选题及评估其可能性的时候应该对观众需求进行调查和研究，以便最后可以策划成让观众喜闻乐见的展览。这部分考虑观众的需求包括两方面：一是对目标观众有一个大致的了解，即展览的举办想要吸引什么类型的观众群体，哪些观众会对这类展览感兴趣。二是了解观众来博物馆参观的目标及兴趣所在，这需要建立在一定的观众调查基础上。现代博物馆的陈列展览重视以物为主、以人为本，对观众的研究是一个十分重要且有意义的环节。

4. 展览主题选择要有学术支撑

展陈主题选择需要借助扎实充分的学术研究资料。博物馆展览不同于一般商业展览的其中一个原因就在于博物馆本身的性质是为公众提供知识、教育和欣赏的文化教育机构。所以陈列展览所传递的内容必须是在真实、客观的学术研究上开展的。展陈主题的选定一定要有学术研究作基础，与此同时，学术研究成果也有助于展陈主题的进一步提炼和深化。

（三）陈列主题决定展品的选择

展陈主题是一个展览的灵魂，它在无形中像丝线一样贯穿整个陈列，将陈列内容有机地联系在一起。展陈主题的定位应该有利于帮助观众对展品进行解读，能够更好地为观众服务。因为有展陈主题的存在博物馆展厅中的展品才能在一定环境、条件下传递相关的内容信息，而不是单纯的文物堆砌。

另外，展陈主题不同的侧重点会决定展品选择的方向，所以在挑选展陈中要用到的文物展品时，尽可能多的将展陈策划需要考虑的因素和潜在存在的问题都考虑清楚，根据展陈主题具体的倾向和目标选择展品，选择那些有代表性的文物展品。最终将展陈主题想传达的信息与其对应的展品的良好结合，形成设计感饱满、逻辑性严密的陈列展览。

博物馆要在确定展陈的主题，及各部分内容框架的前提下，对展品进行选择与组合。除了展览主题影响展品的选择外，展览的类型、模式也影响展品的选择、组合。不同的展览需要选择不同的展品，例如以审美为导向的展览需要从艺术性考虑展品的选择，选择外形精美的展品。叙事的主题展览在展品的选择上要求展品与整个主题的关联性，考虑其在整个故事线中扮演的角色。

由于时间、馆藏水平、人员能力等多种条件的限制，陈列展览中对于展品的挑选在实际操作中会有与理想的工作流程上不同的地方。但是不论如何博物馆在展品挑选时要尽力克服困难，为展览选择最能表现主题并富有吸引力的展品。此外，对于展品的选择要以馆藏为基础，但是也不必拘泥于馆藏，要尽可能搜集展出丰富的展品，以便能够更好地展示主题。

二、展陈设计中对展品的研究和组织

在展陈设计中要重视展品的研究与组合问题，以便展品能更好地配合整个展览的主题、基调与节奏。

（一）展品的研究

文物展品是一个展览空间中的主角，特定的展品与展品的组合就决定了整个展览的格调。为了之后对展品进行更好地"排兵布阵"，需要在展品选择得当的前提下，将相关展品进行进一步的综合研究，即展品研究工作。为了展览能更有效的传播信息，需要展陈设计工作者做好这部分工作。

文物标本作为藏品时在博物馆库房已经经历过对其内涵与外延的研究，并有相关的藏品登记账。这一阶段对展品的研究主要包括展品贴合展览主题的相关性研究和对展品本身价值的了解。首先要对展品的内容进行研究，这也是最主要的研究内容，也就是该展品对于这一陈列主题的必要性研究，能否明晰地体现主题，落实所要传播的内容。分辨出哪些展品可以直接地体现展陈的主题思想，哪些只是潜在地体现主题，配合展出。由此可以初步确定主导展品、辅助展品等。其次，需要研究展品本身的特性及蕴含的历史、艺术、科学价值，并分析通过这些历史、艺术、科学的哪一角度如何表现主题，能表现到何种程度。

同时，进行展品研究是一项比较有难度的工作，因为展品数量众多，要想研究好每一件展品，是一个不小的工程量。由于工作成本等多方面原因很多展陈在设计策划过程中不够重视这部分工作，忽视了对展品的研究。但是研究展品是一项十分重要的工作，只有做好展品研究才能使展品呼应展陈的主题与结构体系，因此需要重视对展品的研究。

（二）展品的组织

展品的组织是展陈方案中一个重要的环节，这是在对展品进行综合研究后，最终将它们分类归纳与组织。将展品根据相关内容分类组织在一起，这样就可以一组一组的更好地表达主题思想。文物标本在围绕主题展出时，一定有主有次，因此在陈列计划时需要列出展品清单，并标明重点展品、一般性展品、辅助展品等，还要包括展品在展陈中的组合形式即各个展品间的联系，最终展品组合要达成以不同的展品搭建一个立体的知识空间的目标。

一个展览的展示效果、主题清晰、内容能被有效传播，这些都与做好展品的组织工作密不可分。陈列展览在具体的展品组合上要做到先后有序，对于不同的问题各有不同的侧重。博物馆展陈中的展示素材当然不仅仅限于文物展品，还有辅助展品、图文看板等，将这些展示素材加以相互联系与呼应，可以更好地揭示展陈主题。

展陈中文物的挑选组合是在文物等级和可观赏性的基础上并"因展制宜"的过程，重点是需要根据展陈的不同主题和传播目的等有所侧重的选择文物展品。并且还要注意分散亮点，把握整个展览的节奏。如自然类的展览中展品毋庸置疑多属于动、植物标本，在对展品进行具体组合时可以按照其门纲目属种或地理分布范围等等进行组织分类。而专题类展览需要"分门别类"按专题内容组织展品。江西古代陶瓷文化展［江西省博物馆，江西名窑名瓷专题展览．］的拟展文物就是根据馆藏的宋元瓷器总表以及江西瓷文化的具体特点来决定的，其中对应大纲第四部分的两个单元的文物清单，分别是瓷业高峰（江西地区）和名窑名瓷，就是根据这两个单元的主题内容挑选文物展品，展品都是集中在江西当地吉州窑、景德镇窑、湖田窑、七里镇窑的产品，仅有几件其他窑址的产品以供对比参观。

对于历史类展览来说，主要是依据时间线来组合展品。"河西都会天马故乡——武威历史文物展"［甘肃省武威市博物馆，武威基本通史陈列展览．］就属于典型的历史类展览，展览共分为七个单元，共用文物展品717件，展览大纲就是以时间为线索、挑取各阶段武威市有重要影响和意义的事件来梳理的。第一单元文明华彩部分展品的挑选就侧重新石器时期甘肃地区所在的文化类型，包括马家窑文化、齐家文化（海藏寺遗址、武威皇娘娘台）、沙井文化。第二单元大汉扬威展品的选择集中在汉代的武威立郡（为展示对边塞的防护，所以展出了一些铜兵器，还有具体的简牍来印证研究当时的仪礼律令）、繁荣初始（这部分为体现当地农牧业、手工业的发展，丝绸之路的开通为商贸交流带来的便利，以及艺术的发展等。展品包括很多制作精美考究的模型明器如陶楼，雕塑品、金银玉器、丝织品漆木器等）、天马雄风（河西地区养马历史悠久，为呼应主题展出了铜奔马和铜车马仪仗队及彩绘木马）这三部分。第三单元五凉故都展品集中在五凉更替（主要是五胡十六国五凉时期的一些出土物）、姑臧京华（体现魏晋时期受中原文化及生活习俗的影响，展出）这两部分，第二部分多士之邦主要内容是介绍这时期贤人优才，没有相关展品，为图版介绍。第四部分盛唐通邑展品集中通都大邑（包括十余件名人墓志），慕容家族（慕容家族的墓志和随葬品），艺文璀璨（主要为当地唐代的艺术品，包括唐三彩、乐器残件）这三部分。第五部分大夏辅郡展品集中于物化万象这部分（包括武威地区西夏时期的各种陶瓷器、流通货币、文书板画，并根据当时的木板画内容复原展出当时的西夏人家居宴饮场景），第六部分大元故路展品集中于凉州会谈（元代邀请萨班来凉州会谈西藏归顺蒙古事宜，所以展品包括萨班造像）、永昌古城（元朝统治凉州期间设永昌路，展品有这时期的建筑构件、工艺品）这两部分。第七单元明清凉州展品分布在设府兴邦（明清巩固边防的武器，茶马互市相关的文物）、古城沧桑（展示特色民居建筑内的日常用器）这两部分。

三、展品布置的方法

在博物馆陈列展览中展品应如何安排摆放的问题上，具体操作时需要依据一定的设计要求和方法。

（一）要求

博物馆展陈在正式向公众开放之前要进行内部预展审查，而审查之前的最后一项工作内容就是布置展陈。它是由总体设计来完成的，将陈列计划的文字内容具体化，从内容到形式统一的协调、布置。陈列展览的布置工作主要分为现场安装和布置展品这两部分，布置展品的过程是一个边布置边提高的过程，展品的摆放安排也是整个展览艺术的一部分。它需将展陈主题与艺术形象合理地关联在一起，使主题展现得更加丰满和完整。随着对展陈主题认识的不断深化，展品布置也要随之加以注意和研究改进。

在布置展品时要注意突出展品的特性。依赖于前一阶段良好的展品研究工作，根据展品本身的特性及表现主题的方式，将展品布置、烘托得更精彩，以便信息的有效传递。注意避免空间设计过于"引人注目"而让观众忽视展品的做法。

（二）具体方法

根据展览模式的不同，展品的展示设计方法也有所区别。主要分为审美欣赏型展品布展设计和主题内容表现型展品布展设计两种。

审美欣赏型展品布展设计这类展陈强调文物本身，少有文字说明，多集中在属于物质文化或艺术的展陈里。诸如陶瓷器、青铜器、漆木器、书画等专题展都属于这种类型。这种类型展览的布展上要突出形式美的创造设计，展厅中光、色、装饰材料等应用都要更好地考虑观众审美愉悦、效果整体统一、展品本身突出。

主题内容表现型展品布展设计这类展览要以展陈主题思想为框架，文物展品为中心，其他辅助展品为补充的方法来表现的，也就是"每一件陈列品又必须帮助观众了解其他的陈列品，同其他陈列品构成一个有机的整体，而不是罗列现象"。这种设计方式在我国运用的十分普遍，博物馆的基本陈列尤其是历史类和人物类多属于这种设计方法。整个展览内容就是围绕几条线索展开，展品的布置也是随着内容的具体要求进行安排。

具体来讲，一般常用的展品布置方法有：组合陈列法，中心陈列法，对称陈列法，集品陈列法，原状陈列法等。最终布置展品的时候可以根据实际情况灵活运用并不拘于这些方法。南越藏珍——南越王墓出土文物陈列在展品的布置上就做得可圈可点，展厅中所有展柜朝向的设计均是迎着观众的参观方向，设计时本着尽可能让观众"不扭头、不抬头、不低头"就能很好的进行参观为目的，在展品布置上也体现了以人为本的要求。

第三节　促进藏品向展品转化

博物馆藏品放在库房只能为少数研究人员利用，如果可以成为展品进入观众视野，就可以被更多的人欣赏学习。促进藏品向展品转化，充分利用博物馆的传播渠道，更好地服务人民，造福社会。

一、藏品向展品转化的基本目标

促进博物馆藏品向展品转化，首先需要确立基本的行动目标，即为什么要将藏品向展品转化，想要达到什么目的，这样做会有什么作用等。推动藏品向展品转化是为了提高文物藏品资源利用率，促进文物藏品社会化，使博物馆在发挥其社会职能、为观众服务以及为社会创造价值等方面有着全新的发展，更上一层楼。

（一）提高文物藏品资源利用率

藏品向展品转化的其中一个目标就是提高文物藏品资源的利用率。我国博物馆内藏品资源十分丰富，但博物馆内文物资源利用的现状却不容乐观，因此要想更好地使藏品转化为展品，提高博物馆文物资源利用率，不妨采取以下的途径：

1. 博物馆举行主题多样的展览，变通巧妙地运用藏品

展览能够给观众接触真实的藏品的可能性，以传达藏品信息为目标。为了优化利用藏品博物馆可以举办题材丰富的展览，通过对藏品资源的深入发掘和藏品信息的有效研究，为展览提供更多的可能性。例如南京博物院2015年就举办了温·婉——中国古代女性文物大展，这是中国大陆第一个以女性为主题的展览，在展览题材的选择上有极强的创新性。

2. 博物馆利用其藏品进行科学研究工作，可以更深入地发掘藏品背后的内涵，囊括了举足轻重的现实意义

科学研究工作的有效开展是提高藏品利用率的关键前提，藏品能得到更广泛的利用也会反过来促进科学研究工作的开展。科学研究作为博物馆的一项主要职能，它随着近代科学的诞生而不断发展。加强藏品的科学研究工作还有利于更好地进行藏品管理，以便日后调用。同时对于一些不适合展览的藏品可以在库房进行科学研究，将材料整理出来以便应用也可以避免藏品资源的浪费，防止藏品被束之高阁。

3. 博物馆利用藏品进行"馆校合作"，与学校教育联合

博物馆教育有着学校教育"第二课堂"的美誉，因此博物馆可以与学校展开互动，使其藏品资源的利用达到效益最大化。例如在博物馆中组织中小学生开展主题教育活动，将藏品相关内容应用到教学上开展丰富的教学内容，组织学生参观展览，定期开展研究学习性质的讲座等。这些都可以推动博物馆的藏品资源在学校教育中更好地发挥作用。例如2017年四川省教育资源公共服务平台就与四川博物院联合，将文博教育、藏品欣赏等内容下设在平台上推动学校师生利用。之后不断发展，到2018年5月23日发起"文博教育"试点工作部署会议。

4. 博物馆藏品相关衍生内容的良好开发，包括出版物、数字藏品等

这就是将文物藏品本身包含的信息物化出来，通过其它载体来表现。例如故宫1983年成立故宫出版社，出版内容包括多个丛书系列其中有藏品的主要门类图录、紫禁书系等。藏品资源数字化的出现也是提高藏品利用率的一个好方法，将藏品的数据资源采集后通过信息化的手段，可以让公众足不出户在电脑、手机上就能欣赏藏品和展览。博物馆的这种相关数字化手段可以使相当大比例的文物藏品向公众开放，使观众可以不受时间及空间的限制就能观赏到它们的庐山真面目。

（二）促进文物藏品社会化

藏品向展品转化的另一个目标就是可以促进文物藏品社会化。推动藏品向展

品转化可以使博物馆展品更广泛的被社会大众所接触，使这些文物藏品资源更好地服务社会。这是由博物馆的"非营利性社会服务机构"性质所决定的。作为面向社会、服务公众的这样一种机构，实现更广泛的社会化是博物馆自身功能的内在要求。为了促进文物藏品社会化，博物馆可以将保藏文物藏品的库房当作"仓库展厅"。适时适量的向公众开放，设立文物库房开放日这样类似的活动。南京博物院、广西民族博物馆曾经都举办过这样的展览，取得了可观的成效，激发了观众参观的兴趣，引起了社会上广泛的重视。

同时，也可以使博物馆获得更多的社会资源，可以获得社会上更多的支持和关注。随着博物馆文物藏品资源的社会化，可以使其受到社会上更广泛的关注，有着更大的影响力和话语权。这样可以使博物馆收获更多的人力、财力、物力，更好地将这些资源应用到促进博物馆发展的方方面面，征集到更多更好的文物藏品、提高文物保护技术、改善文物保藏环境和观众参观环境等等。为了促进文物藏品社会化，博物馆可以在调查观众喜好的基础上，将观众喜好与博物馆相关的文物藏品进行匹配，设立会员制度。定期举行相关的文物知识讲座、文物鉴赏活动以及相关的论坛活动等。

二、藏品向展品转化的具体方式

2017年2月国家文物局下发了《国家文物事业发展"十三五"规划》中提到了全国可移动文物资源共享工程：运用第一次全国可移动文物普查数字化成果，建立可移动文物资源共享机制，公布文物藏品信息达到100万件以上，向社会公众提供查询服务。

按照陈列方式划分，藏品转化为展品共有两种方式，一种是广为观众所熟知的实物陈列，这需要观众到博物馆来参观。另一种就是近年来出现的数字化博物馆、数字化展厅，这种展陈方式只要有网络的地方都可以参观。根据陈列方式的不同，促进藏品向展品转化的具体措施如下：

首先，要定期补充、更新展览内容，在做好准备工作的前提下多多举办临时展览。具备条件的博物馆可以增加展厅面积，使博物馆可以同时举办更多的展览，让藏品资源尽可能多的展示利用。

其次，可以增加馆际间合作，不仅国内各博物馆之间可以联合办展，国际间博物馆也可以加强交流。藏品的质量与数量在馆际间有着不可避免的差距，尤其是市县级的中小博物馆与大型博物馆在这方面更是难以相提并论，所以可以加强博物馆之间藏品资源的交流协作与合理调配，以便有效实现资源共享。同时，国际博物馆在藏品资源上也可以加强交流，早在八十年代肯尼斯·赫德森就在书中提到过当时国际博物馆之间进行交换的物品大比例都是艺术历史类的"鉴赏资料"，范围非常的小。

最后，面对数字化博物馆的兴起，我们应该积极应对时代带来的这项挑战。运用多媒体资源库（包括多媒体展示、藏品知识库、数位化图书馆等多种途径），让观众可以跨越时空的距离进行参观欣赏，使数字化博物馆朝着更加健全的方向发展。例如故宫博物院在这方面做的非常好，自2015年起每一个临时展览网上都会有相应的"全景观展"和展品列表，让不能到现场观看的观众可以在家里欣赏。

三、落实藏品向展品转化过程中的文物保护

落实好文物保护不仅要重视库房中的藏品保护，对于藏品向展品转化中的文物保护，也要多方面关注。在2018年《关于加强文物保护利用改革的若干意见》中就指出加强文物保护的重要性。要盘活文物资源，在保护中发展，在发展中保护。

（一）藏品向展品转化过程中的保护

首先要重视藏品向展品转化过程中的文物保护，务必要确保文物的安全。在这方面建立和完善相关的政策与规章制度必不可少，在藏品向展品的转化过程中，要对文物资料的帐目等进行严格的把控。在藏品向展品转化的过程中，一定要遵守相应的程序，尤其是在藏品提取时，一定要登记藏品编号、名称、件数、藏品基本情况、提取人、日期等。

落实好藏品向展品转化过程中的保护工作前提是需要做好展览整体的设计制作规划，尤其是在保护文物安全方面。在对整个展厅设计制作时，要完成关于展览的展览验收报告，展示设备使用清单和特点说明，展览日常维护情况说明，展览微环境控制设备清单，展览温湿度、虫菌害监控设备清单，展览安防验收报告，展览消防验收报告，展览公共安全应急预案。

对于藏品向展品转化过程中的保护撇开上述的保证文物安全外，工作人员也需要秉承着历史使命感和责任感，对于这些不可再生的珍贵的文化遗产，我们要怀着感恩的心情来进行陈列摆放。尤其是一些藏品不适合长期的进行展陈，例如古代书画所用的纸张材料和绢帛，长期铺陈展览都会加剧纤维的破坏，不利于保存，因此在运输和布展的过程中更加需要妥善处理，小心保护。

在制作挑选展柜等方面，也要注意采用环保材料，文物展柜的玻璃需要有防爆、防锤击等的功能。文物展托的设计一定要根据该文物的特点进行设计制作，在保证文物安全展示的前提下还要重视观众的观赏效果。而在展馆内的各项材料都要严格按照国家标准，选用轻质防火材料。文物安全无小事，博物馆应该确保展厅安全监控系统正常运行，时刻保证文物藏品安全。

（二）展品的保护

文物藏品在进入展厅向公众展出后要比原来在库房保存面临的损害风险和速度都快得多，因此面对对于已经进入展陈空间的文物——展品，博物馆需要做好保护工作。具体包括两方面内容：防范自然破坏和人为破坏。

防止展品的自然破坏主要是指环境方面造成的破坏，具体到展陈中包括保持展品放置空间内合适的温湿度、减少有热量的光源，以及避免展厅设计布置的相关材料对文物展品造成污染损坏。

博物馆在展陈设计布置的时候都有严格的设计要求和规范，比如说在控制照明方面就需要依照国家文物局2009年颁布并实施的《博物馆照明设计规范》，其中就包括对"光害"的消除与控制，在这一点上就要求安排有利于文物保护（书画、竹刻）的照明设备。与此同时，规范中提到了关于展品保护的内容，应该减少灯光和天然光中的紫外辐射和红外辐射，要有效过滤掉380纳米波长以下的紫外线和780纳米以上的红外线，尽量减少对文物的损害。根据展品的类别，将它们分成对光特别敏感的展品（如绣品、纸类物品等）、对光敏感的展品（如油画、宝玉石器等）和对光不敏感的展品（包括石质器物、陶瓷器等），根据这些分类来设计展厅中对于展品照度的标准。博物馆在这方面可以根据客流量和文物保护将照明模式分为维护照明模式、平时展出照明模式、节假日展出照明模式、夜间安保照明模式。这样不仅有利于展品的保护，而且也有利于节能，延长灯具的使用寿命。

防止人为破坏主要就是指防止展品在展厅内被安放或者移动时的破坏和观众在参观过程中对文物的破坏。防止工作人员对文物的破坏和不恰当的保护。博物馆要做好展览的日常维护工作，对于进行展览的展品需要专门工作人员对他们进行定期定时的检查，根据文物类别的不同，采取不同的保护方式和清洁手段，对于展厅内展示的文物展品，需要全天候监控展柜内温湿度状况，记录日常工作的数据，全天候监控柜内数据。

除此之外，还应该重视防止观众对文物的破坏，重庆自然博物馆曾在开馆仅仅七天的时间内，有15件展品被人为损坏。在保护展品免受人为破坏这个部分，提高国民素质，落实好保护文物人人有责，培养人民对文化遗产的爱惜之情。

第四节　合理利用展品做好展陈工作

为了充分有力地表现博物馆的教育与传播功能，恰到好处地将文物藏品展示给观众，博物馆需要合理利用展品，做好展陈工作。

一、传统现代交互新媒体有效参与

博物馆在陈列展览工作中需要处理好传统与现代的关系，将传统的经验与新兴发展起来的新媒体新技术有效结合，更好地为陈列展览服务。

（一）现代化科学技术的应用

随着当今世界的发展，科学技术的利用逐渐普及，现代化与多媒体的使用在博物馆行业中也逐渐广泛起来。

近年来博物馆界也逐渐重视多媒体和科学技术的应用，2018年国际博物馆日主题便是"超级连接的博物馆：新方法，新公众"，分享了博物馆与数字化等新技术相互交融的研究成果，并讨论在当今这种信息化科技化发展大的背景趋势下，博物馆与现代科技的交融会带来什么样的影响。提出博物馆可以凭借焕然一新的方法阐释文物展品借此得以吸引不同的观众，如藏品数字化，在展览中添加多媒体元素等。这不单是一项新的技术工具，由此对博物馆的文化价值也产生了深远的影响。

随着现代科技进入到博物馆的各个领域，促进新媒体在博物馆展陈中的合理有效使用是非常有必要的。尤其是在设计场景环境以及需要表现制作工艺等时候，多媒体的展现手法都能恰到好处的表现内容，生动、直观。如曾获第十届全国博物馆十大陈列展览精品评选活动（以下简称为十大精品）的九派云横——九江历史文化陈列，展览在序厅部分就利用多媒体技术在墙面的白色飘带上呈现出一幅温润的江南水乡立体长卷图。在展厅对应的不同主题中，利用多媒体技术营造相应的氛围，各有所侧重。如在表现九江古代风貌的"繁华九江"这一部分，设计了两组场景再现了繁华的商业街道和桅杆林立的九江码头。以实体的船舶和甲板为前景，营造了一个繁荣的码头，用木质架构的实体房子和居民楼复原了当时的码头仓库和附近的市井场景，配上大型的多媒体环幕背景画面和地面上流动的江水，营造出"装不尽的汉口，卸不完的吴城"，再用多媒体动画的手法展示出制茶工艺流程，表现茶市交易的繁华景象。

博物馆陈列展览中还可以设置有重点文物多媒体宣传片视觉体验点，这对展览中的文字与图片起到了很好的补充效果。这种多媒体展示可以根据使用技术的不同分为不同类型，包括三维建模构建的全息立体技术，趣味的二维动画展示（分为依据史料展示的和想象创造的），多媒体与实物相结合的场景等等。

（二）陈列方式的转变——动态展示

随着现代科技在博物馆领域的普及博物馆在陈列展览设计时大都采用多媒体技术与文物诠释相结合的方式，给观众带去更好的展示效果。这使得博物馆的陈列方式发生转变，现代博物馆中陈列手法由之前多是静态的展示变为现如今动态的展示。博物馆不再是仅仅把文物藏品放在展柜中让观众们自己参观了事、禁止观众碰触，随着以人为本等思想的提出落实，博物馆陈列展览变得"寓教于娱乐"，欢迎观众参与其中。苏东海在《博物馆演变史纲》中也提到过博物馆的当代形态，科学技术普及化的这种趋向对博物馆的整个发展趋势有着深远的影响。科学技术在博物馆的普及应用可以使博物馆从历史走向未来，博物馆不再仅仅是"古董"的收藏展示地点，而是与我们当今社会和未来的发展息息相关。除此之外，现代科学技术也进入到博物馆中的各个领域，这在陈列展览、文物管理等多个方面都有不同的表现。

传统的博物馆陈列展览方式多属于静态的，单向的，随着新媒体技术应用到陈列展览中，博物馆的陈列展览方式由静态转变为动态，由单向转变为交互，即观众和展品之间并不是静态的、单箭头的观众参观，而是有一个动态的、互动的过程，观众可以通过参与展陈中一些现代多媒体技术的动手实践、触摸的设施从而充分有效了解展览，收获知识和乐趣。如安排一些传统的版面和多媒体、互动辅助展示，多媒体放映展示等。俗话说得好"变则通，通则久"，博物馆陈列方式的不断创新改变才能使其不断的完善发展。新媒体的有效参与正是印证了这一点。

（三）陈列上处理好传统与现代的关系

早在八十年代肯尼斯·赫德森就提出使博物馆的宗旨变得保持现代化和真诚老实，这在20世纪的今天对于博物馆的发展仍然有现实意义。

如今现代科学技术在博物馆中不断的广泛使用和普及，但这并不是要使新媒体或者科技占据博物馆展览的主导地位，更不是忽视传统、忽视过去。文物展品还是博物馆传播交流的主要途径，过分重视现代科学技术的使用会使博物馆变成科技馆，产生本末倒置的效果，不能起到利用文物展品与观众沟通交流的目的。应该合理利用传统与现代的手法，综合考虑展陈主题等多方面因素，让传统与现代的手段更好的在展陈中应用，将新媒体等现代化技术用在刀刃上，有的放矢。

二、重视观众需要提升观众参与感

随着博物馆关注的重点由以物为主转移到了以人为本，博物馆的一切工作包括陈列展览也越来越重视观众需求，博物馆希望通过陈列展览可以引起观众的共鸣，因此就需要陈列展览的设计人员了解观众需要，设置更多的让观众体验的互动性项目，研究观众这项活动在近年来也变得越来越重要。

（一）了解观众参观心理和需求

首先需要了解观众心理和参观动机，尽可能的减少观众的生理疲劳和心理疲劳。大多数观众来博物馆参观的动机就是为了欣赏，并尝试在自己与博物馆中获得共鸣，建立联系。因此陈列展览在设计时一定要考虑到观众心理，这就需要缓解推迟观众的生理疲劳（由于长久的参观导致的体力上的消耗）和心理疲劳（视线目不暇接而导致的审美疲劳）。缓解生理疲劳需要设计好展览展线的长度，展厅内设置座椅等。这部分重点考虑的是展览设计时如何减轻、推迟观众的心理疲劳，这就需要充分调动好观众的情绪和兴趣，通过获得乐趣和参与感让观众抵消掉这种疲劳。陈列展览设计时需要掌握一定的观众参观心理活动规律，有的放矢的安排活动。例如"九派云横——九江历史文化陈列"在净土仙踪这一部分，通过展示东林寺的模型来展示当地佛道教场所绵延至今的香火和佛教文化。在此之后设计了一个中国园林式的休息区，展厅内合理的将休息区与展区结合，自然生动，充分考虑到了观众的生理和心理疲劳。

在此基础上，博物馆展陈设计更要重视观众的需要，引起观众的兴趣和注意力，提升观众在博物馆中的参与感。这是由陈列展览的非强制性和在行走中学习的两个特点所决定的，因为观众都是自愿来到博物馆参观，参观的时长、路线、关注点都是自由意志决定的，不能被强迫的，同时，由于博物馆的性质决定了观众获取知识和乐趣的途径是一种非常规的方式——在行走中进行，而不是坐在教室里专注的学习或是直接在游乐场玩耍。因此，在这种参观路线上，陈列展览的内容如何能吸引观众，让观众为其驻足就颇为重要。

（二）陈列中设置互动性环节

二十世纪的今天，形形色色的信息技术都呈现着飞速发展的状态。观众来参观需要也更希望从亲身体验中获得科学文化信息，博物馆旧有的展陈方式已经不足以满足社会需要，因此现在出现了越来越多的观众参与的触摸模式。观众通过利用自己的视觉、听觉、触觉等来了解展品的内涵和其背后的历史文化价值。甄朔南也曾提出过互动的展示符合当代观众的要求，是现代化博物馆的重要标志。

提升观众在博物馆的参与感，真正的让观众有参与其中的感受，而不仅仅是走马观花的来博物馆"溜达一圈"，博物馆要具备沟通意识。越来越多的博物馆设置了一些活动项目，希望观众在博物馆的参观中收获充足的兴趣和参与感。例如通过设置"触摸屏知识互动"这种触屏电脑来与观众进行互动，其主要内容多为展览中涉及的重点文物相关知识和扩展阅读内容，多是通过一些小游戏的形式"寓教于乐"让观众参与其中。还有其他的一些鼓励观众参与博物馆的活动项目。在南越藏珍——南越王墓出土文物陈列中，就设计有三个观众可以在参观过程中参与的项目，即治玉坊，读书角，乐器演奏宴会。治玉坊就是设置在玉器单元中的观众参与项目，里面包含实物展示玉料和治玉的一系列工具，游客可以亲身参与体验。

（三）设法引起观众共鸣

陈列展览应该设法在或是情感或是知识等方面引起观众的共鸣，对于文物展品和整个展览的主题内容要从合适的切入点进行信息传递，这样才能让观众感同身受，获得更多的参与感。

陈列展览不仅提供了文物展品这种可以让观众直观感知的形象，而且要引导观众深入陈列展览中去，激发观众的兴趣与想象，让观众在展览中不仅可以找到同自身经历的"共鸣"，也可以对以往的知识经验进行补充，最终达到丰富与发掘展览内涵，润物细无声的影响观众的效果。八十年代澳大利亚就有"我们的博物馆"这种提法。当下，我们国家不少的博物馆都举办了关于反映当代百姓记忆的展览，如首都博物馆就举办了主题为"城市记忆——百姓之家展"和"京城旧事——老北京民俗展"，台湾国立历史博物馆也举办了主题为"我们：'中华民国'100年特展"的这种与普通百姓息息相关的展览。很大程度上调动了观众参观的兴趣与热忱，会让观众认为这是一个为他们而举办、与他们紧密相关的展览。这种展览可以使观众在参观时随着展览内容的发展变化有共存共荣的体验与感动。

三、发掘展品内涵拓展文化影响力

博物馆要设计好一个陈列展览，还需要进一步发掘展品的内涵，通过对展览主题切入点的变换、叙事交流角度的分析、展品具体解读上的创新等多种方法进行研究。这样不仅可以使展览参观起来更富有吸引力，而且通过研究还可以发掘到展品背后蕴涵的意义和价值。

博物馆主要是通过"物"也就是文物展品来展现它的价值，传达相应的信息。它并不是那种静态的、一成不变的文化，而是通过展览使文化"活"起来，是一件在不断发展也需要我们不断创新发掘的事情。那么发掘"物"背后的内涵就至关重要。例如"河西都会天马故乡——武威历史文物展览"，是一场关于武威市当地的历史文化展览。展览在整体上按照时间顺序并凸显当地发生的在历史上具有重大意义和影响的事件对文物展品进行排列展出。展览针对每一部分的具体情况，通过发掘展品内涵，选取有代表性的文物展品。以达到揭示展品背后的历史内涵拓展文化影响力的效果。在展览中展出了汉代武威出土的木雕彩绘独角镇墓兽，它不仅反映了汉代木雕艺术发展的工艺，人民的文化生活，也能适切的反映当时的丧葬习俗。通过对展品内涵的进一步发掘和解读，可以让观众更好的在展览的情景下理解展品。另外，展览中还有三国魏时期的"青龙四年"左长衣物疏木牍，这与当时的丝织品制造水平息息相关，甚至与古代丝绸之路的发展有一定的联系。

还有元代的萨班造像，它不仅证明了当时武威地区佛法弘扬盛况，也有利于了解对元代的凉州会谈，对当时西藏最终纳入中国版图这一重要历史事件有一些认识。陈列展览的良好设计并不是灵光一现的结果而是知识建构的产物。通过对展览中展品内涵的发掘深化，可以使展品更好地表现其所在展览单元的主题并将其进一步拓展延伸，能很好的条分缕析知识脉络，也有利于文化力量的凸显传播。

博物馆陈列展览并不是单纯的展品堆积，而是要在发掘展品内涵的基础上，将文物展品回归到当时的历史背景或是自然环境中，这样有利于观众对展品的理解，缩短观众与文物展品间的关系。博物馆相关从业人员要有一双会发现的眼睛，善于发掘其文物藏品背后的内涵，总结归纳其共性与个性。这样才能在举办展览时更好地拓宽展品内涵的深度和广度，更好地延展主题。现如今我们可以广泛的发掘中国传统文化，举办富有中国特色的陈列展览。譬如通过发掘中国现有的非物质文化遗产举办相应的陈列展览，使其能够更好地被传承与保护，让更多的人了解，将这些优秀的文化发扬光大。除此之外，还可以加强国际间的展览交流活动，博物馆在这方面有着广泛的平台优势，可以通过办好陈列展览使不同的国家进行跨文化间的交流。我国每年都有一定量的展览向国外输出展示，通过展览向不同的种族与群体传递我们的文化，通过展览这种形式将我们的文化与世界沟通。与此同时我们也相应从外国引入不少展览，探索世界各国的历史文化、艺术特色和风俗人情。2018年上海博物馆就有3个赴境外的展览，也有4个从外国引进的展览。

博物馆需要富有文化使命感，合理利用展品做好陈列展览工作，发掘探索展品背后所蕴含的文化内涵与外延。这样不仅有利于拓展文化影响力，也有利于博物馆核心竞争力的提升。

第六章　博物馆藏品数字化管理

第一节　藏品数字化管理的基本理论

从信息论的角度看，博物馆就是一种不折不扣的信息机构。它受社会的委托，从具有物证价值的信息载体——文物标本——收集开始，后经信息解读和保护管理，进而用于科学研究或教育传播等，最终以信息性的产品服务于社会。当代信息科技的迅猛发展给博物馆这样一种信息机构带来很多机会和变化，并最先与藏品管理工作碰出了靓丽的火花。

一、藏品管理数字化相关概念解析

随着计算机和网络通信技术在博物馆工作中的运用，陆续出现了多种相关的专业术语或社会常用语，与藏品管理数字化相关的有博物馆数字化、博物馆信息化、数字博物馆、数字化展示等，人们对这些新用语的理解和所指各异，反映出该领域的理论研究滞后于实践，给相关的交流研讨带来障碍。其实这些用语的所指可以分别归属于以下5种各不相同的事物。

（一）博物馆数字化

"数字化"的实质，就是将传统的纸质文档内容转变为数字文档的过程。例如，博物馆工作者把原先用纸张或化学感光材料记录和存储的实物藏品信息，转变为用计算机存储和处理的数字信息，这一过程就是狭义的"博物馆数字化"。博物馆数字化的最初目的就在于藏品管理，试图通过馆藏信息的数字化管理来全面提升馆内业务工作效率。如今，博物馆数字化的效益远远超出了利己性的内部服务，利他性的为外部社会提供服务的数字化已成为热点。

（二）博物馆信息化

"信息化"一词指的是"信息和数字化"，目前在社会公众的日常言语中往往用作"数字化"的同义词，因而可以把"博物馆信息化"与"博物馆数字化"看作对同一事物的不同表达。但在专业人士眼中，"信息化"与"数字化"这两个词之间还是有区别的。"数字化"一词偏于说明一种技术，比较具体；"信息化"一词则偏于说明数字化后带来的变化与好处，比较抽象。所谓"博物馆信息化"，是指博物馆各职能部门员工普遍利用信息技术开展业务的工作状态，包括网站建设、藏品管理数字化、实体陈列大量运用数字多媒体技术、楼宇管理自动化、办公自动化、局域网络建设乃至数字博物馆建设等多种内容，其目标指向整个机构具有更高的运转效率，能够更好地发挥职能。

（三）数字博物馆

这是一种采用数字化技术进行建设且须借助数字化视听设备才能加以利用的博物馆信息服务方式。现已成为使用频率很高的社会常用语。从行业角度看，打造一个数字博物馆需要实体博物馆许多部门专业工作者的协同参与，是对自然/文化遗产物证材料、形态信息及其相关知识信息进行数字化采集、整理、保存、发布的过程。但在社会公众看来，作为建设成果并投入发布利用状态的数字博物馆，其功能是单一性的，完全集中在对应实体博物馆的陈列展览等教育传播领域。已被社会广泛关注的"数字博物馆"，仅仅是实物藏品拥有者利用信息技术所推出的一种新型信息服务项目，因而其定义可以简单归纳为：

数字博物馆是以数字化技术和形式向公众展示、传播人类活动和自然环境见证物及其相关知识的信息服务系统。

（四）数字化展示

陈列展览犹如博物馆的面孔，也是博物馆传统的实现自身价值的主要渠道。博物馆在陈列展览中使用幻灯、电影、电视、录音等电化视听手段的历史已长达半个世纪，而数字化科技带来了性价比更高的应用，维护成本也大大降低，数字式的荧光屏、银幕投影、多声道环绕音响、移动终端、智能控制设备等再为陈列展览增光添彩，如今已全面取代了以往的电子设备，在营造气氛、活化展品等方面发挥重要作用。

（五）藏品的数字化管理

藏品，是博物馆根据本馆的性质、特点、任务，按一定标准有计划入藏的具有历史价值、艺术价值和科学价值的有关文物、标本和实物资料等物件，是国家和民族宝贵的科学文化财产，是博物馆业务活动的物质基础。博物馆藏品可作为信息载体被收藏和利用，因而藏品及其信息的管理就成为博物馆的基本职能。博物馆藏品的流动轨迹不同于一般消耗性的物品，因各种需要提取出库的实物藏品终究还得回归到库房保管状态。所以保管排架库房才是藏品的最终归宿，致使博物馆藏品保管工作内容带有循环往复的特点。其中实物藏品的空间移动频率并不高，主要还是一整套信息性的保管单据作业形成复杂而沉重的工作负担，甚至成为制约全馆业务工作效率的瓶颈。

所谓保管单据，就是记录藏品部分信息的书面材料，在不同工作环节都有各自所需的格式要求，如藏品总登记账、编目卡、提取退还凭证等等，其各自所含的基本信息部分也有一定的重复性。藏品保管员在很大程度上是借助藏品信息来进行保管工作的，而藏品信息又是可以数字化的。电子计算机等信息技术的普及和应用不仅能加快信息处理速度和精度，而且可以减去大量重复性的人力和物力消耗，无疑为博物馆提高藏品保管工作质量和效率乃至突破全馆业务工作效率的瓶颈创造了条件。藏品的数字化管理，主要是出于这些增效减耗乃至提高藏品安全系数的目的，而运用数字化技术辅助藏品的管理工作。

数字化科技在博物馆的运用相当全面，博物馆内外两类职能部门的工作都有所涉及，本书不打算就博物馆信息化涉及的所有问题泛泛而谈，而是将焦点集中在内部职能中的藏品管理业务领域，探讨如何运用信息技术开展藏品管理工作。以如何开展数字化的藏品管理工作为主线，兼涉相关的理论和学术问题。而藏品的数字化管理优势是建立在实体博物馆的传统保管工作基础之上的，并且无法全面替代传统的保管工作方法。数字化管理方法是对传统保管方法的优化、提升和补充。所以，要想理解和掌握数字化藏品管理问题，必须了解传统保管工作的基本流程和方式方法，本书特意在后面的附录里安排了"博物馆藏品管理的理念与传统方法"一节，供读者遇到相关问题时及时查询、了解详情。目的在于使本课程不以经验型的传统藏品管理课程为前提，而将焦点集中在问题意识和执行力培养方面，力争做到不仅要懂，而且要会。

二、藏品数字化管理的内涵和原理

博物馆藏品的数字化管理属于新生事物，首先要搞清楚它究竟是做什么，基于怎样的原理等基本问题。

（一）藏品数字化管理的内涵

博物馆对藏品实施数字化管理，就是利用计算机多媒体、数据库、数据压缩等技术手段，将实物藏品信息由传统信息记录介质的纸质表单等形式转化为电子数据库记录形式，使保管员能够借助高效快捷的机读管理系统开展登记编目、出入库管理、排架清点、查询服务、盘核统计、打印表单等一系列业务工作，从而大幅度提高藏品保管的工作质量和效率。简而言之可定义为：利用现代信息科技手段高效、低耗地开展藏品保管业务的工作方式或状态。

计算机科技与博物馆业务最初的结合点就在于藏品管理，是从提升博物馆内部管理效率的角度滥觞的。早在20世纪60年代，美国有的博物馆就开始尝试利用计算机处理藏品资料。到70年代初，联合国教科文组织出版的《博物馆》杂志曾开辟"博物馆与电脑"专辑，掀起了对该命题的初步讨论。1972年在英国剑桥大学的塞奇威克地球科学博物馆进行的试验表明，使用计算机为馆藏编目，平均每件藏品要花费65.5英镑，尽管代价高昂，但专家们仍然坚信这是值得的。

在我国，上海博物馆于1984年率先开展计算机编目的探索，到第二年就有7家博物馆开展了这类工作。主管全国博物馆事业的国家文物局曾多次召开有关会议，及时引导和扶持这一新技术动向。文化部于1986年颁布的《博物馆藏品管理办法》提出："为加强博物馆的现代化建设，各地博物馆可根据本馆经济及人才条件，逐步使用电子计算机管理藏品。"1995年计算机软件的视窗操作系统问世，有力地推动了计算机应用的普及，并刺激信息科技高速发展。随着软硬件和网络环境的不断改善，设备性价比的快速提升，发展到信息化时代的今天，藏品管理数字化在博物馆界已经成为比较普遍的现象。

（二）藏品数字化管理的原理

博物馆传统的藏品管理工作对象，分为实物藏品和相关信息两个部分。数字化管理并不能完全取代实体性的藏品管理操作，恰如计算机不能帮助保管员实施搬运和排架操作一样。"数字化"的直接对象仅仅是藏品管理中的"相关信息"部分，但这抓住了效率问题的关键，能够对藏品管理工作的方式和质量产生积极影响。

所谓"藏品信息"，是指每一件藏品自身所具有的和后人所赋予的一些特征和属性，大致可以分为具体形象的形态信息、抽象的知识信息和工作性记录。其中形态信息往往是非言语性的，知识信息和工作性记录则是言语性的。博物馆之所以要收藏某些实物，不是为了物理或生理意义上的应用，而是因为这些实物身上凝聚着有助于人们认识世界的信息，是作为信息载体来加以收藏的，而信息又恰恰是可以进行载体转换的。以往是用照相、绘图、摄像、录音等方法，将实物藏品的形态信息转化为照片、图纸、胶片或音像磁带等载体材料；用书面文字描述或口述录音等方法，将实物藏品所含抽象的知识信息和工作性记录转化为纸质文献或录音磁带等载体材料，以便单独保存藏品所含的信息，也用来进行藏品管理和范围有限的信息分享。

而今运用数字化技术，把原先用纸张或图片等形式存储的信息转换为用电磁介质按"0"和"1"组成的二进制数字编码方法加以储存和处理的信息。从而能够用计算机可读数据的形式来表示藏品信息，用磁性或光学信息存储介质作为载体，借助计算机等信息处理设备进行数字化藏品信息的生产和使用。这就使得保管工作对象从传统的实物藏品与书面信息的双轨制，转变为加入了电子信息的三轨制。结果是传统的账簿和编目卡片等书面信息材料逐渐转为单纯的信息安全备份功能，其原有绝大部分检索、查阅功能被更加方便、快捷的电子数据库信息系统所取代。

博物馆属于一种比较典型的信息机构，自然会受到信息工具进步的深刻影响，藏品信息管理方式的改变不仅能提高保管部门的工作效率和质量，也为其他业务部门乃至整个机构的高效运行奠定了基础。

三、藏品数字化管理的意义

藏品数字化管理是需要一定投入的，管理者是否愿意在藏品管理方面投入人、财、物，往往与其对数字化管理效益产出的认识有关。经验告诉我们，与传统的手工管理方式相比，数字化管理的积极意义主要体现在减轻劳动强度、节省工作时间和提高藏品安全系数等方面，是提高藏品管理水平的重要措施。

（一）减轻劳动强度

用计算机书写不仅速度快、便于无痕修改，而且屏幕显示或打印输出的字体规范、清晰易读，更有扫描仪和语音等快速输入的高效手段可用，同等篇幅书写的劳动强度要比手工抄写小得多，所需时间也少得多，这是人们在办公自动化过程中早已普遍体验到的事实。保管单据作业也不例外，如今在很多实现了数字化管理的博物馆保管部门，除了制度要求手写的总登记账簿以外，其他多种保管单据的生成作业都已实现自动化。另外，保管工作所用多种表单的栏目内容存在局部重复性，同一件藏品的记录内容也有被多次反复写入同一种表单的可能，以往保管员只能根据不同单据或不同批次的需要抄写，无法避免其中的重复劳动。而今藏品信息一经数字化则成为可反复调用的数据库资源，能在很大程度上减去书写劳动的重复性。藏品数字化管理的实践表明，如今生成各种统计报表和单据作业的劳动强度已降到了微乎其微的地步，从而使保管员得以从繁重的抄写劳动中解脱出来，快速生成统计报表也能为管理决策提供及时而精准的信息支持。

（二）节省工作时间

保管员在工作中经常需要查询藏品信息记录。以往是采用账簿、卡片或档案册等书面材料形式记录藏品信息的，这些材料虽然用卡片抽屉或文件柜等设备收纳、排放有序，但其本质是线性排列的，并且需要专门的存放空间，保管员翻阅、查找的工作强度较大而效率却不高，花在检索查找上的时间甚至会超过阅读利用的时间。而数字化的信息查询方式不需要保管员改变工作地点和姿势，并可利用直观多样的检索方式快速调取所需的藏品信息记录，数字化检索可以是非线性和跳跃式的，对目标藏品特征记忆的要求也较为宽松，甚至可以智能化地进行模糊检索，从而大大缩短了检索查找目标藏品信息的时间。另外，以往在日常工作中，馆内其他部门业务人员或馆外专业人员经常需要藏品保管员提供检索帮助，因为手工检索原本只是保管员自用的工具，带有浓厚的中介用户属性，尤其藏品分类和检索方式都比较个性化，往往使得初次使用的外部人员感到陌生、不便。而在数字化管理状态下，由于数据库检索方法简单易学，具有鲜明的最终用户属性，使得外部人员完全能够自助检索，无须保管员陪同提供帮助，从而能节省保管员对外服务的工作时间，同时也意味着突破了馆藏信息利用的瓶颈。检索查询效率的提高无疑为保管工作节省了更多时间，也全面提高了藏品信息利用率。

（三）提高藏品安全系数

尽量降低暴露和触碰实物藏品的频率是提高藏品安全系数的重要方式之一。博物馆藏品的数字化管理，主要在两方面有助于达到这一目标：一方面是由于藏品的数字化影像远比传统纸质照片的清晰度高，细节放大的屏幕显示效果甚至能超过肉眼观察的水平，再加上数字化存取图片的方便快捷，使得部分依靠提取实物观察的工作被检索和观看数字化影像所取代。换言之，虽然博物馆业务人员都在围绕藏品开展工作，但并不都需要拿着藏品才能工作，实际上在更多场合仅凭藏品信息就能开展工作，数字化图像信息因具有高保真性和易分享性而直接满足了很大一部分业务工作的需求，这自然会大幅度降低实物藏品的移动、暴露和触碰频率。另一方面是在库房排架管理操作中，可以采用射频识别等传感技术，即保管员使用带有芯片读写器的移动终端设备，在一定距离之外通过电波与贴敷电子标签的目标藏品对话，就可以辨认藏品的确切身份和库位信息，也可统计藏品的精确数量等，从而在排架库操作中实现"非接触式管理藏品"的状态，做到无损化管理。这种"使物品开口说话"的物联网技术应用也是以藏品信息数字化为前提的，是数字化技术在博物馆应用的延伸。

总之，博物馆藏品是博物馆各项业务工作的物质基础，征集工作可以增加博物馆藏品的数量并改善博物馆藏品的质量，藏品管理可以确保征集工作的成果得到妥善保管和充分利用。同时，藏品管理各项流程紧密关联，在为博物馆其他业务活动提供基础性服务和为社会公众提供便捷服务的同时，确保藏品安全。博物馆在本质上可以被看作是一种较典型的信息管理与服务机构，其中处在基础层面的藏品管理工作成为影响整个机构业务运行效率的关键，政府主管部门已经将藏品管理数字化纳入博物馆等级考核，可见这个问题多么重要。已有的实践表明，信息科技确实为藏品管理工作增效减耗提供了契机，当代博物馆工作者应该抓住这个机遇，努力实现藏品管理的数字化，以全面提高博物馆的管理和服务水平。

第二节　数字化工作环境建设

博物馆藏品的数字化管理是建立在对现代信息科技引进与应用基础上的。这项工作的起点就是根据藏品保管工作的实际需要，通过购置或开发一系列硬件和软件搭建所需的工作环境，按工作流程可大致分为采集加工系统、储存系统、输出系统和网络系统等四个主要领域。

一、藏品信息采集系统

采集加工系统所针对的就是所谓的"数字化"步骤，指的是利用计算机多媒体、数据库等技术手段，将馆藏实物的形态信息和传统介质的文献信息等，转化为数字化、电子化的磁（光）盘数据或网络信息。藏品信息的采集对象大体可分为两类：一类是言语性的文字或语音信息，另一类是非言语性的形态信息。

其中言语性信息的数字化采集主要通过个人计算机、写字板和扫描仪等可以处理文字的设备进行，语音信息则采用录音笔等设备进行采集。这类硬件设备均已普及，所需应用软件也大都随机赠送而无须自行开发。

形态信息的数字化采集则主要通过数字式的照相机、扫描仪、摄像机、录音机等设备进行，采集之后还要运用计算机和相关软件进行处理加工，这类软硬件设备需要一定的资金投入，应事先根据实际需求做好规划。选购软硬件设备的决策原则，除了追求较高的性价比以外，还应该遵循相关的行业规范要求，也要根据本馆工作人员的技术能力水平，在先进性和成熟性之间寻最佳平衡点。

图6-1常见的言语性信息采集设备　　图6-2　常见的非言语型信息采集设备

　　藏品信息的数字化采集结果应做到信息数据的有序存储，以便快捷高效地调取使用。藏品信息的采集加工流程和数据排列次序都具有一定的特殊性，由此产生了根据博物馆藏品保管工作特点专门开发信息管理系统应用软件的需要。自20世纪80年代以来，我国许多博物馆陆续开发或购置了这类软件，无不含有采集功能模块，有的还特意开发了快速登录功能或自动校对功能，目的在于加快数据库建设，使系统尽早发挥功效。其中文物类博物馆还普遍根据国家文物局颁布的《博物馆藏品信息指标体系规范（试行）》设置数据库指标体系，从而做到了数据库的规范化和同构化，为今后实现馆际的数据交换和信息共享奠定了基础。

二、藏品信息存储系统

　　博物馆藏品数字化信息的存储方式大体分为磁性介质的计算机内硬盘、移动硬盘和光学存储介质的刻录光盘三类。通常把机内硬盘作为在线应用数据的存储方式，移动硬盘多用于工作性的临时备份，光盘则主要用于沉淀性的大容量数据异地和异质性保存。其中光学存储介质的光盘是人工化学合成物，对比传统的纸张，既可以降低对竹木等自然资源的损耗，也可减轻对环境的污染，且有逐渐廉价化的发展趋势。但光盘的寿命只有15至20年，不像纸张那样能够保存上千年。另外，数据存储和读取的格式也存在过时老化的可能性。所以，馆藏数字化信息的长期保存工作需要建立一整套完善的备份管理制度。随着云存储技术的进步和存储成本价格不断降低，今后博物馆用户可以考虑购买相关服务。

三、藏品信息输出系统

　　输出意味着应用，馆藏数字化信息的输出方式主要包括连接计算机的显示器、投影仪、音响设备、打印机等外围设备。其中的显示器、投影仪和音响设备用于藏品文本信息和音视频信息的输出，打印设备则用于生成各种书面文献和照片材料的打印件。这些设备的体积较大，通常放置在保管员的办公桌上不便移动，另有移动智能终端可用于保管员在排架库内的移动工作。

四、有（无）线网络系统

　　博物馆内部网络系统的功能主要在于藏品信息数据库的多用户共享。在一些规模较大、人员较多的博物馆藏品保管部门，需要通过有线或无线网络将多名保管员甚至全馆业务人员所用的计算机终端与服务器连接起来，采用客户服务器模式不仅能减轻众多用户终端计算机硬盘存储负担，便于馆藏信息数据库的集中维护和及时更新，还能共享打印机和扫描仪等常用外围设备，甚至能有助于多名保管员或众多业务部门员工之间开展必要的分工与协作，起到整合、凝聚集体力量的作用。此外，用户终端的网络化还服务于工作人员上网学习或搜集业务材料等多种用途。

数字化工作环境搭建固然需要一定的资金投入，但根据保管员数量和藏品数量规模大小会有很大差异。我国中小型博物馆数量占了总数的九成以上，这样的博物馆保管部门要想开展数字化的藏品管理，其所需的软件和硬件设备投入并不比普通的办公自动化高多少，甚至个人家用水平的数字化设备就能满足需要，在过去曾令人十分头痛的资金问题如今已经基本消解。

第三节　藏品文字信息的数字化采集

藏品信息的数字化采集加工，意味着通过各种工具将藏品信息转换成电子文件形式，按格式大致分为文本文件、静态图像文件、图形文件、流媒体文件（视频、音频、动画等）。其中文本文件尤为关键，本讲主要讲述文字信息（文本文件）的数字化采集方法。

博物馆工作者用文字描述或记录实物藏品信息的历史几乎与博物馆本身的历史同样长久。因为体现其宗旨的人类遗产收藏、研究和教育传播职能发挥必然以实物及其信息两者的同时存在为前提。在银盐照相机发明和普遍使用之前的年代，文字文献曾是描述和记录藏品信息的常规手段，发展到现在，仍然是博物馆开展业务活动的基本前提。一件实物藏品如果失去了文本信息记录和描述，就等于失去了大部分价值，由此可见藏品的文字信息极其重要。藏品信息的数字化文本文件生成主要涉及三个方面的问题：一是传统文献材料的选择，二是采集工具的选用及操作步骤，三是文本信息的指标内容。本讲通过一套经过实践检验的藏品管理系统软件的实际操作演示，来讲述文本文件生成的相关问题。

一、文字信息采集的依据材料选择

在开展数字化采集登录之前，首先需要对书面依据材料进行选择。这些书面材料通常分为总登记账、分类账、编目卡及藏品档案册等。

（一）藏品总登记账

既是馆藏账式目录，也是国家科学文化财产账，由国家文物管理机构印发，在全国范围内统一使用，并且是博物馆向国家文化财产负责的根本总账。但由于该文件相当严肃，一般不做查询检索之用。

（二）藏品分类账

通常是按质地或年代等指标类分的藏品登记账，与按质地或断代类分的保管库房相对应，是由分库保管员填写并保存和使用的藏品账簿，与总登记账同样属于书本式目录。

（三） 藏品编目卡

博物馆藏品的卡式目录。为了更好地管理和使用藏品，博物馆大都有手工编目卡的积累。编目卡内容比账本式目录更全面且具体，因而常用作藏品文本录入的凭据材料。

（四） 藏品档案册

由国家文物管理机构印发，在全国范围内统一格式的藏品描述文件，其记录内容要比编目卡更加全面而具体，可以用作登录依据，但由于以往仅仅为数量不多的二级以上珍贵文物填写了档案册，所以积累比较有限。

关于选择的策略。在一些藏品管理比较正规的单位，其编目卡工作往往有较好的基础，并且原本就是按类存放的。所以，登录依据材料应该首选编目卡片。例如卡片抽屉上标明了质地，我们可以直接将某质地类别的卡片整抽屉交给一位登录员处理，形成所谓按类分工的态势，便于登录员在以后的工作中利用"藏品复制"和"样本提取"等快速登录功能。

如果没有编目卡工作方式的基础积累，最好选择分类账作为登录依据材料，因为它比按收藏顺序排列的总登记账更有利于快速登录。可用复印件分发给多名登录员分工操作。

如果连分类账也没有基础积累，则只好用总登记账复印件分发给多名登录员分工操作。据调查了解，国内有账而无卡的单位比较普遍，因而总登记账用作登录依据材料的可能性较大。我们认为，尽管总登记账仅有按总登记号升序排列的规律，但如果系统检索体系具备相应的检索功能，仍不失为有助于快速登录的依据材料。亦即在总登记号检索功能中允许采用某号到某号的整体调取，然后附缀质地、年代、功能等次要检索项，也能达到批量填写的效果。

二、多种采集工具的选择和配合使用

（一） 编审界面简介

最基本的工具就是藏品信息管理系统软件。以复旦大学博物馆藏品信息管理系统为例，这种系统软件多采用典型的Outlook风格界面，通常是在左边和上边设置功能选择区，正面为操作和结果显示区。进入高级别权限后的系统初始界面，可见左列功能选择区显示8项功能模块标签，表明它们都可使用（注：下文出现的"【......】"符号均为软件系统界面显示的功能按钮叙词）。依次单击【编目审校】和其下弹出的【藏品编目】按钮，会在其右方显示区弹出如图6-3所示的编目操作界面。

图 6-3　编目操作界面

　　如果以前没有登录过或刚做过审校库转使用库的操作，则该界面的操作显示区空白，顶部有一行藏品简目表单的指标叙词栏，鼠标单击下面任何一行则变为深蓝色，表示选中当前记录条。顶部排列着9种藏品编目所需的功能按钮，单击即可打开。例如，当需要为新藏品编目时，单击【藏品添加】按钮即可打开相应界面。

（二）编目界面的操作方法

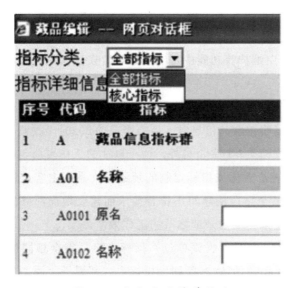

图 6-5　指标分类菜单界面

编目界面默认显示"全部指标"列表，如果当前显示的是"核心指标"，可通过左上角的"指标分类"下拉菜单选择"全部指标"选项（见图6-5）。接着即可填写藏品信息指标，可用鼠标选择第一个指标行选项开始登录，如果对象栏为选择型指标，则系统自动打开相应表格，选择目标叙词左侧的复选框单击，然后单击下边的［确认］按钮即可完成信息录入：如果是字符串字段则直接用键盘写操作。一个指标项输入完成后按Tab键即可自动转入下一项继续填写，直到全部完成当前藏品信息记录采集。文本采集除了用键盘输入，还可以用语音输入等更加快捷、轻松的工具。对于大篇幅的记忆字段内容，如该件藏品曾经发表的论文等，还可以使用扫描仪扫描然后再转换为数字文本文件的方法，免去大量的键盘输入劳动。

（三）保存编目成果

当一条藏品记录的填写输入工作全部完成后，单击右上方的【确认入库】按钮，即可将当前录入结果保存到系统"审核库"，留待下一步审核校对（审校方法详见下述编目审校/藏品审校）。然后再单击右上角的【关闭】按钮，回到简目表单界面，可见刚才录入的一件记录要点显示在当前简目表单中。如果还要接着登录其他藏品，可重复上述从【藏品添加】开始的操作。如果单击【关闭】按钮之前没有单击【确认入库】按钮，系统会弹出对话框询问是否需要保存刚才的录入内容。

（四）快速登录方法

1. 批量更新

指根据一批藏品记录的某个指标记录内容完全相同的特点，对该批藏品记录中的该字段进行撰写性或局部修改性的批量插入功能。管理系统将该功能设置在"藏品审校"和数据库维护等功能中，因带有一定误操作的风险性，故通常限定在管理员权限使用。

众所周知，一批藏品记录中的某些指标项内容存在完全相同的现象，例如我们在登录复旦大学博物馆藏品信息时，所有藏品的B0201"收藏单位"指标项内容都是"复旦大学博物馆"7个字。另外，由于以往的工作习惯、机构环境变化、术语不够标准、指标规范变化或指标定制的疏漏等一系列主客观原因，我们常会感到一批藏品记录中某个字段的填写不符合要求而需要做局部修改。那么，在此情况下即可利用该功能来提高登录或修改的工作效率。

例如，既然知道B0201"收藏单位"指标内容是完全相同的"复旦大学博物馆"7个字，也知道A0901"物态类别"指标内容都属于"固态"等，那么即可将文本录入界面中的这些指标暂时关闭，从而缩小登录操作范围，使这些指标处于暂不登录状态，当所有藏品登录到系统数据库之后，转而采用这个类似于"秋后算总账"的"选择字段批更新"功能，借助检索功能调取所有目标记录，完成检索后的对象以简要信息表单形式显示在当前，同时弹出批量更新专用操作对话框；从其中带有指标体系名称的下拉列表中选择目标指标项（例如选择B0201收藏单位），然后在其"请输入更新的表达式"填写框中写入应填写或修改的正确、完整内容（如复旦大学博物馆），最后单击【更新】按钮即可执行自动插入程序。完成后打开数据库可见，原来空白的收藏单位指标栏已经出现了"复旦大学博物馆"7个字的记录内容。假设该馆藏品总量有1万件，按常规录入方法应该手工输入7万个汉字，但采用该功能只要输入7个汉字就可以了，从而节约了69993个汉字的打字输入劳动。由于系统检索功能具有任意选择限定目标记录范围的品质，所以这就意味着该功能可以为许多指标的填写劳动提供强有力的支持。

另外，我们也可以借此功能对批量记录进行局部性（如前缀性和后缀性）修改。例如，原先已经按四位数规则录入了所有藏品的总登记号（如1368），现在需要按国颁著录规范要求改为六位数规则，意味着要在原有总号记录前统统增写两个"0"（如001368）。打开本功能并选择所有记录范围，接着在表达式中输入"00*"（若是添加后缀，则*号在前），输入表示现有记录的"*"号和打算写入的字符，最后单击【更新】按钮即可执行。结果会发现所有记录的总登记号都变成了符合国颁著录规范的六位数，假设该馆有1万件藏品记录，按常规方法至少需要打开、寻找目标、单击、写入、保存、关闭等6个操作动作，使用该功能则意味着减少了将近6万个操作动作。又如，假设通过复制获得了存放方位号相连的若干条样本，那么，在表达式中输入"?"的时候，"自动累加功能"将可以使用。输入起始的数值和增量后，替换的长度为"?"的个数，程序将自动完成替换的功能。例如：[B0216]存放方位原来为23-12，若在表达式中输入23-12-???，起始数值为020，自动累加值为1，更新后[B0216]存放方位更改为23-12-020、23-12-021、23-12-022……

我们曾经在为一个地方博物馆进行数据库回溯性建设过程中，发现该馆藏品记录总量多达10多万条，但原有记录只有10个指标，我们采用该功能增补了10多项指标，使数据库接近国颁著录规范要求，实践表明仅仅花了一个人几天的劳动时间就完成了数十万字的记录内容填写工作，这相当于常规方法多人多时的工作量。

另外，国家文物局发布的著录指标规范本身并不完全稳定，随着人们对数字化建设的理解和认识的加深，在今后一段时期内难免会有局部的增删修改。如果采用常规的修改方式，就会感到规范的每次变动都会造成大量劳动投入，不投入又无法跟进。既然指标规范的完全稳定尚属可望而不可即的理想，那么就只有在系统功能设置方面寻找解决办法。实践表明，如果设置了类似的功能，就能轻松地实现指标跟进，不再惧怕这不可避免的指标规范修正问题了。总之，该功能不仅可以提高初始建设的效率，还具有提高回溯性建设效率的品质。

2. 图片文件名的自动赋予功能

指根据一定规则由系统自动给出所需编码或文件名，以减少手工输入错误及打字输入劳动的功能。

藏品的静态图片和多媒体文件是采集工作的重要组成部分。根据国标著录规范的要求，图片文件名应该按藏品总登记号给出，本系统规定多媒体文件也按总号给出。但由于图片文件名的成分比较琐碎，采用常规的手工输入方法很容易出现错误，不仅无法实现利用，而且还容易产生大量垃圾文件。但好在图片和多媒体文件名的形成规则比较明确，所以最好由采集工具实现半自动生成功能。实践表明这是能够实现的，不仅解决了准确性问题，同时减免了文件名打字输入及难免的修改操作劳动。从另一个角度看，这也为实现高效率采集目标提供了有力支持。方法是针对当前记录打开图片管理界面，一次性全选所属图片，确认后即可自动给予该批图片文件名。

3. 指标定制

指按藏品类别分别限定登录指标范围，缩小登录界面以减少视觉噪声，从而支持高效率采集工作的功能。

国标著录规范所开列的指标项多达183个，这是根据几乎所有类别文物标本信息特点归纳出来的描述角度，带有一定的原则性和指导性。当采集工作面对具体某个博物馆的藏品时，就会感到与其中大多数指标都找不到对应关系，例如，根据我们事先对复旦大学博物馆文物藏品信息的采集测试表明，实际适用指标数量大约为50个。如果登录界面不加限定地采用全指标显示，则会出现登录人员每每跳跃式地从中寻找目标指标项的现象，既费时又费神，势必延缓操作速度，使工作效率低下。

为解决这个问题，需要采集软件具备屏蔽部分指标的功能。由于每个馆早先在藏品描述习惯、研究角度或深度以及馆藏类别的数量等方面存在许多差异，因而在开展大规模采集登录工程之前，首先要依据国颁著录规范要求和现有馆藏记录材料的特点进行指标定制，从而使登录人员所面对的屏显藏品指标项数量大大缩减，避免跳跃式地寻找有用指标项所造成时间和精力的浪费，从而提高采集效率。所谓指标定制的方法，就是利用下述系统配置/权限维护/指标权限设置功能，将不需要的指标项关闭即可。此项工作几乎是一劳永逸的，因为一个单位的藏品记录方式不会经常改变。

4. 权限维护

指为不同的用户规定不同的使用权限，通过功能模块和指标权限的设置达到符合信息保密要求和支持高效率采集登录的功能。

就本文所关心的采集效率问题而言该功能十分重要。例如，我们可以通过功能模块设置关闭一些暂不需要的功能模块（如统计输出和打印输出等）和子功能（如办提取退还手续、办藏品注销手续、办藏品事故登记等），以减少功能选择菜单界面的视觉噪声；暂时关闭一些比较复杂或危险的子功能（如选择字段批更新等），避免出现登录错误。

5. 查准查全率高的目标记录调取途径

指以全面而细致的检索功能体系对目标藏品进行精准的调取，为实现上述快速登录功能提供帮助。

藏品检索功能的原初目的在于方便查询，如果检索途径具有用户任意选择的功能，则可用来支持高效率采集工作。当所有的藏品基本数据登录完成之后，如何将目标藏品记录准确而全面地调取出来加以修改或补充就显得十分重要。在我们所采用的系统检索体系中，设置有14种涵盖不同角度的检索方式，可供登录员以很高的查准查全率调取目标藏品信息记录。

例如，当一名登录员打算调取自己所登录的藏品进行修改时，可借助系统提供的【全能检索】方式选择C0105制档人指标选项并输入自己的姓名，结果能够将自己所登录的数据库记录全面而准确地调取出来，然后根据自己的打算进行补缺或修改乃至审核校对等一系列工作，尤其使用批量修改时不会造成其他登录员的数据库内容改变。

又如，即便是自己输入的藏品记录也可能存在不同质地或用途等方面的差异，可以借助检索体系中的相关具体检索功能调取对象，以便批量增补或修改相关指标内容，例如为所有陶器藏品批量填写质地类别和质地子类别指标项内容，为所有随葬用品批量填写功能类别指标项内容，从而提高登录效率，等等。由此可见，系统检索功能品质优良与否，不仅影响到最终用户的信息利用，而且影响到中介用户的数据库建设劳动效率，应给予充分的重视。

6. 具体登录人员对书面材料的细分处理

当具体登录人员领取了分配给他的书面材料后，还需要自己对手头的材料做进一步细分处理，例如，所有材料都是陶器，那么可以按用途类别进一步细分为盛储器、随葬品、建筑用陶等，甚至更进一步将陶质盛储器按器形细分为罐、盘、壶、碗等，以便为批量填写或修改等超常规的快速登录方式奠定基础。

总之，虽然前期准备工作需要花费些精力和时间，但正所谓"磨刀不误砍柴工"，细致而周详的准备工作能够换来登录效率的大幅度提高。博物馆的藏品管理问题比较复杂，传统的手工管理方式在以往起到了一定的作用，但目前对藏品进行数字化管理已成为大势所趋。这种管理方式意味着高速、精确和共享，由此带动整个机构内部管理工作效率和社会效益的大幅度提升。在明确了如此诱人的建设成果和前景之后，回过头来在技术层面思考如何加快实现是很有必要的。我国博物馆界正在掀起数字化建设的热潮，海量的藏品信息也使得高效的登录方式更为迫切，我们最近基于实践的探索可谓解决了不少技术层面的问题。关于这方面的探索还在继续，希望我们的探索对正打算开展数字化采集的同行们有所启发和裨益。

这里仅说明系统登录的基本操作方法，关于各个字段究竟意味着什么？应该如何填写才正确？这属于指标定义解释的问题，具体内容详见本书第十讲《文物类馆藏信息指标著录规范的解读》。如果登录操作过程中想了解当前指标的定义解释，可单击上面的【指标解说】按钮，系统弹出指标解说帮助对话框，如图6-6所示，按主题或内容在其"关键字"栏写入（或剪贴）所需字词，单击右上角的【搜索】按钮后即可将定义、解释完整地显示在右框中供阅读。使用完成后单击其右上角的叉形关闭按钮则可返回登录界面继续操作。

图6-6　指标解说帮助框

三、文字信息的内容格式

信息科技不仅为馆内业务效率的提升创造了条件，也为未来馆际乃至全社会的信息共享提供了可能，但共享的前提在于描述信息的数据库结构必须相同，这就涉及信息采集的标准规范问题。

信息化时代以前的博物馆，用描述格式各异的账、卡等书面材料承载和管理藏品信息，实际形成了一个个散在的"信息孤岛"局面。而今采用电子计算机处理信息，不仅为政府对文博事业的宏观管理提供了方便，也为今后馆际的信息交换、甚至为全社会信息共享提供了可能。但实现这一美好愿望的前提在于，各个数据库建设单位都要遵守统一的标准规范进行信息采集，恰似各地的人们在一起时都说普通话才便于交流一样。所以，博物馆数字化建设步骤应该是标准先行，标准是规范博物馆数字化建设、促进信息资源共享和充分利用的基础条件。与采集标准有关而需要加以研讨的主要内容包括：藏品登记与编目流程的标准化，藏品信息数字化、工作标准化、检索语言的标准化，元数据标准体系的构建，名词术语的标准化，藏品分类法的标准化，数据库等数字化信息存储格式的标准化，网络通信协议的标准化，等等。

尽管规范很重要，但规范的制定工作是个难题，因为很难用某一种格式将众多博物馆长期惯用的藏品信息描述格式完全统一起来。以文物类藏品为例，其中的"分类""计件""定名"和"伤况描述"等标准问题至今没能得到完满解决。所以制定标准规范原则上应该贴近实际，先易后难，求同存异，不断完善。

在我国文博行业信息化建设高潮来临之际，主管全国博物馆事业的国家文物局及时组织开展相关研发工作，并于2001年颁布了《博物馆藏品信息指标体系规范（试行）》和《博物馆藏品二维影像技术规范（试行）》。这是为了适应全国文物、博物馆事业信息化建设的需要，规范博物馆藏品信息处理和交换工作，根据《全国文物、博物馆事业信息化"十五"规划》组织编制的，在很大程度上增强了我国博物馆信息化建设的规范化意识，对各地的博物馆数据库建设提供了重要的规范化参照。其中《博物馆藏品信息指标体系规范（试行）》不仅规定了规范的信息分类与指标体系结构，说明了指标编码方法，还规定了著录有关指标项内容应该参照的相关标准、藏品信息指标的类目名称及其代码和藏品信息指标项著录规则。内容包括3个指标群、33个指标集、139个指标项，涵盖了与藏品本体、管理和研究信息相关的各个方面。后来在总结各地馆藏文物信息数字化实践经验的基础上，由中国文物信息咨询中心组织编制而成的《博物馆藏品信息指标著录规范》，又对《博物馆藏品信息指标体系规范（试行）》做了必要的补充。

一般所用的系统软件都是根据该规范来设置指标内容的，本书所列举的管理系统也不例外，兹摘录于下：

博物馆藏品信息指标体系规范（试行）

（一）信 息 分 类 与 指 标 体 系 结 构

本规范根据对象属性特征和管理工作基本要求，确定了博物馆藏品信息类目。

本规范采取层级分类法，将博物馆藏品信息指标分为指标群、指标集和指标项三个层级，其体系结构如下表所示：

指标体系结构表

指标群	指标集	指标项
		指标项
		指标项
	指标集	指标项
		指标项

藏品信息指标体系包括3个指标群，33指标集，139个指标项。

（二）指 标 编 码 方 法

本规范的指标类目代码为字母数字混合型层次码。每一个完整代码分为3层，长度为5位。其结构如图所示：

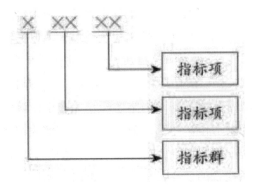

指标群用1位大写拉丁字母表示。

例如：A藏品信息指标群

B藏品管理工作信息指标群

C藏品文档与声像资料信息指标群

指标集用2位阿拉伯数字表示。

例如：A藏品信息指标群

A01名称指标集

A02分类指标集

A03年代指标集

……

指标项用2位阿拉伯数字表示。

例如：A01名称指标集

A0101原名

A0102名称

……

（三）相关标准

博物馆藏品信息指标体系的有关指标项的著录，应参照下列标准：

GB2260—1995中华人民共和国行政区划代码

GB2659—1994世界各国和地区名称代码

GB3100—1993国际单位制及其应用

GB3304—1991中国各民族名称代码

GB7156—1987文献保密等级代码

GB/T7408—1994数据元和交换格式信息交换

日期和时间表示法

GB2261—1991人的性别代码

GB9649—1988地质矿产术语分类代码

陨石学岩石学古生物学

GB9647-9—1998地质矿产术语分类代码矿产学

GB/T14467—1993中国植物分类与代码

GB/T15628.1—1995中国动物分类代码脊椎动物

ZB40—94/CBLB论著出版形式类别代码

（四）博物馆藏品信息分类代码表（带＊者为核心指标项）

指标群	指标集	指标项
A藏品信息	A01名称	＊A0101原名
		＊A0102名称
	A02类别	A0201藏品基本部类
		A0211文物类别
		A0212标本类别
		A0213模型类别
		A0214复制品类别
	A03年代	＊A0301年代类型
		＊A0310年代
	A04地域	＊A0401地域类型

指标群	指标集	指标项
A 藏品信息	A04 地域	*A0410 地域
	A05 人文	*A0501 人文类型
		*A0510 人文
		A0540 人物传略
	A06 质地	*A0601 质地类别
	A07 功用	A0701 功能类别
		A0711 实际用途
	A08 工艺技法	A0801 成型工艺
		A0811 流派
		A0812 绘画技法
		A0821 装饰生成工艺
		A0822 文字生成工艺
	A09 形态	A0901 物态类别
		A0911 形态特征
		A0912 独特标记
	A10 完残	*A1001 完残程度
		*A1011 完残状况
	A11 色泽别	A1101 颜色类别
		A1102 光泽类别
	A12 装饰	A1201 装饰形式类别
		A1202 装饰题材类别
		A1203 装饰组合方式
		A1204 施饰部位
	A13 题识内容	A1301 铭文
		A1302 款识
		A1303 题跋
		A1304 题名
		A1305 印鉴
		A1306 内容提要
	A14 文字	A1401 文字种类
		A1402 字体类别
		A1403 字迹颜色
	A15 自然特征	A1501 化石类别
		A1502 模式类别

续表

指标群	指标集	指标项
A 藏品信息	A15 自然特征	A1503 发育阶段
		A1504 性别
	A16 计量	*A1611 尺寸
		*A1612 尺寸单位
		*A1621 容积
		*A1622 容积单位
		*A1631 质量
		*A1652 质量单位
	A17 计数	*A1701 实际数量
		*A1702 实际数量单位
		*A1711 传统数量
		*A1712 传统数量单位
	A18 附件	*A1801 附件名称
		*A1821 附件现状
		*A1831 附件数量
		*A1832 附件数量单位
	A19 附属物	*A1901 附属物名称
		*A1921 附属物现状
		*A1931 附属物数量
		*A1932 附属物数量单位
B 藏品管理工作信息	B01 搜集	*B0101 来源
		*B0102 来源单位或个人
		*B0103 来源号
		*B0104 搜集经过
		B0111 申请搜集经费
		B0112 实际搜集经费
		*B0121 流传经历
	B02 入馆	B0201 收藏单位
		B0211 入馆登记号
		B0212 入馆日期
		*B0213 总登记号
		B0214 入藏日期
		B0215 入藏库房
		B0216 存放方位

指标群	指标集	指标项
B 藏品管理工作信息	B03 鉴定	B0301 鉴定日期
		B0302 鉴定机构
		B0303 鉴定人
		B0304 鉴定意见
	B04 定级	*B0401 文物藏品级别
		B0402 文物藏品保密级别
		B0403 标本藏品级别
	B05 现状	*B0501 当前状况
		B0502 当前处所
		B0503 当前保存条件
		*B0511 自然损坏
		*B0512 人为损害
	B06 保护	*B0601 保护优先等级
		B0611 保护措施
		B0621 保护技术类别
		B0630 保护记录
		B0641 保护经费预算
		B0642 保护经费结算
	B07 提取	B07 提取 B0701 提取日期
		B0702 提取原因
		B0703 提取登记号
		B0704 提取单位或部门
		B0705 提取负责人
		B0706 提取人
		B0707 审批单位
		B0708 审批人
		B0709 批准文号
		B0710 保管部负责人
		B0711 出库点交人
		B0712 出库验交记录
	B08 退还	B0801 退还日期
		B0802 退还人
		B0803 回库点收人
		B0804 回库验收记录

指标群	指标集	指标项
B 藏品管理工作信息	B09 事故	B0901 事故发生日期
		130902 事故经过
		B0903 事故责任人
		B0904 藏品损失隋况
		B0905 事故处理结果
	B10 注销	*B1001 注销原因
		*B1002 注销日期
		*B1003 注销批准文号
		*B1004 注销审批人
		*B1005 注销后去向
	B11 统计	B1101 统计表名称
		B1102 统计资料起止时间
		B1103 统计单位
		B1104 统计人
		B1105 统计日期
C 藏品文档信息、研究论著信息与声像资料信息	C01 管理文档	C0101 文档名称
		C0102 文档编号
		C0103 文档类型
		C0104 制档日期
		C0105 制档人
	C02 研究论著	C0201 研究论著题名
		C0211 研究论著类型
		C0220 研究论著情况
	C03 声像资料	C0301 声像资料名称
		C0302 声像资料编号
		C0311 声像载体类别
		C0320 声像资料情况

第七章　馆藏数据库的运行维护与后续更新

出于藏品管理目的的数据库建设工作并非一劳永逸，在进入数字化管理状态后，需要长期不间断地对数据库进行维护和更新。

第一节　数据库的运行维护

运行维护主要是技术性工作，包括防病毒处理、软件更新和安全备份等，目的在于保障软硬件系统运行顺畅、安全，并紧跟信息科技的进步与发展。

关于防病毒处理，这已经成为计算机用户的常识，不必多说。

关于软件更新，是指当前所用的文件格式对应的播放软件有可能被信息科技进步所淘汰，需要资源方及时更新软件，以保障用户总能顺利使用数字藏品信息资源。

关于安全备份，是说网络世界存在着病毒或恶意攻击因素，一旦某些数据被破坏或丢失，就会导致整个系统不能运行，甚至意味着大量数据库建设劳动付诸东流。因此，对已有数据的安全备份就成为一项十分严肃的工作，也是馆藏信息管理系统必备的功能之一。

这项工作又分为人工备份和自动备份，它们各有优缺点。所谓人工备份，是要通过人工操作计算机打开数据库文件所在盘，把数据库文件单独复制、粘贴到其他计算机的硬盘上或刻录成光盘，从而形成数据库的"异地备份"或"异质备份"。所谓自动备份，是要通过计算机程序设计为管理系统专门设置按时自动备份功能，不管系统数据库是否变化，系统都将按照规定的间隔时间自动将数据库文件强制性地复制到指定的硬盘上，从而形成数据库的"异地备份"。一旦在线的系统数据库遭到破坏，即可用备份数据库恢复系统运行，从而提高安全系数。人工备份的优点在于安全可靠，缺点在于不够及时，也缺乏强制性；自动备份则与其相反，优点在于备份及时，包含应有的强制性，缺点在于设计复杂并且含有不可靠因素，应按需选用或交替使用备份方式，确保万无一失。

以我们教学所用的管理系统为例，系统数据库"异地备份"或"异质备份"的方法是：在系统所在盘打开名为Webcpgl的文件夹，可见photo、media两个文件夹，将它们选中并复制到其他存储设备（粘贴到移动硬盘或刻录到光盘），即可将系统里的藏品照片和时序性多媒体文件保存下来。文本文件（已经登录到数据库里的文字内容和系统文件文字内容）则包含在backup文件夹中，只要复制、粘贴该文件到其他存储设备（粘贴到移动硬盘或刻录到光盘），即可将文本文件和系统文本文件一并保存下来，从而使登录劳动成果得以安全备份。

此外，涉及信息安全的工作还涉及用户权限设定与维护。详述如下：所谓权限，系指管理系统用户单位系统管理员，对使用本系统的具体人员在功能权限和数据显示范围等方面所做的限制性设定；所谓维护，就是对不同的使用者可以规定不同的使用权限，目的在于保障系统的安全以及做好数据库的保密工作等。

系统的使用者究竟如何分类？每类使用者的权限范围有多大？这在不同的单位有不同的看法，不宜由开发单位主观确定。所以，管理系统将权限维护设计成任选自定的结构，由用户的系统管理员根据单位领导的意见制定具体内容。

使用方法是当需要操作本功能时，选择【系统配置】下的【权限维护】功能选项，系统弹出专用的工作性界面，如图7-1。该功能初始界面分为上、中、下三个部分，上面部分设有3个按钮，分别为【用户管理】【功能模块设置】【指标权限设置】。中部有4个填写框，分别填写"用户名""密码""级别""单位"，另外3个功能标记按钮分别为：【增加】【修改】【删除】。下部为浏览框，分别显示已定用户名、级别以及单位。

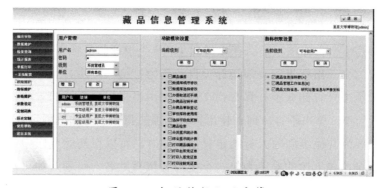

图7-1　权限维护之用户管理

现假定系统管理员要为某用户单位制定各种使用者的权限，首先将所有人员分为四大类（或更多类）并给予名称：

系统管理员，姓名为张某某，权限为所有功能和指标。在本功能初始界面的"用户管理"区域，在弹出的中部区域分别填写这位系统管理员的姓名（如张某某），级别（在下拉菜单单击【系统管理员】按钮），单位（在下拉菜单单击【某某市博物馆】按钮），最后在密码框中填写一个自定的密码（如123456）。以后这位叫张某某的系统管理员在打开本系统时，首先就得将姓名和密码准确输入对应口令填写框，稍有错误都将无法打开本系统。

除系统管理员默认可以使用全部功能外，其他级别利用者都要设置权限。接着在功能模块设置区域，以可写级的李某某为例，首先要为李某某制定功能模块方面的权限范围。方法是在中部【当前级别】下拉菜单中单击【可写级用户】按钮，此时其右侧自动显示"可写级用户"字样。

然后看下部的功能模块显示区域，本系统所有30多项功能模块按序排列，每个功能模块名称前面设有一个复选框，鼠标单击出现打钩状则表示李某某可以使用该功能模块，空白则表示李某某不可使用该模块。初始状态为全部空白，可根据需要填写。完成后单击上边的【保存】按钮，即可固定下来。如果打钩或删除一些模块权限标记后没有保存，单击【取消】按钮则可恢复修改前的状态。

接下来再看指标权限设置区域，首先要为李某某制定指标方面的权限范围。方法是在中部【当前级别】下拉菜单中选择【可写级用户】选项，此时其右侧自动显示"可写级用户"字样。

在指标名称显示区域，本系统所有指标按序排列，每个指标群、集、项名称前面都设有一个复选框，鼠标单击出现打钩状表示李某某可以使用该指标项，空白者表示李某某不可使用该指标项。初始状态为全部空白，可根据需要填写。完成后单击下边的【保存】按钮，即可固定下来。如果打钩或删除一些指标群或集或项的权限标记后没有保存，单击【取消】按钮则可恢复修改前的状态。

由于指标项数量多达100多个，让用户逐一选择太麻烦，所以系统对上两层指标群和指标集的标题都设置了复选框。例如，认为李某某可以使用A类指标群所含的全部几十个指标项，那么在该界面单击A类指标的复选框，出现打钩形状，即可将所含的全部指标集和全部指标项自动选为打钩（可用）状态。如果有些指标集或指标项中只有部分不打算打钩，也可使用将指标集打钩的方法，然后双击打开这个指标集，单击不打算列入使用权限范围的指标项复选框则可取消。

当我们要为其他级别的人员制定权限范围时，可以在初始界面中部单击【增加】按钮，接着按上述的顺序为第二个使用者填写姓名、级别（如可写级、专业级、无密级等）、密码、单位等，并分别制定各自功能模块和指标方面的权限范围。系统可以为馆内每位可能使用藏品管理系统的工作人员都设置一个权限范围。但针对普通用户设置一个名称、密码、无密级权限就可以了，一般仅向外界普通用户开放A类字段，B类字段的一部分；不开放C类字段，且所有内部功能全部关闭，只保留检索、部分使用的帮助和除综合显示统计表以外的统计功能。内部专业人员平时也没有登录和维护本系统的需要，所以针对专业级的指标权限范围一般限定在A类字段的全部、B类字段的一部分和C类字段的一部分；功能模块方面关闭大部分写功能。具体内容要根据具体情况规定，无须多言。本系统根据一般情况做权限维护，用户可参考初始安装后的权限状态。

我们知道，在有些规模较大的博物馆，保管部按质地等指标细分为若干独立的库房，如陶瓷库、铜器库、书画库等，一名库房保管员就是该库藏品的责任者，有些藏品信息属于保密范畴而不能外传，甚至对自己的同事（如其他库房保管员）也要保密，但同时又要使这些藏品信息记录处于管理范畴之中。本系统根据这种实际需要，特意设置了相关功能。例如陶瓷库保管员张某某在陶瓷藏品、总号为000002的记录中，将B0402文物藏品保密级别指标项填写为"绝密"，则系统将根据该记录和保管员张某某的个人用户密码确定该记录的查询权限，由于铜器库保管员李某某和书画库保管员王某某的密码与保管员张某某的密码不一致，所以李某某和王某某都看不到这条总号为000002的藏品记录，但统计功能却包含了该记录。如果谁要查询这条保密记录，必须经过保管员张某某的同意，并由张某某使用自己的密码打开系统后才能查询到该记录。由此使藏品信息记录保密责任具体到保管员个人，免除了藏品管理或共享与信息保密之间的矛盾。但要说明的是，系统管理员级别用户不受此限制，并且有权为该级别另设用户。如果用户单位认为不该对馆长保密，那么可在系统管理员级别为馆长建立用户姓名和密码，使馆长处于可以查询所有记录的状态。如果馆长认为现有数据库记录中的某条记录应该处于连可写级保管员都不宜看到的保密状态，那么由馆长操作该记录将保密级别指标项填写为"绝密"，即可达到目的。因此，系统规定除系统管理员以外的其他级别用户均不可操作用户管理功能。

如果保管员认为原处于保密状态的某藏品记录已经无须保密，那么只要他打开系统进入修改界面，调出目标记录，并对该记录的保密级别指标项"绝密"予以删除，即可达到解密目的，从此以后其他级别用户就都可以查询到该记录了。

第二节　数据库的后续更新

后续更新是指馆藏信息内容将随着实物藏品数量增加或藏品研究深入而不断增多，需要陆续将这些信息内容补充进数据库，目的在于及时提供最完善和最权威的馆藏信息，从而高质量地服务于馆内各项业务。可以说，数据库的维护和更新是一项有始无终而又不可忽视的工作。

在藏品信息管理系统中，通常都会设有系统数据维护功能模块，这是对现有数据库记录进行局部修改的功能。由于博物馆的藏品实体本身存在多种变化的可能，因而藏品的部分信息记录内容也会随之改变，例如每次提取或退还藏品都需要对其原因和场所等信息进行追加记录，出现事故或注销藏品也要进行专门记录。有时即便藏品实体本身没有变化也会产生修改信息记录的需求，例如随着藏品研究的深化需要对原有的描述用语、观点、结论等进行修改或增补，发现数据库记录错误需要加以纠正，新生的多媒体材料需要与文本数据库进行链接，等等。只有通过及时的更新维护，才能保证藏品信息数据库不断丰富，具有权威性和精确性。

系统数据维护模块下的具体功能设计，首先要便于单件藏品信息修改，这就意味着需要借助查准率较高的检索方式，迅速到达目标记录修改工作界面。此外还要便于批量藏品信息修改，以提高较大规模维护工作的效率。更要为保管单据作业专门设置一些特殊而又常用的功能，如办理提用手续、办理事故登记等。需要注意的是，系统数据维护也属于可写性的内部功能，必须做好使用权限设置，以防数据库被外界非法篡改。

下面讲述数据维护功能的操作方法。

数据维护属于严肃的内部写功能，应唯独可写级以上的人员才有权使用，故必经"可写级"等密码口令确认后才能打开。在进入相应权限的功能选择屏后，当操作人员单击［数据维护］功能菜单时，其下方有［数据库顺序修改］［数据库选择修改］［办提取退还手续］［办藏品注销手续］［办藏品事故登记］［审校库转使用库］选择字段批更新］［藏品数据库导入］［藏品数据库导出］等9项子功能联级菜单（见图7-2），下文逐一介绍这些功能的设置原理和操作方法。

图7-2　数据维护功能菜单

一、数据库顺序修改

当登录者将审校库记录内容转入使用库后，即可通过"检索查询"途径利用，各种统计数据也发生了相应的变化。但有时在检索利用过程中会发现某些数据库记录内容有误，需要加以修改。设置数据库顺序修改功能的理由是，操作者可由此按藏品总登记号升序排列规律直接查找并修改数据库记录内容，便于其他登录人员审核自己数量有限的登录成果。但本方法在检索过程中相对带有盲目遍历性，对于系统管理员所用的本系统来说，若非全部记录都有错误或欠缺而面临全面（逐件）修改任务，否则不必使用该功能，而应采用下述【数据库选择修改】功能，因为借助总登记号或类别等检索方式，可以更迅速地找到意欲修改的个案目标记录。

当操作者单击【数据库顺序修改】按钮时，系统会显示该库按总登记号递增规律排列的所有藏品简要记录表单，每页最多显示20条记录，下面显示当前页数、总计页数等。在此选中修改对象记录条（系统默认选中第一条），然后单击【藏品编辑】按钮，即可打开其全指标记录界面，将光标定位于目标指标项处即可直接进行修改，补充记录"备注"等记忆字段的工作以及图片等多媒体文件连接工作也可以在此进行。所有修改工作完成后单击上面的【确认入库】按钮，即可被系统记忆和储存。

若发现某记录内容属于删除对象，可单击【藏品删除】按钮，系统会出现要求确认删除的工作性对话框，问："藏品删除确定吗？"单击【确定】按钮则该记录的文字部分被删除。在全指标修改界面，任务结束后依次单击【确认入库】和【关闭】按钮，则系统退至本功能初始界面（简目表单）。

如果藏品信息记录的总登记号被修改，例如001222的信息记录被修改为001221，并且该信息记录已附带一组外挂的图片或多媒体文件，那么，在修改了文本记录中的总号后，还要同时打开图片库和多媒体库作相应的修改，将原来的001222-01修改为001221-01等，这样才能保持文字记录与图片及多媒体的文件名一致，也才能通过文字性记录表单调阅相应的图片或多媒体信息。只改动文字性记录中的总登记号而不相应修改图片及多媒体文件名，则无法再调阅这些附带文件。需要注意的是，图片库是以"总登记号"加"分隔符"再加"序号"为文件名的，多媒体文件则是直接以总登记号为文件名的。推荐采用的登录工作步骤是：先登录文字，待确认无误拷贝到使用库之后，再通过数据库修改功能将图片及多媒体数据补登进去，这样做能减少因总登记号失误而导致浪费图片及多媒体链接劳动的概率，比较稳妥。

二、数据库选择修改

其实，在数据库修改工作之前，往往已确定欲修改的目标记录，如果在查询利用过程中发现记录错误时记住其类别特征或具有唯一性标记的"总登记号"等，选择本方法可快速找到目标记录，而不用逐件寻找目标记录。所以，本功能为中介用户提供一条迅速调出目标记录进行纠错的途径。其方法是单击本项子功能标签后，系统弹出一个要求选择检索方式的工作性界面（见图7-3）。如果对目标记录的总登记号记忆不清，可用其他检索方式，由此将引导系统管理员调出目标记录；如果记住了总登记号，可选总登记号检索方式，在工作性对话框中输入目标记录的总号，单击【检索】按钮后即可调出目标记录，信息记录内容的修改方法和步骤同上。在全指标修改界面，任务结束后先单击【确认入库】按钮再按叉形【关闭】按钮，则系统退至本功能初始界面（简目表单）。以后再由检索等利用途径调出该记录时，可见原来的错误已经被修正。

图7-3 藏品检索功能界面

三、办提取退还手续

当馆藏品因各种需要而发生提取出库现象时，自然要由保管员给予及时的数据库回注，本系统是通过"B0502当前处所"等13项相关指标记录的修改来完成这项工作。保管员可手持拟提取出库的相关单据，用鼠标单击【办提取退还手续】按钮，系统会借助藏品检索体系引导保管员找出目标藏品记录并以简要信息表单形式显示，然后单击右侧的【确认】按钮。选中其中对象记录后单击上眉的【藏品编辑】按钮，系统转换为只有相关指标项组成的填写表单，如图7-4，只要将鼠标定位于"B0502当前处所"栏并单击，再从其下拉菜单中选择一项（如因展出而提取则选择【展出】选项，因修复而提取则选择【修复】选项等），接着还要填写提取原因等相关记录，最后单击【确认入库】按钮即可。

在该功能编辑界面不显示其他内容，以保障数据库的安全，也便于快速翻页。如果该藏品使用完毕后又退还归库，也要使用该功能办理退还手续，方法相同，只是除了将当前处所重新修改为"在库"以外，还要填写退还日期等4项相关记录。所以，本功能名为"办提取退还手续"。

尽管上述使用库修改功能也可用来修改"当前处所"记录等有关提取退还手续的字段，但我们推荐使用比较安全和全面的本功能来修改当前处所记录。如果改为"注销"，则意味着该藏品被注销，虽然可以这么操作，但注销行为十分严肃，除了该记录外，还有其他一些必须填写的相关内容，所以，注销行为记录最好不在这里操作，而是利用下述专门设置的【办藏品注销手续】功能操作（详见下述）。

图7-4　藏品编辑选择界面

任务结束后，则系统退至本功能初始的简目表单状态。此后再经一般检索途径看到该记录时，可见其中"当前处所记录"等等已有相应改变，同时意味着"当前处所统计"内容也有了相应变化。提取退还凭证打印功能详见后述。

四、办藏品注销手续

在以往的手工管理状态下，当馆藏中实际出现某件藏品被注销的情况时，自然要在有关档案册、总登记账和编目卡片中给予相应的回注记录，数字化管理也要进行相应的注销操作。方法就是先找出注销对象藏品的手工卡片或档案册、总登记账等，并在本系统中找出该藏品的信息记录，然后进行注销记录处理。系统管理员可手持拟注销藏品的纸质记录材料，用鼠标单击【办藏品注销手续】按钮，系统会借助藏品检索体系引导系统管理员找出目标记录。选中并编辑对象则弹出办理注销手续时需要填写的由7项指标和4项提示指标组成的详细表单（见图7-5），将注销日期填入该栏（系统默认在当天），还可根据注销情况填写凭证号码、注销原因、藏品去向等内容，并修改"当前处所"记录为"注销"，最后单击【确认入库】按钮即可。

图7-5 藏品注销界面

在该功能编辑界面不显示其他内容，以保障数据库的安全，也便于快速翻页。任务结束后依次单击【确认入库】按钮和【关闭】按钮，则系统退至本功能初始界面。此后再经一般检索途径看到该记录时，可见其中已有注销日期等记录，意味着可通过全能检索下的"注销日期"检索方式查询该藏品信息记录，同时在"目前馆藏品总量"统计额中减少了一件，而在"藏品处所统计"的"注销"项统计额中多了一件。需要注意的是，被注销藏品的实体虽已脱离保管范畴，但其信息价值仍然存在，因而一般不要作数据库记录删除处理，仅在记录中添加注销日期、注销凭证号以及原因和去向等内容即可，这也是博物馆藏品保管工作的规矩和惯例，本系统如此设计该项功能，是与实际工作要求相对应的。注销凭证打印功能详见后述。

五、办藏品事故登记

当某件藏品发生事故而受到损伤、损坏甚至丢失时，作为保管单位应该及时办理事故登记，按要求将事故有关记录输入数据库，并利用本系统打印事故登记表报送有关部门备案。方法是先记住事故藏品的特征，并通过检索功能在本系统找出该藏品信息记录，然后处理。系统管理员可手持事故藏品的特征记录材料（如总登记号等），用鼠标单击【办藏品事故登记】按钮，系统会借助藏品检索体系引导系统管理员找出目标记录。选中并编辑对象则弹出办理事故登记需要填写的由5个字段和4个提示字段组成的详细表单（见图7-6），用户在此按事故的具体情况如实填写这5项内容。完成后单击【确认入库】按钮即可。在该功能编辑界面不显示其他内容，以保障数据库的安全，也便于快速翻页。事故登记表凭证打印功能详见后述。

图 7-6　藏品事故登记界面

六、审校库转使用库

本项功能用于从审校库到使用库的数据拷贝工作。当数据审核人员确认新登录或移动来的数据库内容无误，决定将其拷贝到使用库而投入检索等正常使用时，就要使用该功能。方法是单击【审校库转使用库】按钮，则系统弹出要求确认拷贝行为的对话框界面（见图7-7）。在本对话框单击【确定】按钮，则系统自动将审核库内容添加到使用库，并自动退至本功能初始界面；单击【取消】按钮，则系统退至本功能初始界面。任何一件藏品信息在经过登录之后，必须经过本功能操作，才能投入检索或统计等一般使用状态。

需要注意的是，当实施一次转拷操作后，若系统提示有总登记号重复现象导致审校库还有记录存在，则说明这些新记录的总登记号有误，或新登录的记录完全与使用库的某件记录重复（使用库中已有该总登记号的记录），因而使用库拒绝此次添加行为。在这种情况下，就要重新确认究竟是哪条记录的总登记号错误，如果是新登录的记录有错误，则需要在当前审校库界面直接修改，如果是使用库记录有错误，就要转而运用上述【数据库选择修改】功能进行修改，如果确认为重复登录，则删除该审校库记录即可。通常审校库记录数量不会太多，推荐使用本系统提供的审校库记录逐件删除功能，比较安全。

图7-7　藏品转移确认框

七、选择字段批更新

由于以往工作习惯、单位环境的变化，有了更具科学权威性的鉴定，术语不标准或指标定制的疏漏等一系列主客观原因，我们常会感到原先对某一个指标项的填写不符合要求。

例如收藏单位从某某市博物馆改为某某区博物馆，这是行政区划环境变化所引起的；以往的工作习惯并没有将金属藏品的库藏方位指定在金属库，而现在感到需要将所有金属藏品给予存放方位指标的记录；以往的功能名称术语采用钱币，而现在觉得有必要将馆藏的钱币藏品功能名称全部修改为货币；以往在指标定制时忽略了陶瓷类藏品的造型指标A3004，现在认为有必要添加该字段并补充内容为器皿；以往自己鉴定的300多件馆藏甲骨文藏品均为三级文物，而现在请国内权威专家鉴定认为应属二级文物；以往本单位使用了四位数的总登记号，例如总登记账上第2条记录为0002号，总登记号为0002，现在打算改用六位数的总登记号，需要在原来的总登记号之前统一加入00，变成000002。

另有一种情况并不是基于以往错误的被动更新，而是主动更新。例如在使用本系统进行数据库建设时，考虑到某些字段内容完全重复（如本单位的数据库均属于本单位所有，因而"收藏单位"字段的内容是一样的），那么在登录过程中一律暂时免填该字段，以便后来一并自动化处理，从而节省大量输入劳动。假设有一万件藏品要登录，该用户单位由7个汉字组成（如复旦大学博物馆），利用本功能则意味着登录员少写近7万个汉字。

因数字化建设属于新事物，人们不得不在探索中前进，更因为人们对事物的认识过程（指藏品鉴定）是不断深化的，以往在工作中有这样或那样的局部疏忽或错误，已经反映在数字化藏品数据库（即使用库）记录中也是在所难免的。这种现象十分普遍，属于客观问题。我们已经预想到了这些问题，所以在系统中设置便于用户进行批量更新的操作。本系统特意在【数据维护】功能中设置了一个特殊的子功能，该功能名称为【选择字段批量更新】。当用户遇到这类问题后，请按下列步骤进行更新操作。

第一步，在功能选择区单击本功能标签按钮，系统首先弹出检索体系让用户选择修改目标范围，由于检索体系提供了将某一个主题、某一类质地或用途等一批乃至全额数据库记录调到当前功能，因而用户可以统一将有这类问题的藏品调出来进行批量更新操作，完成检索后的对象以简要信息表单形式显示在当前，然后单击左上角的【批量更新】按钮，则系统弹出批量更新专用操作对话框，如图7-8。

第二步，从左侧带有指标体系和名称的下拉列表中选择目标字段（指标项）；例如目标字段确定为"B0213总登记号"。

第三步，在右侧顶部【更新的表达式】填写框中写入要修改的内容；可以前缀性修改（写入打算加在原文前面的字符之后再输入一个星号），也可后缀性修改（先输入一个星号，然后再写入打算加在原文后面的字符），当然也可以全面覆盖性修改或删除（不加星号）。如果在写入的字符前后都输入了星号，则自动等同于后缀性修改。系统规定不可以在原文中间插入修改内容。

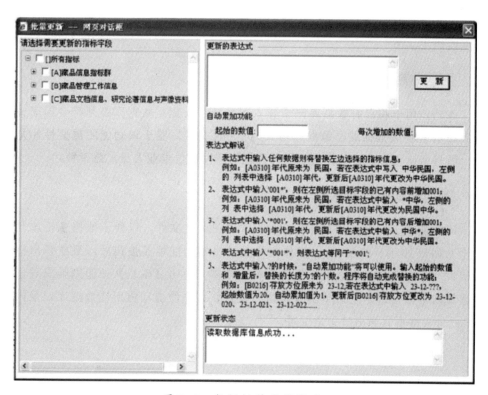

图7-8　数据批量更新界面

在表达式中输入"？"的时候，可以使用【自动累加功能】。输入起始的数值和增量后，替换的长度为"？"的个数，程序将自动完成替换的功能。例如

[B0216] 存放方位原来为"23-12"，若在表达式中输入"23-12-???"，起始数值为20，自动累加值为1，更新后［B0216］存放方位更改为"23-12-020、23-12-021、23-12-022……"

第四步，最后单击【更新（U）】按钮，则系统自动执行以新换旧的覆盖（替换）或前缀、后缀内容的批量添加行为。

第五步，完成上述更新操作之后，利用右上角的【关闭】按钮离开本功能。

结果会发现目标记录范围中的目标字段记录已经被统一修改为正确的内容（如原来总登记号为02的记录被修改为000002）。这样做就为不可避免的被动性数据库批量修改和主动性快速登录方式提供了一条十分人性化的工作途径，从而使系统管理员不再为修改工程的庞大而担忧，也是保障新建议（包括新鉴定意见）被快速采纳的重要技术措施。

但提醒用户千万要谨慎使用本功能。因为一旦错误地操作，就会形成一批错误记录，而且有些修改结果不容易复原。虽然发现操作错误后，有的还可以进行回溯性纠正，但随着采用的检索方式不同，难免发生遗漏。建议用户单位将本功能的使用权限指定在系统管理员，不要对其他人员开放。当需要使用本功能时，应该事先做好对象调取的检索步骤记录，以便发现操作错误后还可以进行完整的回溯性纠正。

八、藏品数据库导入

该功能用于将已有数据库记录导入本系统，前提是数据库必须符合国家文物局颁布的著录规范标准，数据库格式为Excel文件。鉴于该功能的重要性和复杂性，而且用途较窄，该功能使用权限仅限于开发单位专业人员，兹不赘述。

九、藏品数据库导出

该功能用于将系统数据库导出来，形成Excel文件，以便于数据备份或其他用途（如RFID手持终端等）。操作方法是单击本功能标签按钮后，系统弹出检索对话框，意在要求操作者确定导出数据的范围，单击【确认】按钮则弹出导出地址选择对话框，选定之后单击【确认】按钮，则系统自动将所选数据库记录内容以Excel表格形式导出到指定位置。

第八章　智慧博物馆建设中的藏品管理研究

第一节　藏品管理概述

一、基本概念

（一）藏品

"藏品是博物馆为了社会教育和科学研究的目的，根据自己的性质，搜集保藏的自然界和人类社会物质文明、精神文明发展的见证物。"一般来说，博物馆藏品主要包括文物和自然标本及其他一些实物资料，但随着博物馆事业的发展，对博物馆的定义也在逐渐变得多元化，博物馆藏品的范围自然也在扩展，在2019年最新出版的《博物馆学概论》一书中就指出："广义而言，凡是经过选择确定为博物馆所有产权的文物（包括文物保护单位）、自然标本和实物资料等，均可视为博物馆的藏品"，其次，对博物馆藏品范围的不断扩展还表现在当下人们已经将非实物的记录和非物质文化遗产已纳入博物馆藏品的范围。本文所讨论的藏品管理主要指对博物馆可移动的物质文化遗产而言。

（二）藏品管理

"藏品管理是博物馆业务活动的重要组成部分，是博物馆实现其收藏机构职能的重要基础工作，是博物馆对藏品进行保藏、保养、保护、整理、研究等一系列工作的总称。"

藏品管理经历了从保存到保管、再到现在科学管理的过程，随着科学管理理念和各种新兴技术的应用，传统的对于藏品管理的概念也需要重新定义。从《中国博物馆学基础》《博物馆概论》等权威的学术专著对藏品管理的概念的界定以及当前博物馆藏品管理的实务工作现状来看，似乎更多的是偏重于对藏品的"保管"，即藏品作为博物馆最重要的资产，需要保证其保存过程中的完整性、原始性和安全性，当然，这是作为藏品管理工作最重要的组成部分，但在此基础上，对于二十一世纪的博物馆发展来说，我们还应注重对藏品的"理"，通过科学的整理、研究，让藏品的各类价值得到更充分的发挥。当然，对于藏品的"保管"工作，不能仅停留在对藏品本体这单一对象上，而是以藏品为中心，从多个视角和途径上实现对藏品的全方位保管，这就要求博物馆针对藏品在保存、管理的基础上，对藏品保存环境、库房设施的配置调控做好前期规划，同时注重藏品管理过程中的预防性保护，加强对藏品利用、保护、修复过程的监控等，并在预防性保护过程对保护措施的实施结果（即藏品存储状态的变化情况）进行数据的储存、分析，并为博物馆其他与藏品相关的各种业务活动提供可靠的参考。

藏品管理工作是博物馆可持续发展的基础，尤其在今天，博物馆藏品种类在不断地朝着多元化的趋势发展，如何有效有序地管理好这些藏品对博物馆来说是一个不小的挑战，此外，在当今数字博物馆建设和智慧博物馆建设的行业发展背景下，藏品管理工作还应包括藏品数字化工作及对藏品各类信息的管理与利用。藏品的科学管理要求有完整的藏品分类、管理的完整体系，保证藏品的系统性和完整性。对于智慧博物馆来说，万物万事皆是互联的，作为博物馆一切业务活动的基础，藏品涉及博物馆工作的方方面面，对于藏品的智慧管理更是体现着智慧博物馆建设的能级水平。

二、藏品管理的一般流程

一般地，藏品管理流程包括接收、鉴选、分类、定级、登账、编目、建档、入库、保管、提用、注销、统计等。李红梅《中小博物馆藏品管理流程探讨》一文将藏品管理流程详细分为"入馆前管理流程"、"文物藏品的日常管理流程"、"文物藏品的信息化保管流程"、"文物藏品外借、归还的管理流程"四个方面并进行了相关论述。这些管理流程可以归为传统意义上的一般流程，对于智慧博物馆的建设来说，其基础是博物馆的数字化建设，所以除了上述流程，还包括对藏品进行数据采集、数据信息化处理、数据库系统建设等。

对于藏品的智慧化管理来说，首先就是能优化、简化、自动化甚至智能化传统管理流程，同时增加对藏品的全流程管理与监控，并能实现对藏品相关信息的全生命周期管理。

三、藏品管理的目的

段勇在《当代中国博物馆》一书中谈到博物馆多元性的特点，并指出："全球博物馆的共同宗旨和终极使命，是保护和传承人类社会的多元文化和多彩环境。"而博物馆藏品正是多元文化的载体与研究对象，对藏品的科学管理与保护亦是对多元文化的传承与保护，正因此，藏品管理和保护的最终目的，也应该是助力博物馆实现宗旨、完成使命。具体而言，藏品管理的目的首先是为了尽可能永久地保存藏品原状，保证藏品研究的真实可靠，其次是为尽可能多地、完整地保留藏品本身保留的各类原始信息，同时，管理为保护和利用服务，在加强文物安全、尽可能保证文物原状的同时，对文物进行多方面的研究和信息采集，并将这些成果充分用于博物馆展教服务中，使文物的内涵价值得到更深入的转化与传播。

当今社会，是一个多元文化共同发展的时代，也是一个信息爆炸的时代，无论是历史沉淀下来的遗产或是现代文化的产物，很容易被大众迅速认识，也很容易随着时间流失而被人们忽略淡忘，博物馆有责任替公众保存过去的和当下的各类遗产与见证物，并对其进行管理、研究、展示与传播。在信息化建设高度发达的今天，博物馆藏品管理的目的，还应该跳出传统意义上的保护和利用，从文物数字化保护和藏品数字资源的开发利用角度出发，实现文化遗产资源的共享与知识的共享。

四、博物馆藏品管理现状及问题

总体上，缺乏藏品管理与保护意识、缺乏经费支持、保管设备与技术有待升级、管理人员的综合素质有待提高、相关法规制度有待完善等是目前绝大多数博物馆在藏品管理上面临的主要问题，此外，还存在地市级博物馆（基层博物馆）与省级、国家级博文物馆的管理状况两极分化严重、同一类博物馆对藏品管理的标准不统一、博物馆藏品信息的开放化管理和利用措施不健全等问题。

（一）实体博物馆中的藏品管理及其存在的问题

实体博物馆中的藏品管理包括传统的藏品管理业务和博物馆信息数字化过程中涉及到的藏品管理工作。传统的藏品管理业务，从藏品的征集、鉴定、编目、登记到盘点、出入库管理等工作基本依赖于管理者（人），管理工作的开展主要依靠人力劳动，但对于绝大多数博物馆来说，由于馆藏数量的波动并不会太大，所以日常的藏品管理工作主要集中在藏品的出入库管理、藏品盘查工作、藏品点交工作及展厅中的藏品管理工作，此外，藏品的数字化管理也是近年来各个博物馆藏品管理工作的重点。

这里区分一下博物馆的数字化和数字博物馆的概念。简单来说，博物馆的数字化就是利用各种数字化的技术手段和相关的软硬件设备，实现对实体博物馆的各项业务工作的数字化处理，且这是一个长期动态变化的处理过程；数字博物馆则是利用数字化的技术手段在数字空间上构建的一个虚拟博物馆，它能够实现实体博物馆的一些职能，但又有别于实体博物馆。

目前实体博物馆在藏品管理中存在的问题主要有：

1. 藏品管理流程中业务工作的智能化程度低

以国内最早尝试数字化建设的上海博物馆为例，信息化以后，手工分类账已基本不做，而是用数字化系统代替，但在藏品管理过程中依然以传统的人工管理方式为主；而作为智慧博物馆试点并以智慧管理为重点探究方向的广东省博物馆，其藏品库房管理也以人工管理为主，纸质版总账由管理员手动填写藏品的主要信息，同时生成更详细的电子档账目信息，再打印备份。对于藏品的鉴定和出入库管理更是全程需要有人在现场，且无法用智能化技术手段代替。博物馆数字化建设以来，很多博物馆也建有藏品信息系统，且需要将藏品管理流程中生成的信息按要求录入系统，包括数据的录入，藏品提用信息的录入等，但系统需要通过电脑操作，而藏品库房中无法配备电脑设备，所以很多在库房对藏品展开的业务活动会直接记录在卡片上，之后再录入系统，这反而为藏品管理员的工作增加了负担。出于安全考虑，藏品库房不配备电脑设备也不布设网络通信设备的情况，对基于新兴技术手段应用的藏品智慧化管理来说，确实很难提升相关业务工作的电子化和智能化水平。

2. 藏品库房安全及环境调控问题

库房是进行藏品管理的"第一现场"，新征集的藏品最终要入库管理，借展的藏品有时也需要临时保管于库房中，展出结束后藏品也要重新回归库房"调养生息"，所以，藏品的库房管理与库房安全的保障是博物馆各项业务工作顺利开展的基础。从藏品安全的角度出发，博物馆应该对藏品进行分类分库管理，配备安全可靠的安防报警系统，并根据藏品保存环境的要求对不同的库房进行适当的环境调控。然而实际情况是，受库房空间限制、缺乏足够的资金采购软硬件设备、管理人员不足等因素的影响，我国大多数中小型博物馆无法完全达到以上保管要求，甚至存在有些地市级博物馆将藏品无序堆积于库房中的现象，藏品的安全保管堪忧；对于大型博物馆来说，已实现对藏品的分类分库管理，各库房也都有专门的管理员，并通过建立环境监测系统对库房环境进行实时的监测，采取一些预防性保护措施以减缓藏品保管过程中环境因素或可预见的自然灾害等对藏品造成"衰老"、损伤的情况，但是，从智慧管理的角度来看，目前只能做到智能监测，而无法做到智能调控，广东省博物馆曾在2017年就藏品保管环境的自动化调控开展过小范围的实验尝试，但效果都不太理想，据了解，成都博物馆藏品预防性保护的二期项目也将开展对藏品保管环境智能化调控的尝试。目前，智能调控的难点在于无法让机器自己自动调节，仍然需要人的参与，且调节过程存在风险，即自动调节无法100%保证文物安全。

3. 藏品盘查问题

目前绝大多数博物馆的藏品盘查工作以人工盘查的方式开展，有少数博物馆尝试利用非接触式的无线射频识别技术（RFID技术）开展盘查工作，但也存在芯片识别受干扰、芯片与文物无法有效结合、芯片存储信息生命周期短等问题，单从人工盘查来看，其需要投入大量的人力和时间成本，藏品体量较大的博物馆盘查工作周期更是以年作为计量单位，此前就有故宫博物院耗时七年才完成对186.27万件馆藏品的首次全面清点，而一般地如广东省博物馆在对藏品进行分类分库管理，并在每个库房有三个管理员的情况下，完成一个库房的藏品盘查工作也要7-8个月时间，此外，藏品盘查的对象不只是在库房中保存着的藏品，还包括展厅中的藏品和外借的或者正在巡展中的藏品，藏品盘查清点工作的不易可见一斑。目前，对于藏品体量不大的博物馆，一般每隔两三年会对藏品进行定期盘查，而对于藏品体量在数万件以上的大型博物馆来说，藏品盘查工作一般在管理员进行藏品管理业务交接时或主管领导换届时进行整体的盘查清点。藏品盘查工作的另一难点在于，无法采用有效技术手段进行替代或者辅助，文物盘点不同于图书馆书籍借阅，仅仅是进行数量盘点，更需要对文物保存状态进行详细的盘查。

4. 藏品展厅管理问题

藏品的展厅管理主要是对藏品展示环境的调控和安防保障。展厅是观众与藏品进行最直接交流的场所，在对藏品进行管理的同时需要注意观众管理，展厅人口密度过高、观众行为过激等情况都有可能对藏品安全造成威胁；此外，展厅大环境的变化和展柜内微环境的变化可能会导致藏品本身发生不良反应。藏品展厅的管理尤其要注意对裸展藏品和异地借展藏品的管理。

5. 藏品的动态管理难以实现

藏品的动态管理包括对藏品本身微观变化（干裂、受潮、锈蚀、霉菌污染等受环境影响或因自然衰老而产生的变化）的监控管理和对藏品出入库、借展、巡展等动态变化中的管理。但目前来看，藏品的动态管理很难实现，对于藏品微观变化的监测亦没有成熟的技术手段可以实现，只能是对保存微环境进行监测，进而推断藏品的保存现状，而藏品微观变化的真实情况一般通过定期的藏品盘查工作由专门的管理员查验藏品实物才能得以确认，再采取相应地保护管理措施。另一方面的藏品动态管理则主要依赖于管理员的保管意识和动态数据的采集与传输，但实际管理过程中因为数据的传输和对接还不够完善，动态管理只能是一种设想而无法全面实施。

6. 藏品信息数字化程度低

传统的藏品管理工作内容较单一，基本以保证藏品安全和账目清楚为主，对藏品信息的管理不够重视。20世纪90年代以来，各大博物馆先后开展了藏品数字化项目，"一普"以来，全国博物馆的藏品数字化工作更是得到了很大的推进，国家文物局2017年发布的《第一次全国可移动文物普查工作报告》中显示，"普查全国可移动文物共计10815万件/套""按照普查统一标准登录文物完整信息的国有可移动文物2661万件/套（实际数量6407万件）""全国共登录珍贵文物3，856，268件""登录文物照片5000万张，数据总量超过140TB"，"一普"取得的成果在质与量上都对全国博物馆的藏品管理工作具有里程碑意义。为了解我国博物馆藏品数字化现状，笔者还调研了上海博物馆、广东省博物馆、成都博物馆和三星堆博物馆的藏品数字化情况。上海博物馆现有馆藏100多万件/套，珍贵文物藏品总记14万余件，等级品数据13万余条；从藏品数字化程度来看，约2万件有高清图片，每件3-5张图片，共计约7-8万张高清图片；剩余12万余件均有低精度图片；三维扫描不到300件。广东省博物馆现有馆藏17.27万件/套，藏品二维数据已全部完成采集，图片精度最高可达1000万像素；三维数据采集仅千百件；已按照国家文物局发布的相关规章完成对所有馆藏品的基本信息采集。成都博物馆共有30多万件藏品，其满足档案信息采集要求的二维数据已完成采集，但总体上藏品的高精度照片采集并不多。三星堆博物馆现有藏品1100件，二维数据已全部完成采集，三维数据只针对重点文物进行采集。对以上数据进行分析，还是会发现，我国藏品数字化程度依然很低，在笔者调研的几家博物馆中，广东省博物馆的藏品数字化程度算是较高的，但数据采集工作依然没有完全完成，数据采集工作还在持续跟进中。目前，我国绝大部分博物馆的藏品数字化工作仍未完全完成，数据库系统建设不全面，数据信息的存储不完整甚至不准确。此外，现有的数字化建设功能单一，主要用于内部的查询检索。藏品信息的数字化并不是简单的对藏品档案信息电子化的过程，而是对藏品的基本信息、二维信息、三维信息以及其他数据形式的信息进行充分采集并数字化的过程。

7. 博物馆人对技术应用的接受程度不同

博物馆数字化和智慧化建设过程中，对技术手段的使用是必然的，但人们对技术手段的接受度存在差异，究其原因，一是理念的不同，二是新兴技术是否真的能够解决现有的问题，三是不同博物馆因藏品体量的大小和基础建设的完善程度对新兴技术的接受程度也存在差异。抵触新兴技术使用的人认为技术进步太快，且新兴技术存在不稳定性，担心这种尝试最终只是一种无用功，所以想等技术完全成熟再应用；支持者认为新兴技术如果在安全的基础上有利于工作效率的提升就可以接受，即便这种提升只是一个预见性的，也可以尝试，因为尝试应用的过程也会慢慢进步，使业务工作得到提升。目前关于智慧博物馆建设中的智慧化尝试多是针对展览和观众服务展开，就智慧管理而言，尤其是藏品管理，较少进行智慧化尝试。相较展览和观众服务，藏品管理的智慧化是不太容易被看到的，智慧化成果不太容易表现出来，其为管理工作能带来的便利也并不高，导致藏品管理工作在采取技术化手段时也会更加谨慎，所以博物馆对相关技术的接受程度也较差。

（二）数字博物馆中的藏品管理及其存在的问题

智慧博物馆的建设理念是以博物馆的数字化建设和数字博物馆为基础，但同时，他们又存在很大的区别。数字博物馆是以采集、保护、管理、展示和利用人类文化或自然遗产信息资源为目的所建立的信息网络服务体系，其管理的对象是藏品的数字化信息。智慧博物馆则是充分利用物联网、云计算等新技术构建的以全面透彻的感知、宽带泛在的互联、智能融合的应用为特征的新型博物馆形态，可以说，智慧博物馆是实体博物馆与数字博物馆的结合，是博物馆内容与科技手段的结合，智慧博物馆中的藏品管理既注重对实体藏品的保管又注重对藏品信息的管理与利用，并"以人为中心"进行信息的传递，开展博物馆各项业务工作。对于博物馆藏品的智慧化管理来说，更加离不开前期数字化管理的建设。

数字博物馆建设的基础就是数据，即藏品信息的数字化，这些数据亦是数字博物馆的藏品，数据类型包括文字、二维图片、三维图片、音频、视频等，数据内容包括对藏品基本信息的介绍、对藏品本体样貌的可视化高清展示、藏品相关的背景信息和研究信息、藏品相关的展教信息、藏品及藏品信息的开发利用信息等，对于数字博物馆中的藏品管理需要有系统管理的理念。

目前，我国数字博物馆中的藏品管理问题主要有：

1. 数据采集不全面、采集工作耗时耗力

数字博物馆建设的基础是数据，数据的来源就是实体博物馆的数字化，这在前文已阐述。数据采集工作要先行，这是博物馆发展的顶层设计必须要考虑到的，但采集工作也面临耗时耗力的问题，以藏品三维信息的采集为例，一般来说一天只能采集1-2件藏品信息，而对于大体量、成套的藏品（如编钟），则需要更久的时间，扫描过程还需要信息中心、藏品保管部、展览部等共同配合，这对于职权分散的博物馆部门设置体系来说，工作的推进难度较大。这些数据的采集还需要专业的设备和专业人员操作，在没有相关设备的和专业人才的情况下，采集工作只能以外包的方式进行，但这种方式在一定程度上会带来博物馆资源的浪费和馆外人员管理的问题，而若博物馆能掌握这些核心技术，因岗设人，打破部门间的壁垒，或许能很好地解决该问题，且能在进行数据采集工作的同时加强文物研究。

2. 难以解决的信息孤岛现象

从藏品信息化管理到数字博物馆建设，信息孤岛现象一直未能得到解决，如果说前期是因为仅有少数博物馆在进行数字化管理的尝试与探索，那么在现如今，数字化管理系统与手段普及的今天，信息孤岛现象依然存在则不得不引起博物馆人的反思。首先，在体系制定与制度规范层面，依然缺少主导性的行业规范与统一平台，虽然有部分指导性文件，但这些文件的执行力无法得到保障；其次，对于数字化信息系统的架设没有统一的规划，数字化水平参差不齐，两级分化严重；再次，信息化技术的利用不统一，对于相同的功能诉求可能通过不同的技术手段达成，而这些技术之间有些存在技术壁垒而无法互通，这是造成信息孤岛的重要原因之一。

3. 藏品数据库建设及藏品信息管理标准化问题

数据使用通常以文件大小来衡量其精度，但就图片数据来说，决定其精度的是像素点数DPI，所以对数据的精度考量应该根据数据类型及影响数据精度的相关因素确定精度衡量的标准和衡量单位，而不是单一凭借文件大小这一唯一的衡量指标判断数据精度。据了解，上博目前正打算开展一个关于建立藏品数据信息采集标准的项目，以规范计算机输入藏品信息资料的标准用语和数据格式，从数据库内容建设角度考虑，这些标准包括数值标准、内容标准、结构标准、交换标准，从数据库的管理角度考虑，还包括藏品数据库的数据标准、技术标准、管理标准。藏品数据库的建设需要一定的规范，并形成文字性的内容对相关工作进行长久的指导，也为之后的工作在改进升级时有据可查，博物馆应根据自己馆藏藏品及数据库管理的需求，参考国际标准、国内行业标准，制定适宜的标准。标准制定好后，作为底层建设的数据采集工作则应按标准展开，并进行充分采集和全面管理。从数字化到智慧化，是一个信息联动的过程，这个过程不能只靠信息中心一个部门，而需要全馆各个部门互相配合，数据自己不会关联，所以多种数据间的关联就需要人不断对数据进行采集、整理、贴标签。

4. 数字博物馆面临的系统维护和技术应用问题

数字博物馆的建设依靠的主要是数据资源的采集和应用系统的建设，但要保证其正常运营，则依靠对系统的不断维护。庞大的数据量对信息存储、维护等有较高的技术要求，数据处理对于存储、带宽、计算能力等相关技术的要求也都较高，这也是数字博物馆在继续发展的过程中必须面对与解决的技术难题。此外，数字博物馆在运营维护中所使用的技术存在不断升级更新的问题，在软硬件升级过程中，如何保证所用技术的可持续性或数据迁移的真实性、有效性、可读性、可用性也是数字博物馆面临的技术应用难题。

5. 数据信息的开放利用问题

相较国外博物馆的数据资源开放程度，我国博物馆对数字资源的开放程度依然很低，且不仅是对公众的开放程度低，对于博物馆内部用户的开放度也很低，无法为藏品的保护、研究与科学管理提供有效依据，此外，通过浏览国内几家大馆的官网，可以发现，大多数博物馆开放数据资源的内容单一，基本以图片信息加一些简单的文字说明为主；开放利用途径也较单一，基本以文创授权的方式进行开发利用，对于图片的下载利用有版权限制，从官网所下载的图片清晰度也较低。

数字博物馆与实体博物馆相比，其不受时空限制，对于资源的利用应该能够提供更便捷的途径，使"人、物、数字"之间的交互性更强，但目前来看，数字博物馆所提供信息的时效性、真实性和临场体验感不如实体博物馆，且并未完成数字博物馆该有的功能模块建设，我国绝大多数的博物馆数字化建设仍不全面，这也就意味着智慧博物馆建设普及的前提条件还不成熟，大范围的智慧博物馆普及建设阻力重重。

（三）博物馆藏品智慧化管理建设的意义

藏品的智慧化管理不仅是进行管理优化的处理，更重要的是能够解决传统的藏品管理工作和数字化的藏品管理工作所遇到的难点和存在的问题。藏品的智慧化管理应该能够实现藏品的无损化管理，并最终实现藏品无损化的识别、鉴定、利用和再创造（包括知识创造和文创产品的研发等）。

智慧博物馆的建设必然以其各项工作的智能化作为初级目标，智慧博物馆建设中的藏品管理也终究会形成一套完善的藏品智慧化管理体系。在智慧博物馆的建设中，藏品管理工作已经成为一种服务于博物馆各项工作并与其产生密切、深厚联系的系统性业务，在"以人为本"的当代博物馆发展理念中，藏品管理的重要目的之一是为了更好地服务于博物馆展教活动，活化博物馆资源，加强文物信息的流通、利用，通过优化博物馆藏品管理职能，最终服务于藏品研究、博物馆智慧管理、智慧服务和智慧保护等。

第二节　博物馆藏品的智慧化管理

智慧博物馆的藏品管理工作应该是"以物为基础，以人为中心"，"以物为基础"是藏品管理工作的基本要求，藏品及藏品信息的管理都离不开藏品本体这一重要载体，"以人为中心"则是智慧博物馆建设的基本要求，智慧博物馆中的藏品管理工作不再是如传统藏品管理般的普通的、机械化的、耗费人力的管理工作，而是通过构建高效的、可操作性强的、可持续发展与利用的智慧体系与系统，提高藏品管理业务与博物馆其他业务间的协同效率，达到管理精细化、决策科学化的智慧管理目的。

一、藏品实物的智慧化管理

智慧博物馆的提出，让人们对博物馆与人（主要是面向观众的服务与管理）之间的关系更加重视，但同时，博物馆与物（藏品、展品）之间的关系仍不可忽略，即在从"以物为本"向"以人为本"的观念转变中，不可忽视"物"的重要性，正如段勇在《藏品是博物馆实现宗旨的根基》一文中所述"藏品是博物馆的立馆根基，是博物馆完成使命、实现宗旨的根本所在"。

（一）藏品动态管理的智慧化

藏品动态管理的智慧化首先是对藏品一般管理的流程能够进行优化，进而通过传感设备、管理系统和物联网技术达到对藏品动态管理的智慧化。

藏品征集的智慧化——首先系统通过对博物馆展陈、研究职能定位的分析和馆藏现状的分析为决策者提供征集藏品的类别范围，并能根据互联网大数据分析提供征集线索及征集方案。

藏品鉴定的智慧化——在藏品数据信息采集充分完整、藏品数字化建设完善、藏品信息分析全面透彻的基础上，对新征集的藏品进行鉴定或博物馆因其他原因对藏品进行鉴定时，完全可以依靠大量的数据信息完成智能鉴定，此外，人工智能技术的发展进步，使得AI鉴定在未来也可能代替专家鉴定的部分或全部工作内容，助力藏品智慧化管理建设。

藏品编目的智慧化——藏品入藏时首先将藏品基本描述信息输入数据库中，藏品管理系统根据规定的算法对新的信息和已有的数据信息进行比对，智能生成新入藏藏品的分类编号等具体的编目信息，并科学规划与管理藏品的分类入库，合理安排库房排架的使用。

藏品展陈的动态跟踪管理——随着博物馆事业的蓬勃发展，借展、巡展等展览方式已经成为博物馆举办临展的主要方式之一，相应地，藏品的动态跟踪管理成为近年来博物馆藏品管理工作中最值得关注与思考的问题。藏品展陈的动态管理应该考虑对藏品点交运输过程的跟踪管理、对外借藏品各相关数据的动态获取与管理、对借展藏品在展出前后及展览期间的管理。一般地，国内博物馆对借展藏品的管理是在合同书上写清职权，对于展柜的微环境、密封性、安全性作出规定要求，展出期间的情况只能依靠展出方自觉履行相关的义务，但此类数据展品借出方一般无法获得。动态管理不仅仅是空间位移变化的动态管理，对藏品保存与展示空间环境的变化情况以及藏品受环境影响而发生的自身变化也应能够得到智能管控。

（二）基于RFID技术的藏品库房管理和展厅管理

RFID技术近年来已广泛应用于博物馆藏品的非接触管理，其技术原理可概括为：RFID电子标签用以著录存储藏品身份信息，阅读器发射特定频率的信号给电子标签，从而驱动电子标签内部数据的输出，阅读器再接受这些数据信息，并传输在相关联的系统中，系统则负责对所有数据进行分类有序化的汇总呈现，管理者通过系统数据则可掌握藏品基本信息，并指导相关决策。

目前电子标签的种类主要有三种：被动型无源电子标签、主动性有源电子标签和半有源电子标签，博物馆常用的为无源电子标签，这主要是因为其技术相对成熟、成本低、体积相对较小等便于利用的优点，如首都博物馆、南京博物院、秦始皇帝陵博物院、大同市博物馆等都有自己相对成熟的基于RFID技术的藏品管理系统，该技术的应用集中在以下几个方面：

1. 藏品库房盘查工作

传统的藏品盘查工作主要依靠藏品保管部的工作人员人工手动对藏品进行逐一盘查，这对于藏品数量庞杂的大型博物馆来说无疑是一件耗时耗力的大工程，而利用电子标签技术，藏品管理者可以快速高效地完成藏品盘查工作，南京博物院曾在其金属一库文物库房中实验利用RFID技术对其保存的4322件（套）藏品进行智慧盘查，结果显示：利用手持阅读器，控制盘查距离可在2-3米之内，则盘查实际库藏文物共花费193分钟，平均每一件藏品的盘查时间为2.72秒；文物最多的70号器物柜共447件（套），耗时11分钟，每件盘查时间约1.48秒；理论识别率为97-99%。以上实验结果证明了该技术应用于藏品盘查工作的可操作性、高效性及准确性。不过，RFID技术在实际应用于藏品库房盘查工作时中，也存在一些问题，如：标签与藏品的粘结问题、射频识别信息的有效性问题、电子标签生命周期短、利用电子标签无法查验藏品保管现状等问题，对于藏品数量高达数十万的省级、国家级博物馆来说，给藏品制作电子标签本就是一项耗时耗力的工程，其为博物馆藏品管理带来便利的同时，技术本身需要投入的运营维护成本及将来所面临的技术升级问题也让很多博物馆在利用该技术时不得不谨慎考虑。此外，对于藏品盘查工作而言，利用电子标签技术确实可以在一定程度上提高工作效率，减少人力资源的投入、缩短盘查周期，因此，利用RFID技术进行藏品库房盘查对于小馆而言更实用，因为其藏品体量较小，实现起来更方便，大馆的藏品体量太大，从成本投入及最终可实现的效果来看，整体可行性有待商榷。针对目前出现的这些问题，从提升技术水平和改革技术手段上入手，以解决上述问题为目标，探寻更加适用于大型博物馆藏品库房盘查的技术，以提升库房盘查工作的智能化水平。

2. 藏品出入库管理

相较于藏品库房盘查工作，RFID技术盘点速度快的特点用于藏品出入库管理倒是一种提升藏品管理工作智能化水平的有效手段。藏品出入库管理需要对藏品数量和具体信息及出入库前后的状态进行清点盘查，除了对文物现状的盘查无法识别外，藏品的数量清点和信息盘查均可通过电子标签和阅读器进行快速准确的识别，从而缩短藏品出入库盘点的时间。在出入库盘查时还可以通过系统连接，自动生成点交清单的确认信息，最后管理员确认签字即可。

3. 藏品展厅管理

RFID与GIS技术和各种传感技术结合，定位藏品具体的展陈位置，检测藏品展陈环境的变化情况，完成数据采集，并与RFID电子标签中藏品信息结合，既能实现对展厅中藏品的日常盘查，又能实现对展示过程中藏品相关数据的采集存储，并通过对以上数据的分析，实现对展厅中藏品的科学管理。

RFID电子芯片技术的基础依然是数据库，没有数据库的支持，芯片也无法起到相应作用，数据库如果不完整、不准确也没用，给馆藏文物贴电子标签实际相当于将藏品信息数据库要一一重新校对一遍，这无疑也是一个相当大的工程，需要投入大量人力、物力、财力；其二，芯片的物理粘合问题一直没有解决，如果贴在盒子或囊匣，文物从盒中取出后标签的存在也就没有了意义，如果要与文物紧密接触，通过何种方式保证这种结合的有效性（不可分离的效果）同时保证不对文物本体产生影响，这些问题都还没有一个很好的解决方案。藏品的智慧化管理需要分步骤慢慢推进，RFID技术用于藏品库房管理存在一定弊端，但用于藏品出入库盘查和藏品展厅现状的监测管理等工作中能在一定程度上实现智慧管理的要求。

（三）基于物联网和环境监控系统的藏品预防性保护管理

物联网技术可以实现"万物互联"，其实质上是"利用传感技术，按约定的协议，把所有物品与互联网相连接，达到信息交换和通信的目的，以实现对物品的智能化识别、定位、跟踪、监控和管理的一种网络。"物联网的发展从根本上提高了博物馆对信息进行实时采集和整合管理的能力，也将促进博物馆在宏观与微观的调控能力，最终实现"以人为中心"的博物馆智能化建设。

藏品管理本就包括"管"与"理"两个层面的含义，对藏品的"管"又包含"保管"之意，这也是藏品管理工作中保证藏品安全与保持藏品原状的工作职责之一，为此博物馆需要在藏品管理的过程中对藏品采取预防性保护的相关措施。预防性保护的管理，就是能在入藏之处的藏品及现有的藏品保管状态做出合理的分析，并对其在将来的保存过程中可能遇到的风险进行预测，提前做出应对风险的保管措施，如：对纸质文物的保护，考虑其会受到温湿度、虫蠹、微生物、酸碱物质、光照中的紫外线等因素的影响，在保存过程中注意对此类影响因素的控制与检测，并制定特殊囊匣和存储柜、展柜进行存储和展示。这体现了藏品管理过程中让文物尽可能长久保存的意识。对于藏品的预防性保护来说，首先是对藏品进行分类、分库、分架管理，并针对不同材质、不同保管需求的文物配备专门的保存囊匣或定制专门的展架展柜，其次是通过环境检测系统实现对环境的实时监控和数据采集，最后在监测的基础上实现对藏品保管环境的人为调控甚至智能调控。预防性保护的理念主要是通过有效的监测、评估、调整、管理，抑制各种环境因素对文物的危害作用，使文物处于一个"洁净、稳定"的安全保存环境，尽可能阻止或延缓文物的物理和化学性质发生改变，达到长久保存文物的目的。通过预防性保护的手段可以实现从对文物抢救性的被动修复到预防性的主动保护的一个转变，从而有效防护文物保存环境对文物可能带来的损伤，最大程度地保持文物的原有状态，延长文物寿命。

从智慧博物馆建设的角度出发探索藏品的预防性保护管理在国内多家博物馆已开展相关研究与应用。广东省博物馆的预防性保护措施首先是对藏品进行分类分库管理，并保证库房的恒温恒湿，一般由库房中央空调控制温度变化，湿度由调湿剂、除湿器、加湿器等试剂和设备调节，对于容易受环境影响而发生改变的藏品配置专门的储存柜，对于展厅内的藏品，在展柜中添加试剂调节微环境。同时，利用环境监控系统和保护信息管理系统实现对藏品环境的实时监控。成都博物馆的预防性保护首先是针对其所处地理位置容易发生地震灾害的情况对库房建筑及展柜等做了防震处理，其次建立了馆藏文物保存环境监测系统，并安装检测终端设备——温湿度监测终端、二氧化碳（CO_2）-温湿度合一监测终端、有机挥发总量（VOC）-温湿度合一监测终端、光照度-紫外线-温湿度合一监测终端等，通过将所有的监测终端和数据接入系统中，管理员登录管理系统就可以进行监控。从目前预防性保护的实践来看，其智能监测水平已初步满足智慧博物馆建设的要求，但对于检测数据的分析、利用以及针对检测结果做出智能调控的水平还有待提升。

（四）藏品现状的可视化管理

藏品现状可视化管理的实质是对各种数据的统计、分析与展示，其内容可分为宏观和微观两个方面。宏观的可视化管理就是通过综合的管理系统和可视化平台，为管理员展示博物馆藏品管理的整体现状，包括馆藏总量，各分类体系下的藏品数量，藏品库房保管现状，藏品展厅展示现状等；微观的可视化管理是通过聚焦到一件藏品上，并以类似思维导图的形式展示藏品相关的所有信息，同时，还能对藏品保管现状的变化进行实时监测与动态跟踪，让人眼无法轻易识别的藏品微观变化通过技术手段的检测和数据分析展现在可视化管理平台中，从而为更加科学合理的管理与保护提供依据甚至是相应的问题解决方案。

可视化管理的实现也需要应用物联网、云计算、大数据等技术手段，其核心在于对数据的统计分析，并以图表、模型图示、动画、视频、音频等方式展示于可视化中心平台。如：上海博物馆目前已构建了可视化数据中心，其所展示的内容包括：客流参观、观众服务、馆藏文物、传播教育、文创成果、基础信息六个板块，并对以上板块的信息可做到实时更新。

二、藏品信息的智慧化管理

对于藏品基本信息的管理，各博物馆都建有藏品管理系统，对藏品基本的档案信息进行存储与管理，但总体上，藏品管理系统目前的功能建设依然存在不足，各个馆应该根据自身情况及各部门的需求对系统的功能建设再次完善，国家标准只能作为一个参考标准，而博物馆应该在此基础上充分考虑自身条件和业务需求，建设跟高标准的藏品管理系统。同时，应加强标准化建设与个性化建设的结合，探索更多的模式和方法，创建满足本馆管理需求的藏品管理系统。

（一）藏品基本信息的智慧化管理

藏品基本信息主要是用以描述藏品本体特征、现状及流传经历等要素的信息，其就像藏品的基因，如果能在藏品入藏前对其所包含的各种信息（包括人眼可见的外形、大小、颜色、质地等和人眼不可见的内含物、微量元素或成分、内部结构等）进行"基因测试"并生成专属的"基因报告"，存储在藏品信息数据库中，就可以对藏品信息实现更科学的管理与利用。管理过程生成的各类藏品信息作为"藏品基因"，对于藏品的预防性保护与监控、藏品的修复复原都具有重要意义。

藏品基本信息的智慧化管理首先应该实现信息的智能采集，传统博物馆在数字化建设中的数据采集基本靠人工操作完成，这个过程包括专家对藏品的鉴定过程、管理员对藏品尺寸的测量和基本信息表格的填写制作过程、对藏品进行二维图像拍摄和三维扫描的过程，整个流程对人力、物理、财力的消耗非常大，且各种流程下来需要对藏品进行多次的出入库管理。智慧采集能够依靠传感技术和数据分析系统，合并重复的数据采集动作，缩短数据采集消耗的时间成本，并在一定程度上避免在复杂的数据采集流程中对文物安全保管产生的威胁。完成数据的智能采集后，还要实现对数据资源的智能分类，分类标准由管理部门根据博物馆业务工作的需求制定，在数据采集时对数据进行规范与标记，这些标记也将作为系统进行智慧分类的依据。对于数据信息的日常管理，在保证数据信息安全存储的前提下，尽可能提高其开放度，加强数据内部的关联互通。对内部实现藏品信息的公开透明，一来方便研究利用，二来在进行换岗交接时减少繁琐的藏品盘查流程，通过藏品信息系统对藏品现状的可视化展示，让藏品账目清晰明确。

从智慧管理的角度出发，对基本信息的数字化管理首先需要规定数据采集内容、规范数据采集标准，其次，对数据管理系统的建设要做到功能全面、便于操作，且系统的稳定性要能长期适应技术升级更新的变化。随着数据存储与处理技术的进步与发展，博物馆数字资源管理系统，应有意识地采集存储更高清更丰富的藏品数字信息资源，这些信息对于藏品的研究、文创开发利用、社教宣传会有更大的用途。数据的采集是基础，更重要的是数据库的管理、维护，最终的目的是保护和利用，并实现数据共享，这也就要求加强各数据库系统之间的互相关联。理想的关联性强的数据库系统，在进行数据的后期维护时，使用者和数据库建设者（信息中心）可以是从两个不同的角度进行维护，信息中心通过后台进行数据管理，使用者在使用过程中发现系统存在的问题时也可以进行数据的上传更新或者清理、整理。数据库的开放使用权限与数据库的维护工作也应该是一体的，即负责该工作的人员还需掌握判断数据库中信息的有效性、准确性、全面性的能力，能读懂这些数据信息所表达的深层次内容，这样才能掌握对数据开放的决定权。对于藏品数据信息全面统一的管理维护，也能实现文物的数字化保护，并为文物修复、博物馆灾后重建等提供可靠的依据。

（二）藏品综合信息的智慧化管理

藏品综合信息包括藏品基本信息及与藏品相关的业务活动开展时产生的各类信息，即更加全面、系统的藏品信息。藏品信息的智慧化管理是建立在藏品信息数字化的基础之上的，但相较之下，智慧化管理就应该收集管理更加全面的藏品信息，并能完成信息的智能化分类、关联与管理，藏品信息的综合管理系统是对藏品信息系统、数字资源管理系统、藏品保管环境监测系统等藏品相关管理系统进行综合管理的平台。

广东省博物馆的"项目管理系统"就是对藏品信息综合管理系统建设与应用的尝试，其"项目管理"式的信息管理机制是针对某一项目的综合管理，"基于共享式的业务框架，汇聚平台上关于人、物、财、数据等资源，以项目的目标管理，里程碑设定、信息管理的新型组织模式，以期建立起一套适用于博物馆自身特点的标准化、流程化、一体化的业务管理机制。"这种基于共享型的业务框架的优势在于：业务可以不断开展，而系统不用无限扩张。该系统实现了项目内所有信息的关联互通，也在一定程度上打破了不同部门间信息管理的壁垒。系统中储存的数据来源涵盖展览、社教活动、藏品研究、文物保护、信息化、工程建设、人员培训等博物馆业务的各个方面，数据内容包括预算、藏品信息、图片、视频、音频等各种各样的数据以及项目各个阶段的总结等信息，并在同一项目中可以进行分类查看与管理，但同时，这些数据也会构成这个系统资源池中的元数据，可以进行数据的再分配、再利用。项目相关的数据均可以录入系统，项目之间也可以进行互相关联，系统就相当于一个资源池。

藏品综合信息的智慧化管理重点在于对除藏品基本信息外的其他相关信息的获取与管理，这需要不同业务部门之间的相互配合，做到对信息资源的随时上传，其最终的目的依然是为了实现信息的互联互通与综合利用。比如，构建多维度的藏品信息数据库管理系统和多端口的藏品信息查询系统，对于管理者来说，可以登录管理系统，构建"展览相关藏品信息"和"藏品相关展览信息"维度的数据库内容，同样的，用户登录查询界面，也可以从这两个维度查询自己需要的相关信息。以上两个维度的区别在于，"展览相关藏品信息"针对本馆历来举办的各种展览而言，其可能包含本馆藏品信息，也可能包含借展藏品（非本馆藏品）的信息（当然，对于借展藏品信息的开放乃至开发权利，需要双方达成一定的协议共识，或从国家层面得到相关法律的支持）；"藏品相关展览信息"则主要针对本馆藏品参展信息的著录与开放，即该系统可查询本馆任意一件藏品被展出的展览全信息，包括本馆展览与藏品被借展展出的其他展览（非本馆展览）信息。同时，这两个维度也是互通互联的，即通过"展览相关藏品信息"找到目标藏品信息后，也可以点击链接查询目标藏品的"藏品相关展览信息"，反之亦然。

藏品信息的科学管理可以为博物馆的科学研究、展教活动、文创开发等业务工作服务，同样的，对藏品的科学管理也离不开这些数据信息的采集、分析与管理。综合管理系统可以实现实物管理与信息管理的互联互通，并在管理中互相作为各自科学管理的参考依据进而优化管理。

三、藏品智慧化管理的应用前景

对于藏品实物的智慧化管理和藏品信息的智慧化管理过程就是对藏品智慧化管理系统的构建过程，该系统也应该满足智慧博物馆的三个特征："全面透彻的感知"、"宽带泛在的互联"、"智能融合的应用"。全面透彻的感知意味着藏品智慧化管理系统能够做到藏品信息数据的智能采集、藏品现状动态变化的智能感应、藏品保管环境的智能监控；宽带泛在的互联就是要加强信息间的互联互通和智能反馈；智能融合的应用则表现在智能调控（前提是智能监控与感应）、数据的分析应用、知识的再生产等方面。

基于藏品智慧化管理的基础，通过云计算、大数据、人工智能等技术手段，实现藏品数据信息的深度挖掘与藏品相关性研究是未来发展的前景所在。

云计算和大数据可以协同完成对博物馆海量、多源数据的存储、计算、分析与信息挖掘，并基于其集约化的模式从多个维度为用户（包括面向外部观众和面向内部的管理者和使用者）提供个性化的服务。对与博物馆的内部管理工作来说，搭建博物馆藏品管理、信息共享的云管理、云办公平台，一方面有利于加强博物馆各部门间的协同合作，另一方面，云平台的搭建，可以有效避免信息孤岛的产生，也能降低对分散的单个操作系统的软硬件设备要求，节省管理成本。大数据初现于2012年，人们用它来描述和定义信息爆炸时代产生的海量数据。随着技术的高速发展，人们每天产生的数据量是不可估量的，而且这个量还在持续上升。相对于社会舆情信息的数据量，博物馆在数字化过程中产生的数据量似乎还不足以达到大数据的范畴，但如果将与藏品相关的各种信息统筹在一起，包括藏品保存或者展示现状的动态变化信息、观众用博物馆的官方APP或者其他社交软件与藏品产生的互动关联信息，也将形成大数据资源池。大数据有四大特征，第一是数据量大，第二是种类繁多（由于新型媒体技术的诞生，其种类越来越多，包括音频、视频、图片、文字等等），第三是价值密度低（虽然信息的感知无处不在，但海量信息的价值密度并不高），第四是速度快、时效高（这是大数据区分于传统数据挖掘最明显的特征）。然而事实上，面对如此的海量信息，即有的技术架构和管理模式并不能达到对这些信息进行快速、准确、有效处理的要求，所以，对于使用者来说，如果进行了巨大的投入来采集管理这些信息却无法得到及时、有效的反馈信息，将得不偿失。正因如此，大数据时代的来临，对人们的数据驾驭能力提出了新的挑战，同时为人机配合之下获取更全面透彻的数据分析结果提供了前所未有的空间与潜力，并随之带来了一种知识创造的新模式，藏品管理工作亦是如此。

云计算和大数据分析对数据信息的协同处理能力让博物馆藏品信息的知识图谱构建成为可能。作为一种可视化的研究和展示工具，知识图谱可以绘制、分析和显示学科或学术研究主体之间的相互联系，并揭示科学知识的发展进程与结构关系。知识图谱可以描述多个对象之间的强关系，连接不同的知识库，并进行相对应关系的匹配，究其本质，仍然是对数据的一种管理和根据算法要求对数据进行智能关联与匹配过程。博物馆通过知识图谱的构建，对内，可以使藏品信息资源池中的数据互相关联，对外，可以关联其他博物馆的相关信息和网络信息，并能通过不同数据间的智能识别，构建智能检索与问答系统，增强知识间的关联性，为藏品的深入研究与利用提供更便捷的方式。博物馆利用知识图谱还可建立可视化的数据关联系统，随时监控博物馆数据的各种动态变化情况，为博物馆的科学管理与运营提供依据。

人工智能（AI技术）是"研究、开发用于模拟、延伸和扩展人的智能的理论、方法、技术及应用系统的一门新的技术科学，其领域研究主要包括：机器人、语言识别、图像识别、自然语言处理和专家系统等。"作为成熟的人工智能技术，其需要具备的特性有：敏锐的感知力——信息捕捉能力；超强的记忆力——信息存储能力；精妙的思维能力——信息的计算、比较、分析、判断、关联能力；全面自主的学习能力——基于其强大的信息捕捉、存储、分析能力展开的对多个专业领域的深入学习能力；良好的自适应力——能够及时感知到人机互动环境及网络生态环境的变化并对下一步的工作作出及时的调整，从而保证与环境变化的协调发展的能力；运筹决策的能力——不仅能为管理者提供科学合理的决策方案，也能在突发的危急情况下通过自主决策以使得风险最小化。将人工智能技术应用于博物馆是未来促进博物馆服务与管理不断优化的重要途径。

人工智能的价值，不仅在于他能根据人的命令作出规定的动作和反应（这只能算是自动化和初级的智能化的体现），人工智能能够完成自我学习、独立思考与自主创作，即机器（人工智能）通过一段时间的学习，分析研究人员知识创造的过程，掌握知识创造的逻辑、语法、语义、语境等规则，从而具备一些知识创造的能力。相信在未来，人工智能技术与知识图谱技术的结合可以开展博物馆知识创造工作，同时应用区块链技术为信息存储和传递中的安全性提供相应地保障，且其智能合约技术或可解决数字化管理过程中相关技术壁垒造成的格式不通等问题，完成格式的智能转化。

第三节　藏品智慧化管理之于智慧博物馆建设

一、万物互联，打破系统边界

对于智慧博物馆来说，最核心的是博物馆智慧系统的建设，其内容包括搭建完备的建筑智能化系统、构建完整的数据通信系统、建成基础的业务管理系统、形成合适的数据管理系统、建立可靠的决策和学习机制，通过博物馆智慧系统的建设，让博物馆系统能像人一样思考问题、分析问题、解决问题，为博物馆的使用对象（包括观众、研究人员、管理人员等）提供智能服务和个性化服务（有针对性的服务），博物馆可以智能识别用户需求，可以智能监测、调控和管理藏品库房和展厅的存储环境，甚至可以自主策划一个完整的展览，可以把真实世界用虚拟手段展现，也可以将虚拟世界再现于真实展厅中；智慧博物馆能够实现人、物、信息之间的多向互动，并实现对这些对象的交互信息的动态分析与调控，以更好地服务于对象。这些美好设想的实现，有一个共同的基础，那就是智慧博物馆内各系统间的相互关联与信息交换，所以，智慧博物馆的生态系统是一种强关联的生态系统，内部结构为一种复杂的网状结构。

从智慧博物馆建设的角度来说，万物互联最基础的就是各数据库之间的互联互通。传统博物馆的各项业务工作分工明确，权责分明，即便是博物馆数字化建设中构建的各系统间也是弱关联的状况，智慧博物馆的系统建设就是要打破系统边界，实现"人、物、数据"间的交互，且这种交互应该包含纵向的各系统内部数据的交互关联及横向的不同系统间数据的关联共享。

智慧博物馆的建设本身就是一个复杂的系统工程，通过分层分级的系统设计，合理分配资源与任务，以达到对博物馆业务工作最优规划、最优设计、最优管理和最优控制的目的。在这样一个分层体系中，总系统负责联通各个子系统，并维持整个系统平衡，各子系统分别服务于不同的业务需求，并通过系统间的协调配合，以最优方式完成系统任务。在整个系统的分层制度下，最基层的系统就是一个个不同类型的数据库系统，承担着资源池的功能，上层系统根据其功能需求可以调取相关资源池的数据，即基层子系统并不唯一服务于上层某一个系统。藏品的智慧化管理是智慧博物馆建设中的一个重要组成部分，藏品智慧管理系统内的各个子系统是需要互联互通的，同时，藏品智慧管理系统与其他系统之间也要互联互通，通过信息交换以为管理决策提供充分有效的依据。当各系统实现了互联互通，资源池中的数据就能够形成强关联，资源的活化利用在资源获取上就能实现畅通无阻。

二、以管为用：藏品管理的最终目的——保护与利用

"藏品管理的目的不仅是为了管理，而且主要为了使用；不仅为了今天的使用，更是为了明天的使用，子孙万代的使用。"所以，"管理是一种手段，使用才是目的。"无论是传统的藏品管理还是智慧化的藏品管理，最终的目的都是为了实现藏品的保护和对藏品及其相关信息的研究、利用，并最终为实现博物馆的各社会职能提供基础保障，而在智慧博物馆建设中的藏品管理工作，更要凸显藏品的预防性保护和文物的数字化保护，加强藏品信息数据的开放利用。藏品的预防性保护亦是藏品科学管理的体现，一方面预防性保护可以对藏品管理过程中可预见的危险危害防患于未然，另一方面对不可预知的文物病变、病害做到早发现早治疗，藏品管理系统和环境监测系统中对数据变化的统计与分析可以不断形成对保护效果的反馈，从而为更好地保护与管理提供决策依据。

文物的数字化保护可以加强对藏品数据信息的研究利用而减少对藏品实物的提取利用，降低人工干预，同时可以避免文物因自然风化、衰老而造成文物本体所蕴藏的珍贵信息的流失，以敦煌数字保护项目为例，历史二十多年，敦煌研究院完成了对壁画信息的全部采集，实现了对文化遗产信息的永久保存，保护了"行将消失的国宝"。文物数字化保护对博物馆灾后重建也有重要意义，令人痛心

的悲剧在不同的时段上演：2018年9月，巴西国家博物馆这座有着两百多年收藏史的国家级博物馆在一场大火中损失惨重，两千万件的馆藏文物中有90%在大火中被焚毁；2019年4月，有着850多年历史并作为古老巴黎象征的巴黎圣母院也毁于一场大火，大火不仅让这座辉煌的历史建筑毁于一旦，教堂所藏的大量珍贵文物和艺术品也严重受损。这些文化遗产的损毁不可挽回，对于灾后重建工作，巴西国家博物馆曾联合世界各地广泛搜集一切相关的文物信息资料，中国腾讯公司也曾携手巴西国家博物馆开展"数字巴西国家博物馆"资料征集活动，并以数字化手段助力巴西国家博物馆数字化重建。这也从另一方面为世界各地的博物馆和文化遗产保护单位敲响警钟，文物的数字化保护工作刻不容缓。

藏品信息的开放利用是对藏品信息的数字化管理进行成果转化、延伸管理价值的过程。随着人们对知识创造和版权保护意识的增强，藏品信息，尤其是数字信息的管理必须要考虑到授权问题，博物馆对于藏品实物的管理实际上是执行代为保管的权利，而对于藏品信息的管理是基于一定的所有权的基础上进行的管理、利用。"博物馆在其藏品和有关信息被他人使用上要承担特殊责任，需要考虑其机密性与安全性带来的是使用限制。"信息的开放首先应该实现博物馆内各部门各系统间的无障碍应用，无障碍并不代表不受任何限制，而是通过分级分层的权限设置，为系统访问与资源利用提供路径，同样的，面向社会公众的资源开放与利用也可以通过权限设置在确保数据安全与知识产权的前提下，实现资源最大限度的开发利用，盘活数字资源，提供智能服务。相应地，用户对信息资源的利用行为在网络上留下痕迹，形成新的数据信息，而对这部分数据的统计与分析可以作为优化藏品管理的依据。

信息资源的开放利用为博物馆的知识创造提供了基础，就好比做面包需要面粉，煮粥需要大米，而对这些资源的研究利用就是进行知识生产的过程，其结果就是将原有的信息资源转化为新的知识成果，可将其称之为"知识再创造"的过程，这一过程也是博物馆在藏品管理过程中实现其责任、义务与权利的重要体现。

博物馆学多学科交叉融合的特性不应仅仅体现在博物馆的内部管理上，作为二十一世纪的博物馆，更应该体现在与观众及其他行业、组织的多元互动与合作上，藏品管理部门的身份也因此发生了转变，其不再是一个面向内部组织机构的部门，不再只是管理好藏品、清点好账目就万事大吉的部门，其需要更多地面向外部用户，协同多个部门、组织，提供更多元的输出服务，实现博物馆的"供给侧结构性改革"，达成共用资源、共同研究、共享成果的美好愿景。

参考文献

［1］张嵘．博物馆管理与数字化建设应用研究［M］．济南：山东大学出版社，2022.06.

［2］段勇．当代中国博物馆［M］．南京：江苏凤凰文艺出版社，2022.02.

［3］四川博物院编．博物馆学刊 第8辑［M］．四川巴蜀书社有限公司，2022.06.

［4］陈娜．打破博物馆的围墙 数字媒体与人工智能的变革［M］．北京：经济管理出版社，2022.04.

［5］费钦生．博物馆展示学研究［M］．沈阳：辽宁人民出版社，2022.05.

［6］宜昌博物馆．宜昌博物馆馆藏金属文物保护修复报告［M］．北京：文物出版社，2021.10.

［7］弥卓君，刘瑶．现代博物馆在文物保护中的实践探究［M］．延吉：延边大学出版社，2020.

［8］龚钰轩．文物保护概论［M］．合肥：中国科学技术大学出版社，2020.05.

［9］王春法．中国国家博物馆文物保护修复论文集［M］．北京时代华文书局，2020.04.

［10］李腾巍，王法东，梁俊．文物博物馆数字资源的管理与展示［M］．延吉：延边大学出版社，2020.

［11］东莞市文化广电旅游体育局编．文物博物馆规章制度与行业规范［M］．东莞市文化广电旅游体育局，2019.

［12］潘秋生．神奇博物馆 科普知识馆［M］．北京：航空工业出版社，2018.01.

［13］博物馆发展论坛组委会编．博物馆发展论丛［M］．北京联合出版公

司， 2018.12.

[14] 刘新阳．展览的艺术 博物馆陈列操作与思考 [M]．武汉：武汉出版社， 2016.12.

[15] 牛志文，黄鹤，米瑞霞．现代博物馆陈设与博物馆发展 [M]．北京：中国商务出版社， 2019.06.

[16] 俄军，姜涛．博物馆学概论 [M]．兰州：兰州大学出版社， 2020.

[17] 任宇娇．博物馆教育活动理论与实践 [M]．长春：吉林人民出版社，2020.08.

[18] 单霁翔．博物馆的原生态保护 [M]．天津：天津大学出版社，2017.10.

[19] 杨晓飞．信息技术在文物保护与博物馆中的实践 [M]．北京：科学出版社， 2017.03.

[20] 国家文物局博物馆与社会文物司主编．博物馆青铜文物保护技术手册 [M]．北京：文物出版社， 2014.04.

[21] 胡玺丹，王俊卿，徐佳艺．博物馆拓展类教育活动研究 [M]．上海：上海科学技术出版社， 2019.09.

[22] 李慧竹．博物馆学体系初探 [M]．济南：山东大学出版社， 2016.08.